Gruber | Neumann

TI-Nspire™ CX II-T CAS

Autoren: Helmut Gruber, Robert Neumann

Gesamtherstellung: Freiburger Verlag, Freiburg

Inhaltsverzeichnis

Wie arbeitest du mit diesem Buch?

Wenn du den TI-Nspire™ CX CAS zum ersten Mal in der Hand hältst, ist es am besten, das Buch von vorne durchzuarbeiten, um den Rechner näher kennenzulernen. Zu Beginn jedes Kapitels wird kurz erläutert, worum es geht. Außerdem wird gezeigt, wo die entsprechenden Funktionen im Gerät zu finden sind. Anhand eines Beispiels wird das Thema dann konkret behandelt.

Man lernt am besten durch Üben. Deswegen gibt es zu jedem Thema eine oder mehrere Übungsaufgaben. An diesen kannst du direkt anwenden, was du gerade gelesen hast. Die Lösungen zu den Übungsaufgaben befinden sich am Ende des jeweiligen Kapitels.

Einen neuen Taschenrechner nur durch ein Buch kennenzulernen, ist nicht einfach. Daher haben wir viele Videos bereitgestellt, in denen die Benutzung des Geräts noch einmal gezeigt wird. Die entsprechenden Stellen im Buch sind mit einem QR-Code gekennzeichnet.

Wichtige Tipps werden durch dieses Symbol am Rand hervorgehoben.

Für dieses Buch wurde die Softwareversion 5.0 verwendet.

Die Bedienung der TI-Nspire™-Software ist weitgehend unabhängig von der verwendeten Hardware. Das Buch eignet sich also für Handhelds, Tablets und Computerversionen der Software.

CAS – MMS

Spätestens beginnend mit der Abiturprüfung 2029 sieht die Prüfungsordnung Einschränkungen in der Funktionalität des CAS vor. Diese beschränkten Funktionen bzw. Module des CAS werden nach dem Beschluss der Kultusministerkonferenz MMS (Modulares Mathematik System) genannt. Entsprechende Betriebssystem-Updates wird es durch Texas Instruments geben. Das MMS beinhaltet nur einen Teil der im TI-Nspire CX II-T CAS integrierten CAS-Module. Mittels des Prüfungsmodus (press-to-test) wird das MMS eingeschalten und damit die für bestimmte Prüfungen nicht-zugelassenen CAS-Module deaktiviert. Nach Abschaltung des Prüfungsmodus stehen alle CAS-Module wieder voll zur Verfügung. In diesem Buch werden wir auf alle gängigen Module bzw. Funktionen eingehen.

Genaue Informationen gibt es auf den Seiten des IQB:

iqb.hu-berlin.de/abitur/dokumente/mathematik/

Wir wünschen dir viel Spaß mit dem Gerät.

Robert Neumann und Helmut Gruber

1 Der TI-Nspire™ CX CAS

Im Gegensatz zu einem klassischen Taschenrechner bietet der TI-Nspire™ CX CAS sehr viel mehr Funktionen. Wichtige Tasten, die man immer wieder braucht, sind hier beschrieben:

- esc – Abbrechen
- ctrl ↶ – Rückgängig
- Scratchpad für schnelle Berechnungen
- tab – optimale Navigation durch alle Eingabefelder
- ctrl – Zugriff auf die roten Befehle über den Tasten
- ⇧shift – Großschreiben des nächsten Zeichens
- , – Komma für die Eingabe von Argumenten 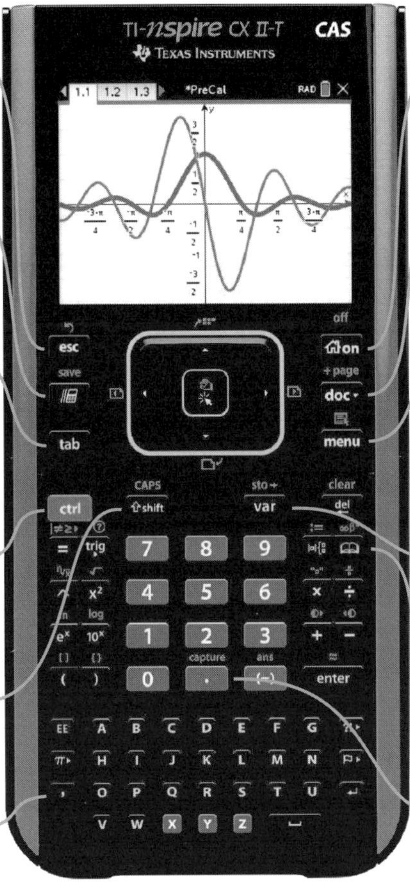
- on – Einschalten
- on – Hauptbildschirm
- ctrl off – Ausschalten
- doc – Dokumente verwalten
- ctrl +page – Seite hinzufügen
- menu – Anwendungsmenü, zeigt mögliche Befehle an
- ctrl (Kontextmenü-Taste) – Kontextmenü anzeigen (= rechte Maustaste)
- var – Variablen anzeigen
- ctrl sto→ – als Variable speichern
- mathematische Vorlagen anzeigen lassen
- Katalog aller Befehle
- . – Komma für Dezimalzahlen

Das Touchpad

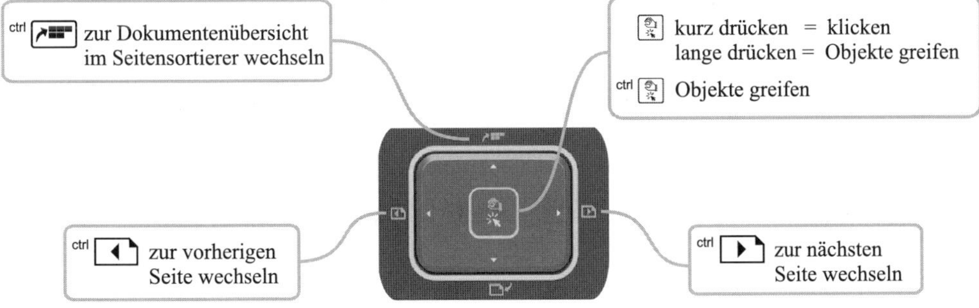

1.1 Der Hauptbildschirm

frv.tv/ti

Wenn du den Taschenrechner anschaltest, erscheint der sogenannte «Hauptbildschirm». In diesem hast du Zugriff auf die verschiedenen Anwendungen und Dateien. Das geht entweder mit den Menüpunkten, die du über die Ziffern- und Buchstabentasten aufrufst, oder über das Touchpad.

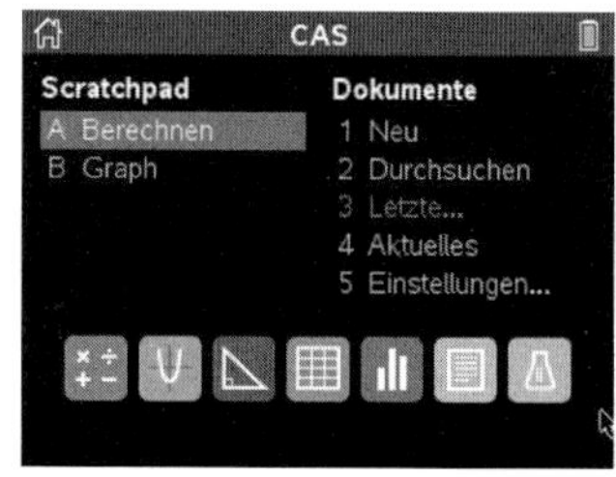

A Berechnen	Dieser Menüpunkt öffnet eine Calculator-Anwendung im Scratchpad (siehe Seite 10).
B Graph	Dieser Menüpunkt öffnet eine Graph-Applikation im Scratchpad.

1 Neu	Dieser Menüpunkt legt ein neues Dokument an. Du kannst dabei wählen, welche Art Dokument angelegt werden soll.
2 Durchsuchen	Über diesen Menüpunkt kann im Gerät gesucht werden.
3 Letzte	Mit Auswahl dieses Menüpunkts werden die letzten fünf gespeicherten Dokumente aufgerufen.
4 Aktuelles	Dieser Menüpunkt ruft das derzeit geöffnete Dokument auf.
5 Einstellungen	Mit diesem Menüpunkt kommst du zu den Einstellungsmöglichkeiten des Geräts.

Calculator		Dieser Menüpunkt fügt eine Calc-Seite zum Dokument hinzu. Dort werden die meisten Berechnungen durchgeführt.
Graphs		Dieser Menüpunkt fügt eine Graph-Seite hinzu. In der Graph-Applikation können Funktionsgraphen erstellt und bearbeitet werden.
Geometry		Dieser Menüpunkt fügt eine Seite der dynamischen Geometrie-Applikation hinzu.
Lists & Spreadsheet		Dieser Menüpunkt fügt eine Seite der Tabellenkalkulation hinzu.
Data & Statistics		Mit diesem Menüpunkt rufst du die Funktionen auf, mit denen Daten grafisch dargestellt werden können.
Notes		Dieser Menüpunkt ruft die Textverarbeitung des TI-Nspire auf.
Vernier DataQuest™		Dieser Menüpunkt fügt eine Seite hinzu, in der Daten von externen Sensoren erfasst und bearbeitet werden können.

1.2 Die Bildschirmelemente des TI-Nspire™ CX CAS

Jede Bildschirmseite besitzt oben eine Statusleiste, die dir einige Informationen über das aktuelle Fenster liefert.

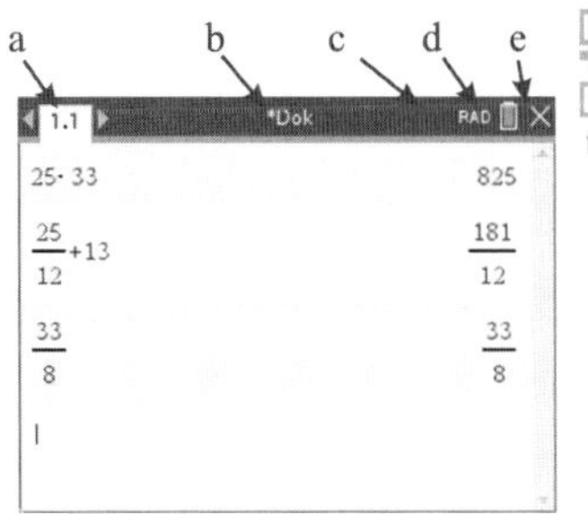

frv.tv/ti

a) Seiten-Registerkarte: Ein Dokument kann aus mehreren Seiten bestehen. Dabei können die einzelnen Seiten auch aus unterschiedlichen Elementen, wie beispielsweise einer Calculatorseite und einer Graphseite, bestehen oder auch eine Tabelle enthalten.

b) Dokumentname: Du kannst Aufgaben unter verschiedenen Dokumentnamen speichern und später wieder laden.

c) An dieser Stelle wird angezeigt, ob die [shift]-, [ctrl]- oder [caps]-Taste aktiviert ist, um auf die verschiedenen Tastenbelegungen zuzugreifen.

d) Einstellungen: An dieser Stelle werden die aktuellen Winkeleinstellungen angezeigt. Wenn du den Cursor mit dem Touchpad über dieses Symbol ziehst, bekommst du den Akkuladestand angezeigt. Klicken öffnet das Menü «Einstellungen».

e) Dokument schließen: Wenn du hier klickst, wird das aktuelle Dokument geschlossen.

1.3 Das Touchpad

Das Touchpad funktioniert ähnlich wie ein Mauspad an einem Computer. Du kannst mit dem Touchpad den Cursorpfeil über den Bildschirm steuern. Damit der Pfeil erscheint, musst du unter Umständen deinen Finger etwas auf dem Touchpad bewegen.

1.4 Tipps

Du kannst dir an jeder Stelle einen Tipp bzw. einen Hinweistext anzeigen lassen. Dazu drückst du ctrl [?] (also erst [ctrl] und dann die Taste [trig]). Innerhalb der Tipps kannst du mit den Pfeiltasten des Touchpads navigieren. Um die Tipps zu verlassen, benutzt du [esc].

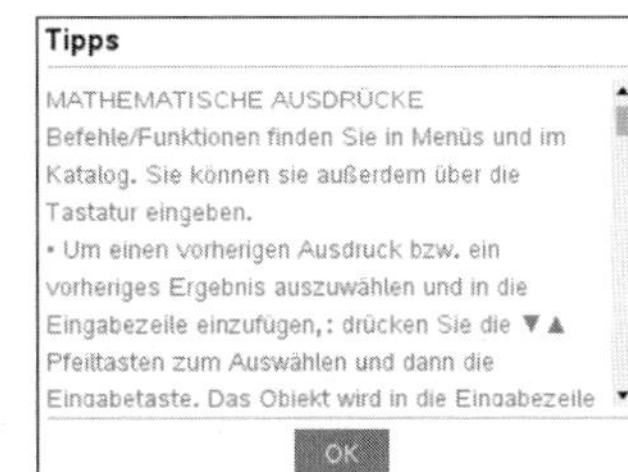

1.5 Das Scratchpad

frv.tv/ti

Das Scratchpad (zu deutsch etwa: «Notizblock» oder «Zwischenspeicher») ist eine Möglichkeit, schnell und einfach Berechnungen durchzuführen oder mit einer Funktionsgrafik zu arbeiten. Die Berechnungen sind unabhängig von den Berechnungsdokumenten. Ergebnisse können entweder gleich gelöscht oder in einem Dokument gespeichert werden.

Du rufst das Scratchpad mit der Taste [🖩] auf.

Wenn du das Scratchpad zum ersten Mal aufrufst, öffnet sich ein Calculatorfenster.

Mit der Taste [🖩] wechselst du zwischen dem Calculator-Fenster und dem Graph-Fenster des Scratchpads hin- und her.

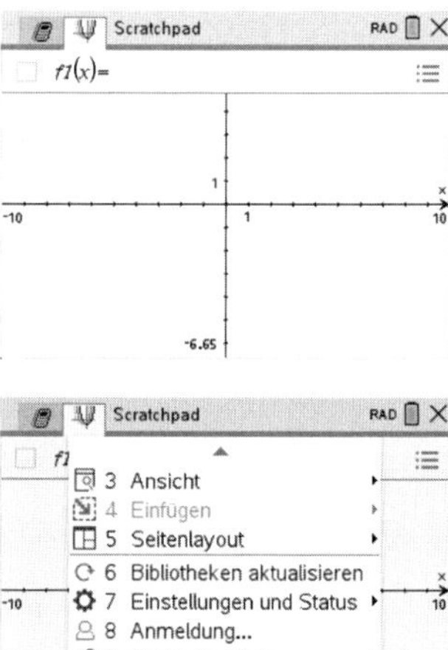

Um die Inhalte des Scratchpads zu löschen, drückst du [doc] und wählst dann Scratchpad löschen.
Dazu musst du im angezeigten Menü ganz nach unten scrollen oder die Taste «B» drücken.

1.6 Erste Rechnungen

- Du kannst mit dem Taschenrechner genauso rechnen wie auf Papier.
- Eine Eingabe wird mit der Taste [enter] abgeschlossen.
- Beim Rechnen mit dem Taschenrechner gilt die «Punkt- vor Strichrechnung».
- Es gibt zwei Minuszeichen, das «Rechenminus» [−] und das «Vorzeichenminus» [(-)]. Das Rechenminus wird beim Rechnen innerhalb der Rechnung benutzt, das Vorzeichenminus, wenn eine negative Zahl eingegeben wird.
  (Wenn man am Anfang einer Rechnung das Rechenminus [−] verwendet, wird automatisch das Ergebnis der vorangegangenen Rechnung zum Weiterrechnen eingefügt.)

- Um die blauen Zeichen oder Befehle über den eigentlichen Tasten aufzurufen, musst du vorher die blaue [ctrl]-Taste drücken. Im Heft ist dies so ausgedrückt: ${}^{\text{ctrl}}[\sqrt{\ }]$ bedeutet, dass du zuerst [ctrl] und dann [x^2] drückst.
- Zahlen, die in den Rechner eingegeben werden, sind in diesem Heft – anders als die Rechenbefehle – ohne eckige Klammern geschrieben, damit es nicht zu unübersichtlich wird.

Beispiele

Alle «normalen» Berechnungen werden in der Calculator-Applikation durchgeführt. Entsprechend fügst du zuerst ein neues Calculator-Dokument hinzu.

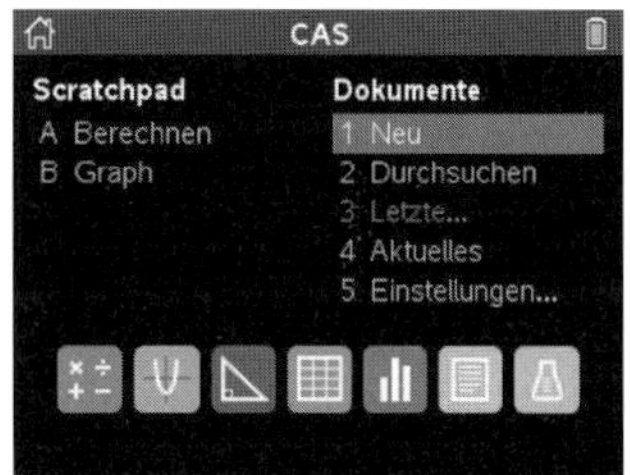

Rechnung	Eingabe	Anzeige
$37+14$ $15-29$	37 [+] 14 [enter] 15 [−] 29 [enter]	1.1 *Dok RAD 37+14 51 15−29 −14
$-5\cdot 12$ $37\cdot(-6)$	[(-)] 5 [×] 12 [enter] 37 [×] [(-)] 6 [enter]	1.1 *Dok RAD -5· 12 -60 37· -6 -222

Aufgaben

Berechne:

a) $7+25=$ b) $23-21=$ c) $12+3-24=$

d) $-5+(-8)=$ e) $-7\cdot 11=$ f) $3\cdot(-17)=$

1.7 Bearbeiten und Löschen von Eingaben

frv.tv/ti

Mit dem TI-Nspire™ CX CAS kann man Eingaben bearbeiten, löschen und kopieren.

Beispiel

Es soll $11 \cdot 434$ berechnet werden. Nach der Rechnung merkst du, dass du dich vertippt hast, wie im Bildschirmfoto rechts dargestellt.

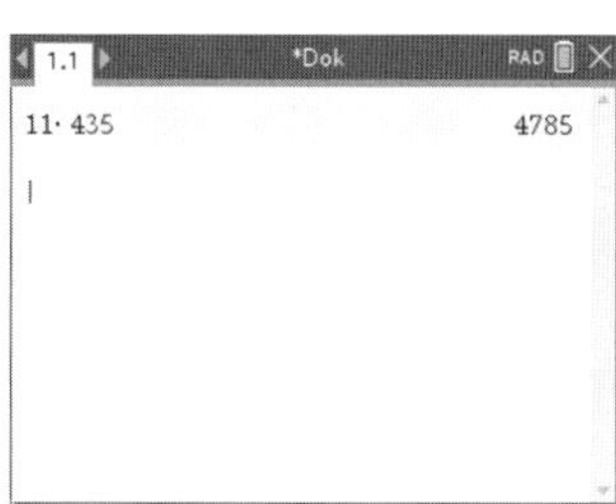

Mit zwei Mal [▲], also der Pfeiltaste nach oben, wechselst du wieder zur ersten Eingabe (links im Bildschirm) zurück. Diese ist nun hellblau unterlegt. Nun drückst du [enter].

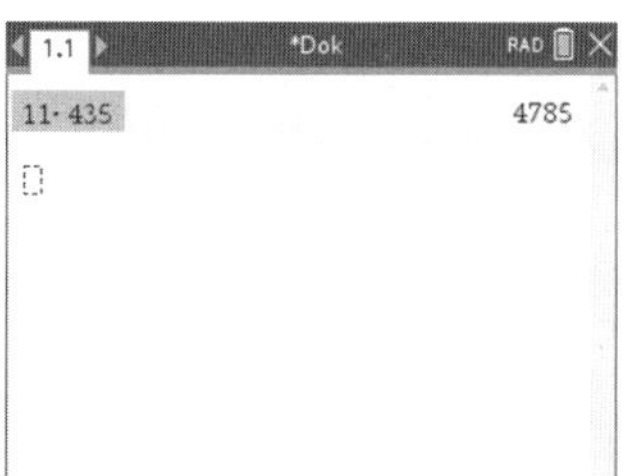

Die Eingabe wird als neue Zeile eingefügt und kann erneut bearbeitet werden. Du korrigierst die Eingabe mit [del] und startest die Berechnung mit [enter].

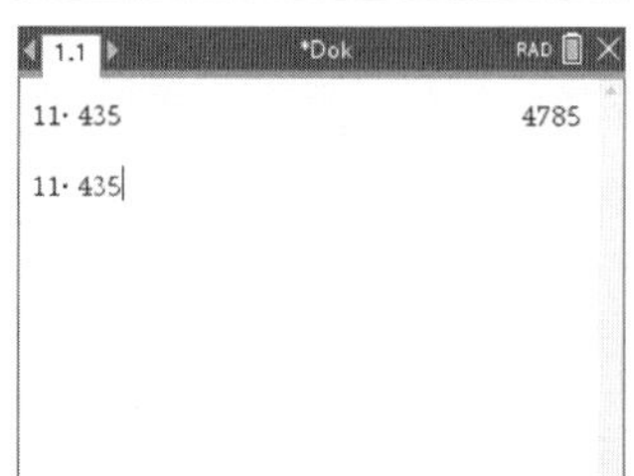

Das richtige Ergebnis wird nun angezeigt.

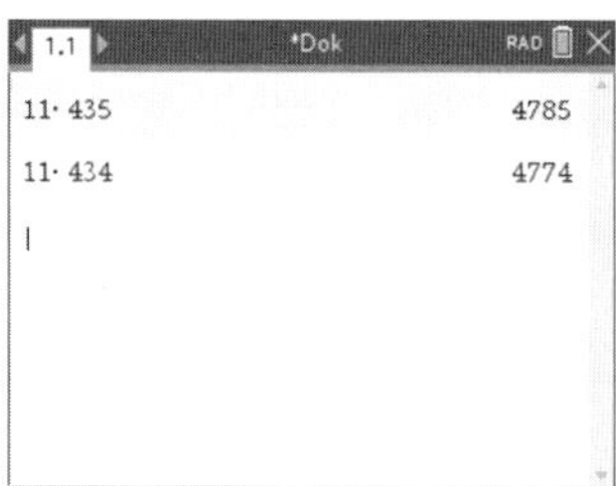

- Mit der [del]-Taste löschst du ein einzelnes Zeichen bei der Eingabe, z.B. wenn du dich vertippt hast. Dabei löscht diese Taste immer das Zeichen links vom Cursor.
- Innerhalb der Eingabe kannst du dich mit den Pfeiltasten [◄] und [►] bewegen.
- Mit der ctrl [clear]-Taste löschst du die aktuelle Eingabezeile.
- Mit [▲] wechselst du in die letzte Berechnung zurück.

1.8 Ausschneiden, Kopieren und Einfügen

Du kannst mit dem Rechner Eingaben und Anzeigen ausschneiden, kopieren und einfügen, ähnlich wie mit der «Zwischenablage» beim Computer.

- Um Text, also Eingaben und Anzeigen, zu kopieren oder auszuschneiden, musst du diese zuerst markieren. Das geschieht, indem du die [shift]-Taste gedrückt hältst und gleichzeitig den gewünschten Bereich mit [◄] bzw. [►] oder mit dem Touchpad markierst. Der markierte Text ist hellblau unterlegt.
- Um Text auszuschneiden, drückst du [ctrl] und [X].
- Um Text zu kopieren, drückst du [ctrl] und [C].
- Um Text einzufügen, drückst du [ctrl] und [V].

1.9 Mehrere Rechenschritte hintereinander

Oft will man mit dem Ergebnis einer Rechnung direkt weiterrechnen. Dafür gibt es eine spezielle Tastenkombination, die diesen sogenannten «Antwortspeicher» direkt einfügt. Dies ist die Tastenkombination ctrl [ans] (answer = Antwort).

Beispiel

Es soll zuerst $12 \cdot 23$ berechnet werden. Das Ergebnis soll notiert und anschließend von diesem Ergebnis 29 abgezogen werden.

Du gibst zuerst $12 \cdot 23$ ein und erhältst als Ergebnis 276. Nun drückst du ctrl [ans] und anschließend [−] 29 und erhältst 247.

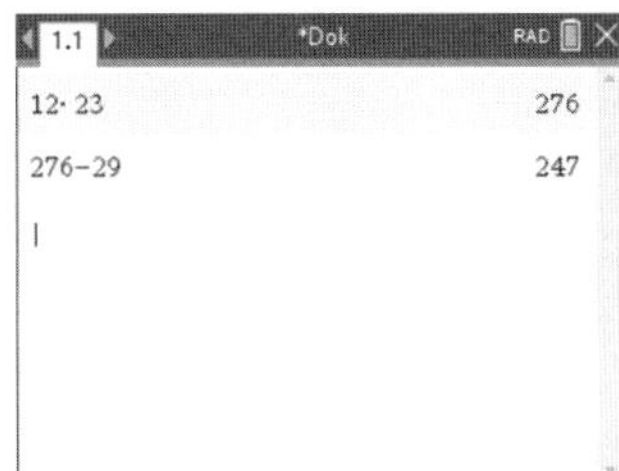

Das Gerät fügt Ans automatisch ein, wenn du nach der Anzeige des Ergebnisses die Taste einer Rechenoperation (z.B. [+] oder [−]) drückst. Es gibt aber auch Rechnungen, wie z.B. Wurzelziehen, bei denen man die [ans]-Taste erst im Verlauf der Eingabe benötigt.

Übungen

a) Berechne $134 \cdot 12$. Gib das Ergebnis an und teile es danach durch 8.

b) Berechne $122 \cdot 12 + 16$. Gib das Ergebnis an und teile zum Schluss durch 4. Gib das Endergebnis an.

c) Die Zahl 14 soll mit 7 multipliziert werden, anschließend werden 34 abgezogen und zum Schluss wird durch 16 geteilt. Gib alle Zwischenergebnisse und das Endergebnis an.

Lösungen

1.6 Lösungen – Erste Rechnungen

a) $7+25=32$ b) $23-21=2$ c) $12+3-24=-9$

d) $-5+(-8)=-13$ e) $-7\cdot 11=-77$ f) $3\cdot(-17)=-51$

1.9 Lösungen – Mehrere Rechenschritte hintereinander

a) Zuerst multiplizierst du 134 mit 12 und erhältst 1608. Du kannst nun direkt weiterrechnen und durch 8 teilen, Ans wird automatisch eingefügt. (Nach der Eingabe von [enter] wird Ans durch den Zahlenwert des Speichers ersetzt.) Als Ergebnis erhältst du 201.

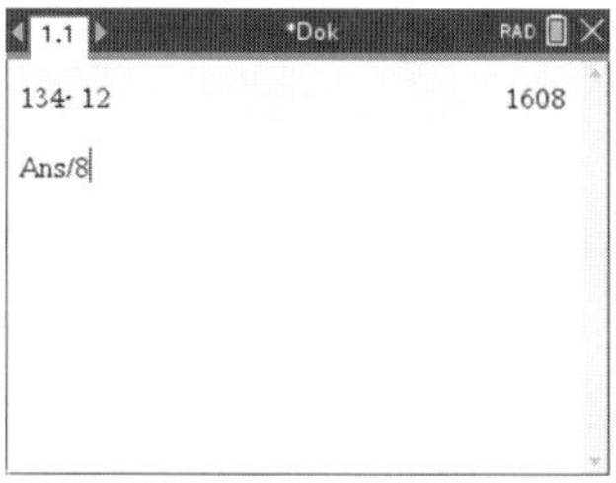

b) Zuerst führst du die angegebene Berechnung von $122\cdot 12+16$ durch und erhältst 1480. Klammern brauchst du nicht zu setzen, da das CAS automatisch «Punkt vor Strich» rechnet. Auch hier kannst du direkt weiterrechnen, Ans wird automatisch eingefügt.

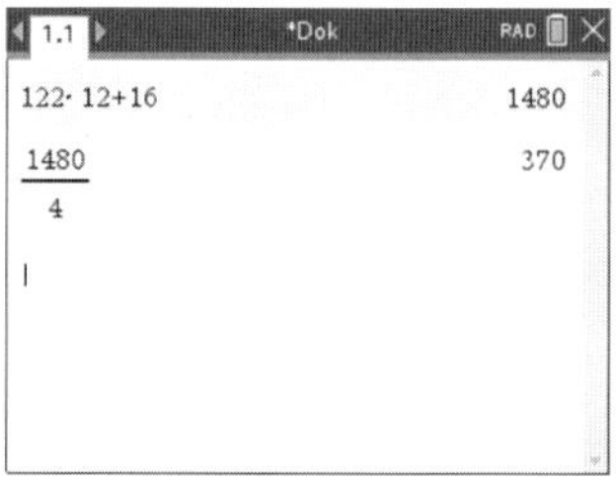

c) Zuerst führst du die angegebene Berechnung von $14\cdot 7$ durch und erhältst 98. Auch hier kannst du direkt weiterrechnen, Ans wird automatisch eingefügt. Du erhältst 64.

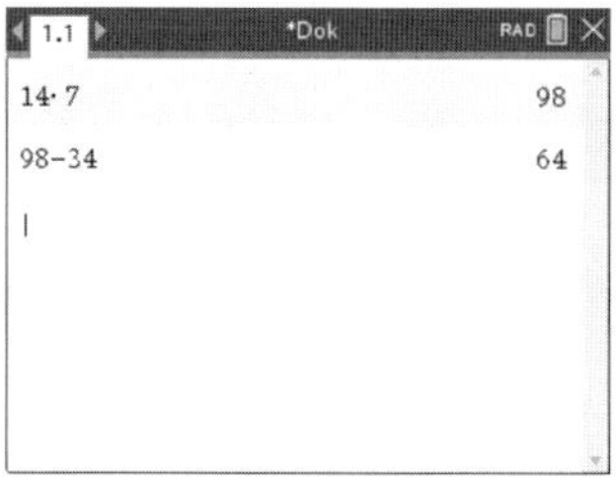

Nun musst du noch durch 16 teilen, Ans wird wieder automatisch eingefügt. Wie rechts abgebildet ist das Ergebnis 4.

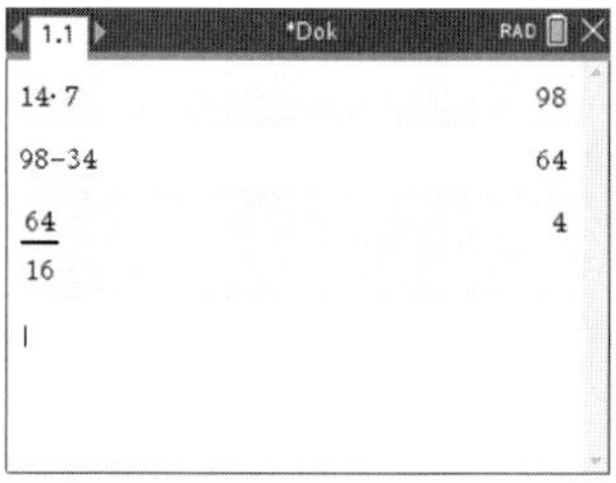

2 Weitere Rechnungen

2.1 Rechnen mit Brüchen

Um Brüche einzugeben, benutzt du die Taste ^{ctrl} [$\frac{\blacksquare}{\square}$]. Die Brüche am Ende einer Rechnung werden automatisch gekürzt.

frv.tv/ti

Die Bruchfunktionen werden über das Menü mit [menu] → Zahl aufgerufen. Rechts im Bildschirmfoto siehst du die verschiedenen Bruchwerkzeuge.

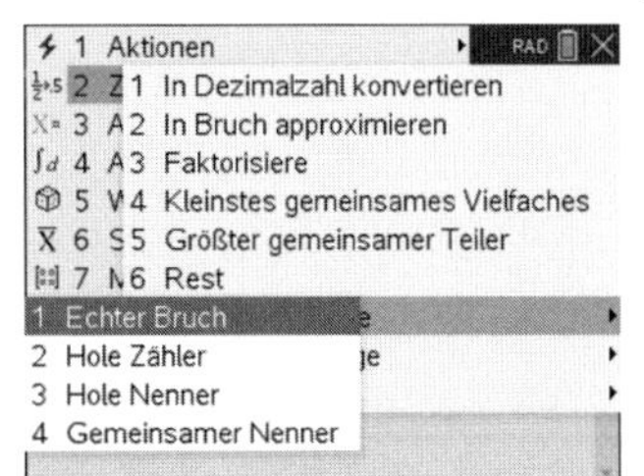

Tipp: Am besten ist es, bei der Eingabe mit der Taste [tab] zu navigieren. Damit wechselst du vom Zähler in den Nenner und verlässt den Bruch beim erneuten Drücken der Taste.

Beispiel

Es soll $\frac{5}{8} + \frac{2}{5}$ berechnet werden.
Mit ^{ctrl} [$\frac{\blacksquare}{\square}$] rufst du die Brucheingabe auf und gibst die Brüche ein. Die Rechnung startest du mit [enter].

Um den Bruch in einen gemischten Bruch umzuwandeln, rufst du die Umwandlungsfunktion auf mit [menu] → Zahl → Bruchwerkzeuge → Echter Bruch und fügst das Ergebnis mit ^{ctrl} [ans] ein.

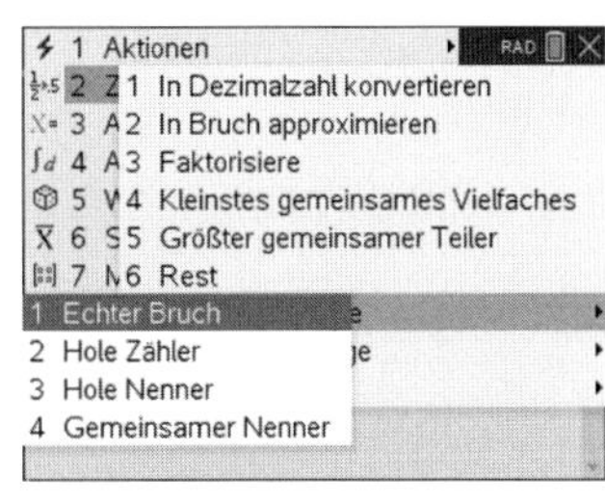

Du startest die Berechnung mit [enter]. Jetzt wird der Bruch als gemischter Bruch angezeigt.

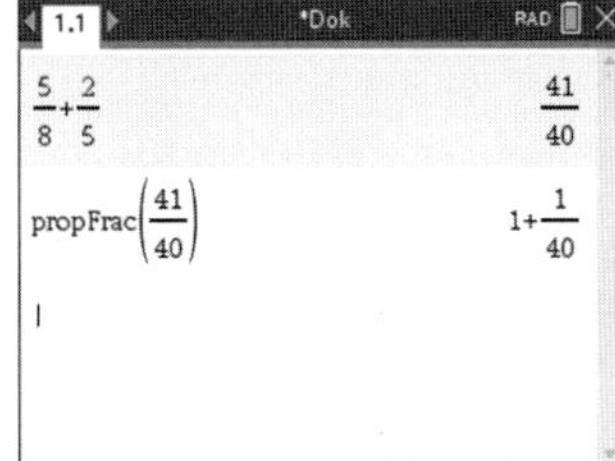

Um den Bruch wieder als reinen (unechten) Bruch anzuzeigen, fügst du ^{ctrl} [ans] ein und bestätigst mit [enter].

1.1 *Dok RAD

$\frac{5}{8}+\frac{2}{5}$ $\quad \frac{41}{40}$

$\text{propFrac}\left(\frac{41}{40}\right)$ $\quad 1+\frac{1}{40}$

$1+\frac{1}{40}$ $\quad \frac{41}{40}$

Um den Bruch dezimal darzustellen, drückst du die Taste ^{ctrl} [$\approx$]. (Also erst die Taste [ctrl] und dann [enter].)

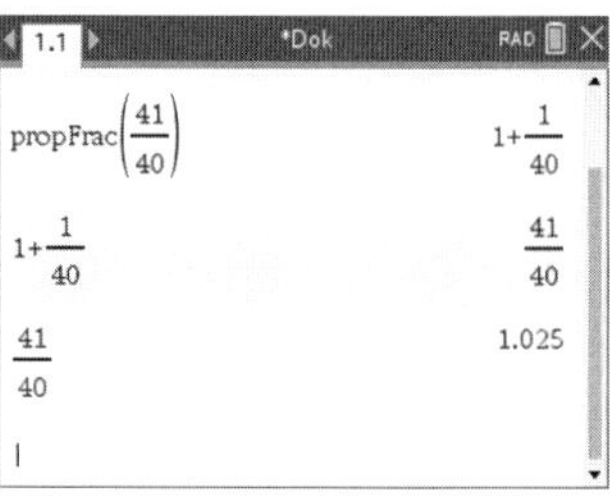

- Wenn die Brüche als Dezimalzahl und nicht als Brüche angezeigt werden sollen, kannst du das bei den Einstellungen umstellen, siehe Seite 171.
- Gemischte Brüche können nicht direkt eingegeben werden. Um $1\frac{1}{2}$ einzugeben, gibst du $1+\frac{1}{2}$ ein.

Übungen

Löse die folgenden Aufgaben. Gib das Ergebnis auch als gemischten Bruch an, falls es sich um einen unechten Bruch handelt.

a) $\frac{1}{4}+\frac{1}{6}=$ b) $\frac{7}{3}-\frac{1}{4}=$ c) $\frac{1}{4}\cdot 1\frac{1}{6}=$

2.2 Rechnen mit Klammern

Der Taschenrechner rechnet automatisch «Punkt- vor Strichrechnung».

Beispiele

Die Eingabe von $2+3\cdot 10$ ergibt als Ergebnis 32.
Willst du statt dessen $(2+3)\cdot 10$ berechnen, gibst du die Klammern so ein, wie sie in der Aufgabe stehen.

1.1 *Dok RAD

2+3· 10 $\quad$ 32

(2+3)· 10 $\quad$ 50

2.3 Der Variablenspeicher

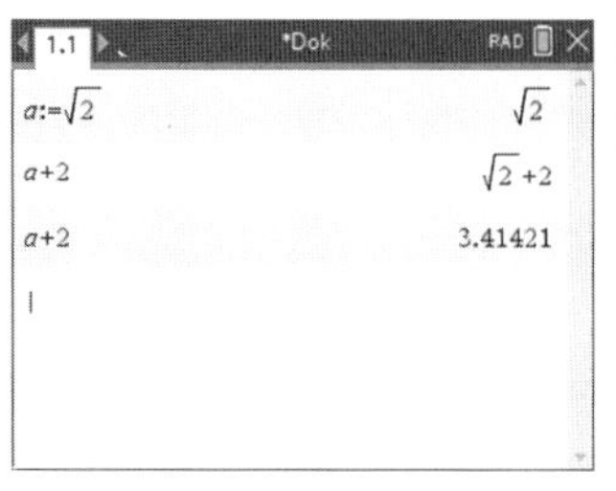

frv.tv/ti

Werte oder Ergebnisse lassen sich als Variablen speichern. Für die Eingabe der Variablen benutzt du ctrl [:=] oder ctrl [sto →].
Um die Variable a mit dem Wert $\sqrt{2}$ zu belegen, gibst du ein: [A] ctrl [:=] ctrl [$\sqrt{\ }$] [2] und bestätigst mit [enter]. Nun kannst du mit a rechnen, indem du [A] eingibst.

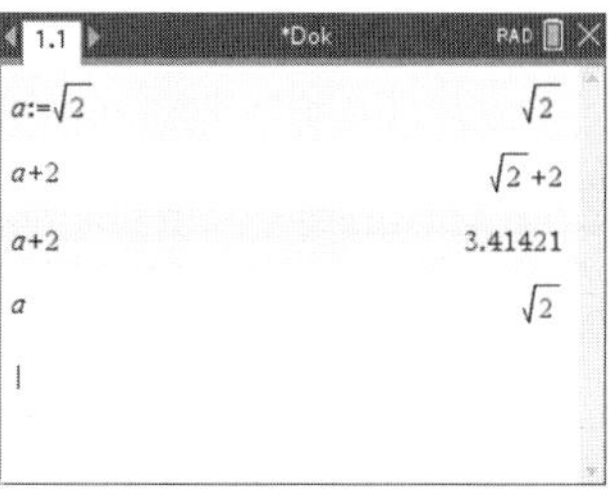

Im Beispiel wurde 2 zu a addiert. Um zu kontrollieren, welcher Wert einer Variablen zugewiesen ist, tippst du einfach [A] ein und schließt mit [enter] ab.

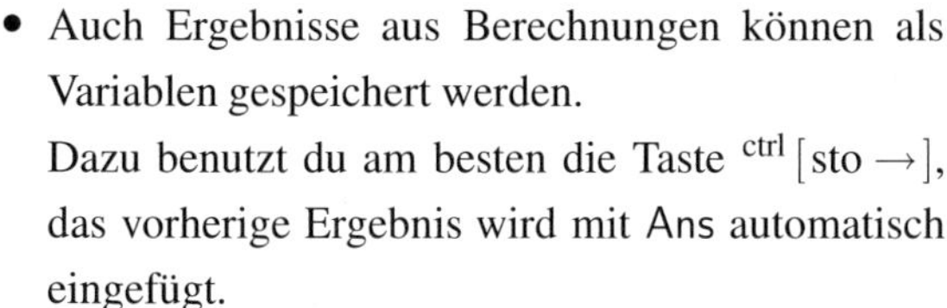

- Auch Ergebnisse aus Berechnungen können als Variablen gespeichert werden.
  Dazu benutzt du am besten die Taste ctrl [sto →], das vorherige Ergebnis wird mit Ans automatisch eingefügt.

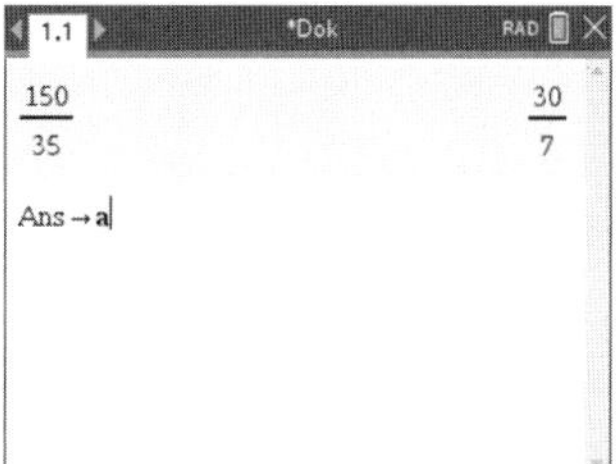

  Nachdem du mit [enter] bestätigt hast, wird der Zahlenwert eingefügt und als Variable a gespeichert.

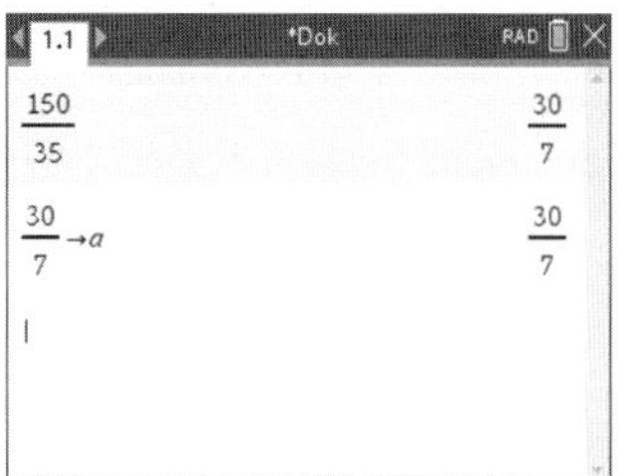

- Alle Variablen sind nur innerhalb eines «Problems» gültig (siehe Seite 21), dafür dann aber auch z.B. im Graph-Fenster.
- Wenn du eine Variable definiert hast und diese dann eingibst, wird sie automatisch fett gedruckt, um anzuzeigen, dass sie bereits definiert ist.
- Um eine Variable zu löschen, benutzt du [menu] → Aktionen → Variable löschen, gibst die entsprechende Variable ein und bestätigst mit [enter].

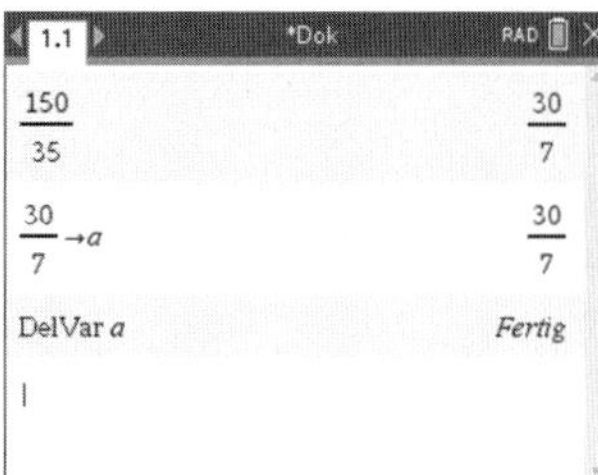

Übungen

a) Speichere 3,5 als Variable a. Berechne dann $3 \cdot a - 4{,}5 \cdot a$. Gib das Ergebnis als Bruch und als Dezimalzahl an.

b) Speichere 2,2 als Variable a und $\frac{1}{4}$ als Variable b. Berechne dann $\frac{4a-3b}{b}$.

2.4 Potenzieren und Wurzelziehen

- Quadriert wird mit der Taste $[x^2]$. Für alle weiteren Potenzen gibst du zunächst die Basis ein, benutzt dann die Taste $[\hat{}\,]$ und gibst den Exponenten ein.
- Quadratwurzeln können mit den Tasten $^{\text{ctrl}}[\sqrt{\ }]$ eingegeben werden. Alle weiteren Wurzeln kannst du mit der Taste $^{\text{ctrl}}[\sqrt[n]{x}]$ berechnen.
- Ähnlich wie bei der «Punkt- vor Strichrechnung» wird potenziert, bevor multipliziert wird, wie auch in dem Beispiel rechts ersichtlich ist.

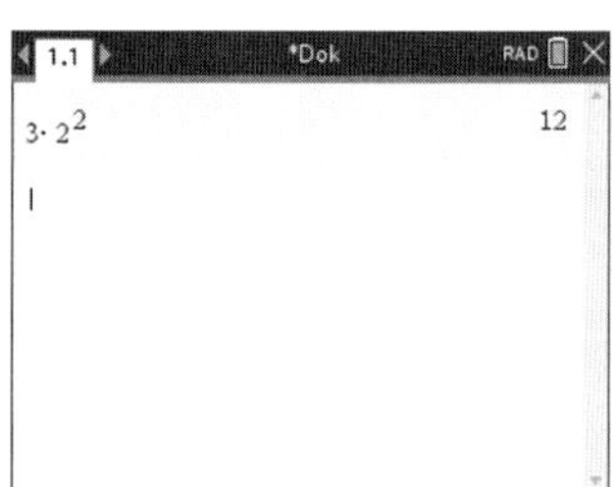

- Wenn du aus dem Ergebnis einer vorangegangenen Rechnung die Wurzel berechnen willst, benutzt du die $^{\text{ctrl}}[\text{ans}]$ -Taste.
  Rechts wurde zuerst $32 \cdot 2$ berechnet und anschließend die Wurzel gezogen. Das Ergebnis ist 8.

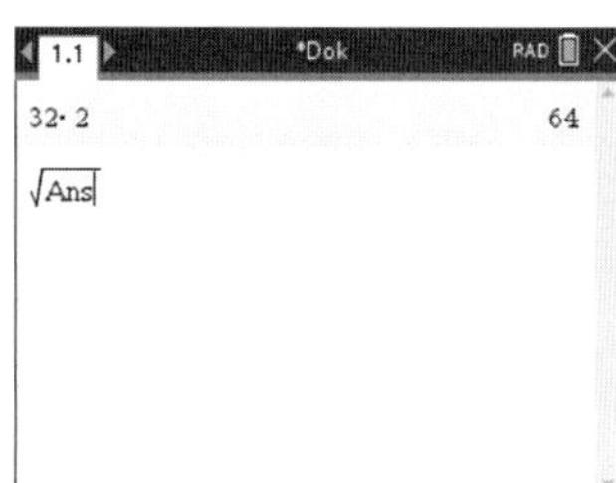

Übungen

a) Berechne:

I) $3^2 =$ II) $2^5 =$ III) $2{,}5^2 =$

b) Berechne:

I) $\frac{3^2}{2} =$ II) $\left(\frac{3}{4}\right)^2 =$ III) $(4 \cdot 13)^3 =$

c) Berechne die folgenden Wurzeln:

I) $\sqrt{19} =$ II) $\sqrt[3]{15} =$ III) $\sqrt[4]{240} =$

d) Berechne $32{,}5 \cdot 17{,}12$. Gib das Ergebnis an und ziehe anschließend die Wurzel.

e) Berechne $\sqrt{289} + 4$.

2.5 Termumformungen

Mit Hilfe des TI-Nspire™ CX CAS ist es möglich, algebraische Terme – also Ausdrücke, die nicht nur Zahlen, sondern auch Buchstaben enthalten – umzuformen. Die zugehörigen Befehle findest du unter [menu] → Algebra.

Du kannst die (englischen) Befehle auch direkt mit der Tastatur eingeben. In der Regel wird die Variable, nach der z.B. der Ausdruck aufgelöst werden soll, als zweites Argument übergeben, abgetrennt durch ein Komma. In den folgenden Beispielen ist das «x»

- Um einen Term zu faktorisieren, d.h. in einzelne Ausdrücke zu zerlegen, also «auszuklammern», wird der Befehl factor benutzt, den du mit [menu] → Algebra → Faktorisiere erhältst.
  In der Aufgabe auf dem Bildschirmfoto wurde durch den Befehl ein «x» ausgeklammert.

- Um einen Term auszumultiplizieren, wird der Befehl expand benutzt, den du mit [menu] → Algebra → Entwickle einfügst.

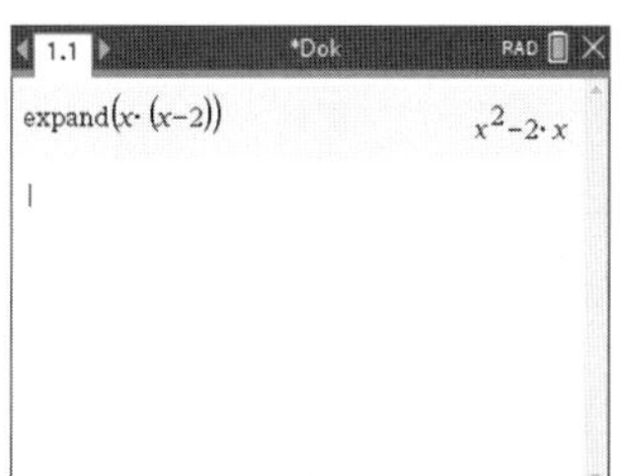

- Um einen Term zu kürzen, reicht es, ihn einzugeben und [enter] zu drücken.
  (Es wird noch eine Warnmeldung angezeigt, da sich durch das Kürzen der Definitionsbereich der Eingabe ändert, diese kann durch Klicken mit dem Mauspfeil auf das Warnsymbol angezeigt werden.)

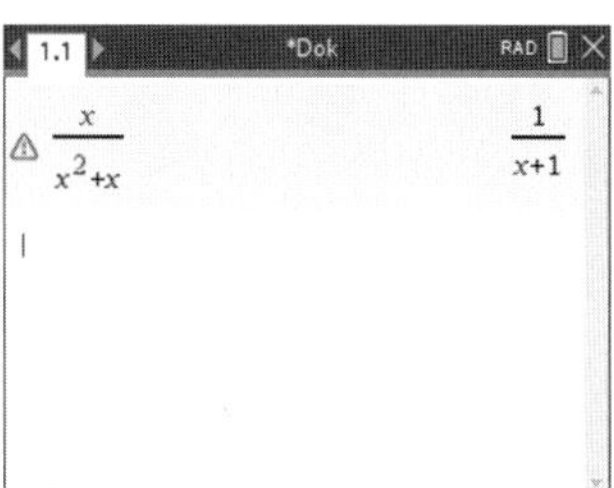

Übungen

a) Faktorisiere:

I) $x^2 - x - 2$ II) $x^3 + x^2 + ax + a$ III) $x^2 - 9$

b) Multipliziere aus:

I) $\left(x^2 - x\right) \cdot (1 - x)$ II) $\left(x^2 - 2\right)\left(x^2 + a\right)$ III) $(x - b)\left(x^3 + 1\right)$

2.6 Simulation von Zufallszahlen

frv.tv/ti

Mit dem Taschenrechner kannst du Zufallszahlen simulieren. Dafür wird die Funktion rand benutzt, die du mit [menu] → Wahrscheinlichkeit → Zufallszahl → Zahl erhältst (random = zufällig).

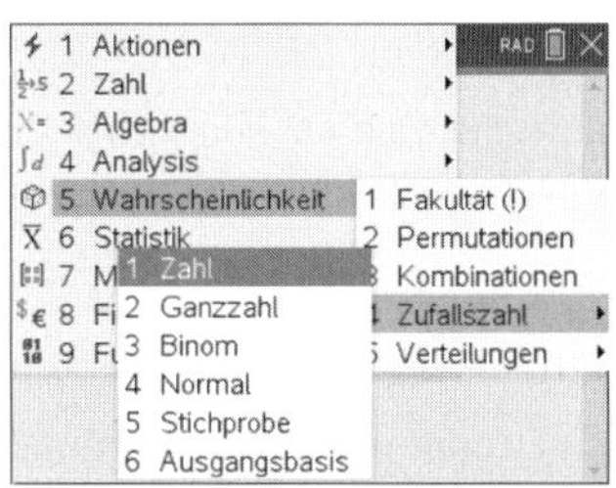

- Um Zufallszahlen zu erzeugen, deren Werte zwischen 0 und 1 liegen, benutzt du Zahl. In der Klammer gibst du die Anzahl der gewünschten Zufallszahlen an. Rechts wurden fünf Zufallszahlen erzeugt.

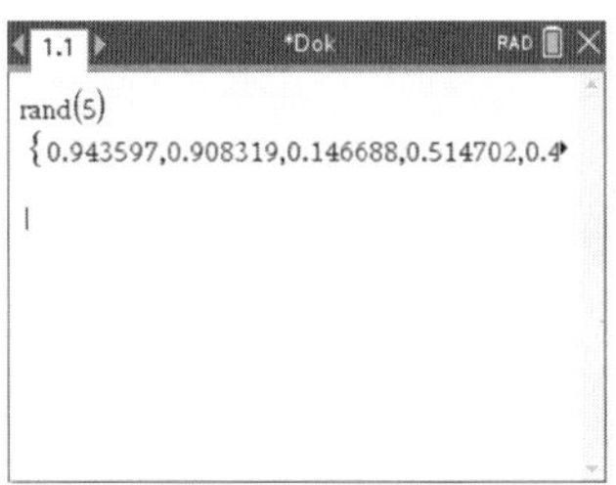

- Um ganzzahlige Zufallszahlen zu erzeugen, wählst du Ganzzahl. Es werden drei «Argumente» eingegeben: Die erste Zahl gibt die untere, die zweite die obere Schranke des Intervalls an, die dritte Zahl gibt die Anzahl der Zufallszahlen an. Hier wurden 10 Zufallszahlen zwischen 1 und 5 erzeugt.

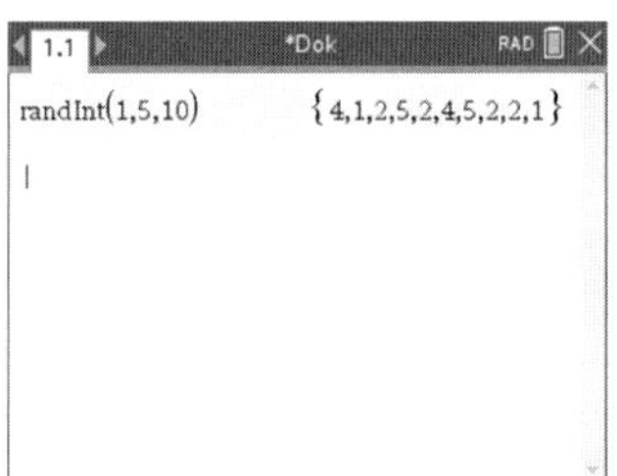

Übungen

a) Lasse vier Zufallszahlen anzeigen, deren Werte zwischen 0 und 1 liegen.

b) Simuliere das 15-fache Würfeln eines Würfels.

2.7 Befehle und Vorlagen

Auf die Befehle des TI-Nspire™ CX CAS kannst du auf verschiedene Weise zugreifen:

- Die wichtigsten Befehle findest du bei den mathematischen Vorlagen, die du mit der Taste [|□|{□] aufrufst.
  In dem sich öffnenden Fenster befinden sich die Vorlagen für Brüche, Wurzeln, Gleichungssysteme, Ableitungen und vieles mehr.

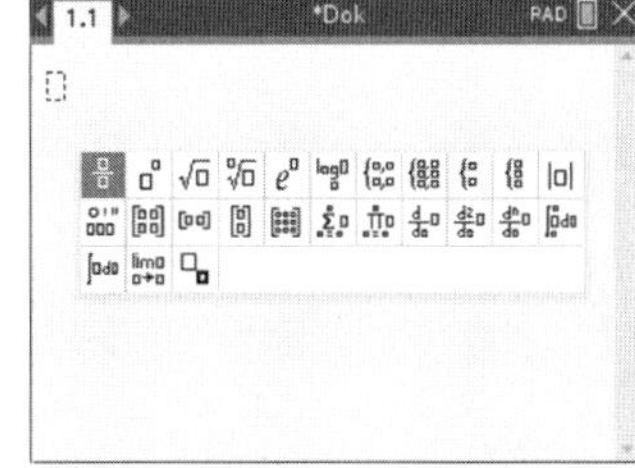

- Du findest die Befehle im Katalog, den du mit [📖] aufrufst. Befehle, die nicht mit einem Buchstaben beginnen, findest du am Ende der Liste.
- Du kannst Befehle auch mit Hilfe der Tastatur eingeben, z.B. die Betragsfunktion abs( ).

2.8 Die Dokumentstruktur

Der TI-Nspire™ CX CAS bietet die Möglichkeit, mit verschiedenen Dokumenten parallel zu arbeiten. Zusätzlich kann ein Dokument aus verschiedenen «Problemen» bestehen.* Jedes Problem kann wieder aus verschiedenen Seiten bestehen. Dies kann man gut im sogenannten «Seitensortierer» im Bildschirmfoto rechts sehen. In diesen gelangst du mit [ctrl] und [▲].

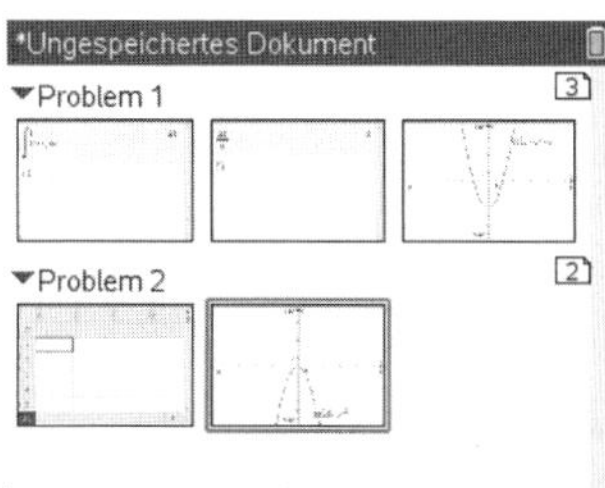

Dargestellt ist der Inhalt von Dokument1. Das Dokument besteht aus 2 Problemen.
Problem 1 besteht aus drei Seiten: zwei Calculator-Seiten und einer Graph-Seite.
Problem 2 besteht aus zwei Seiten: einer Graph-Seite und einer List & Spreadsheets-Seite.

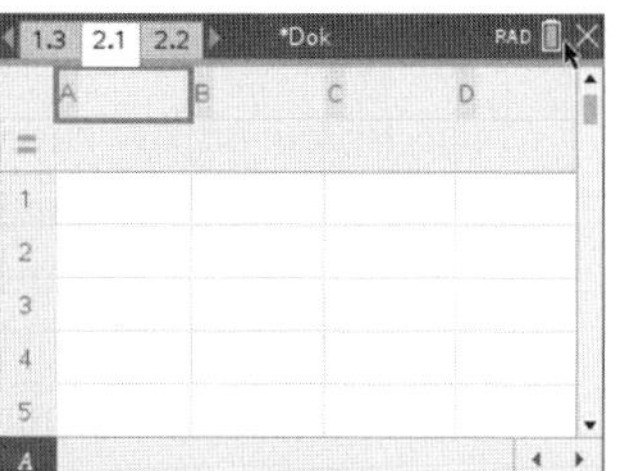

Rechts dargestellt ist Problem 2, Seite 1, daher steht oben im Reiter 2.1 (in der Übersicht befindet sich diese Seite «links unten»).

- Wenn du [doc] → Einfügen aufrufst, kannst du ein neues Problem oder eine neue Seite einfügen.
- Mit ctrl [▶] und ctrl [◀] (oder dem Touchpad) kannst du zwischen den einzelnen Seiten wechseln.
- Einzelne Seiten können im Seitensortierer mit ctrl [C] kopiert, mit ctrl [X] ausgeschnitten, mit ctrl [V] an einer neuen Stelle wieder eingefügt werden und mit [del] gelöscht werden.
- Mit ctrl [S] speicherst du das aktuelle Dokument.
- Mit ctrl [O] öffnest du ein neues Dokument.
- Mit ctrl [W] schließt du das aktuelle Dokument.
- Mit ctrl [N] legst du ein neues Dokument an.

---

*Eine bessere Übersetzung für „Problem“ wäre „Aufgabe“, denn der aus dem Englischen übernommene Ausdruck „problem“ wird im Deutschen im Allgemeinen nicht für Mathematik-Aufgaben verwendet.

Lösungen

2.1 Lösungen – Rechnen mit Brüchen

a) Mit ctrl [■/□] rufst du die Brucheingabe auf und gibst die Brüche ein (navigiere mit der [tab]-Taste). Die Rechnung startest du mit [enter].

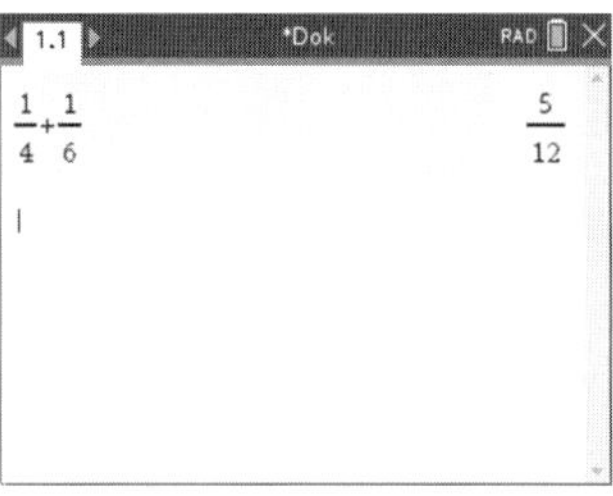

b) Mit ctrl [■/□] rufst du die Brucheingabe auf und gibst die Brüche ein. Die Rechnung startest du mit [enter]. Um das Ergebnis in einen gemischten Bruch umzuwandeln, benutzt du [menu] → Zahl → Bruchwerkzeuge → Echter Bruch und fügst das Ergebnis mit ctrl [ans] ein.

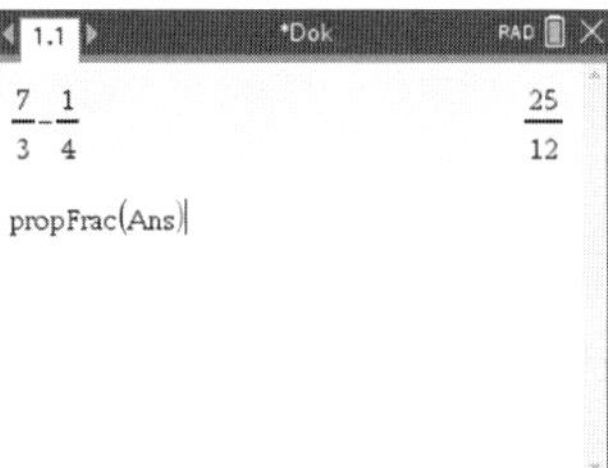

Wenn du jetzt die Eingabe mit [enter] abschließt, wird das Ergebnis als gemischter Bruch angezeigt.

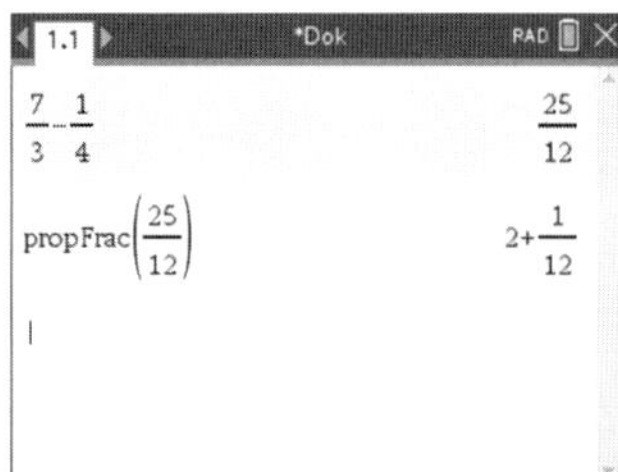

c) Mit ctrl [■/□] rufst du die Brucheingabe auf und gibst den ersten Bruch ein. Den gemischten Bruch musst du in Klammern setzen und mit Plus schreiben, da sonst wegen Punkt- vor Strichrechnung ein falsches Ergebnis berechnet werden würde.

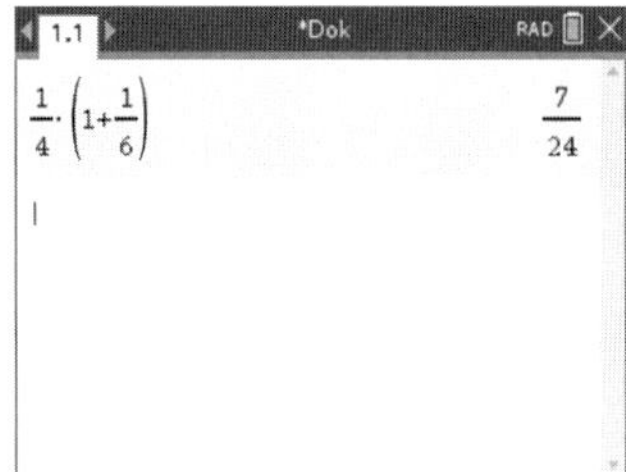

2.3 Lösungen – Der Variablenspeicher

a) Du gibst ein: [A]^{ctrl} [:=], dann 3.5 und bestätigst mit [enter]. (Alternativ kannst du auch ^{ctrl} [sto →] benutzen.)
Anschließend führst du die angegebene Rechnung aus und bestätigst mit [enter].

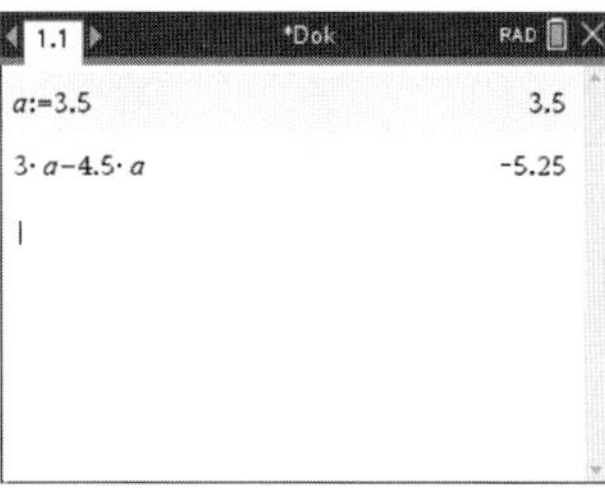

Mit [menu] → Zahl → In Bruch approximieren wandelst du das Ergebnis in einen Bruch um.

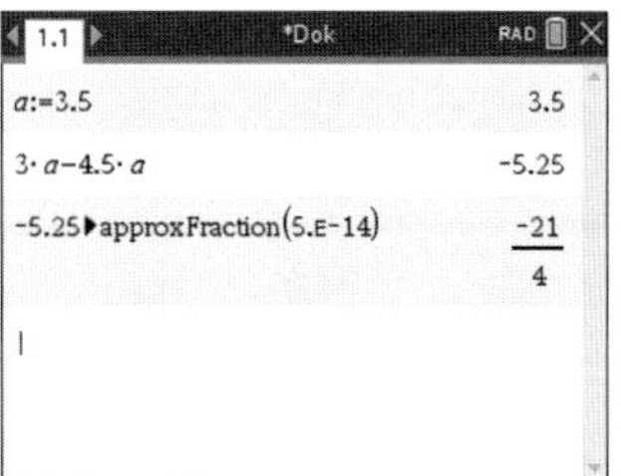

b) Du gibst ein: [A]^{ctrl} [:=], dann 2.2 und bestätigst mit [enter]. Auf die gleiche Weise weist du b den Wert $\frac{1}{4}$ zu.
Anschließend führst du die angegebene Rechnung aus und bestätigst mit [enter].

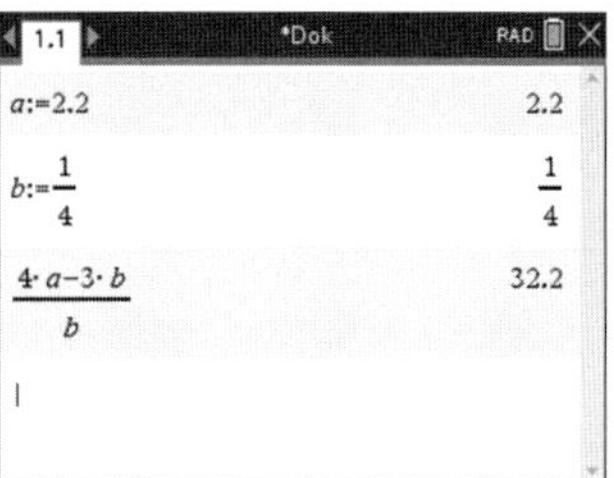

2.4 Lösungen – Potenzieren und Wurzelziehen

a) Du berechnest die Aufgaben, indem du die Tasten [x^2] und [^] benutzt.

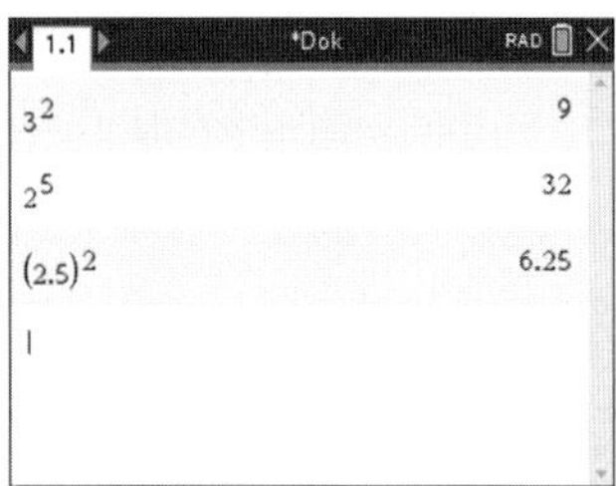

b) Auch hier berechnest du die Aufgaben, indem du [x^2] und [^] benutzt. Achte auf die Klammern!

1.1 *Dok RAD

$\frac{3^2}{2}$ $\frac{9}{2}$

$\left(\frac{3}{4}\right)^2$ $\frac{9}{16}$

$(4\cdot 13)^3$ 140608

c) Du berechnest die Wurzel mit ctrl [$\sqrt{\ }$]. Die dritte und vierte Wurzel erhältst du mit ctrl [$\sqrt[n]{x}$]. Um ein dezimales Ergebnis zu erhalten, benutzt du ctrl [enter].

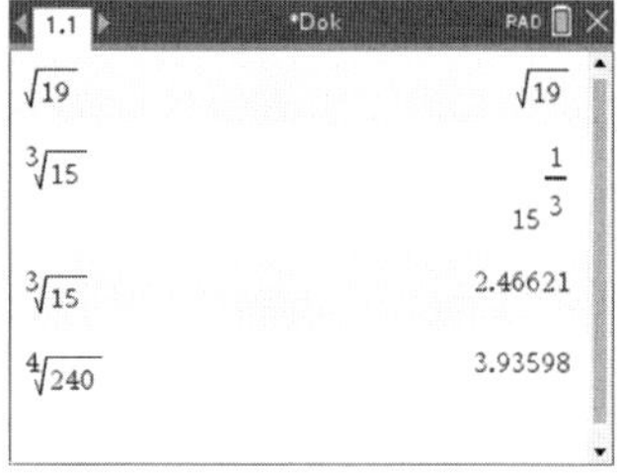

d) Du multiplizierst zuerst. Anschließend benutzt du ctrl [$\sqrt{\ }$] und ctrl [ans], um die Wurzel aus dem Ergebnis zu berechnen. (Nachdem du mit [enter] bestätigt hast, wird Ans durch den Zahlenwert ersetzt.)

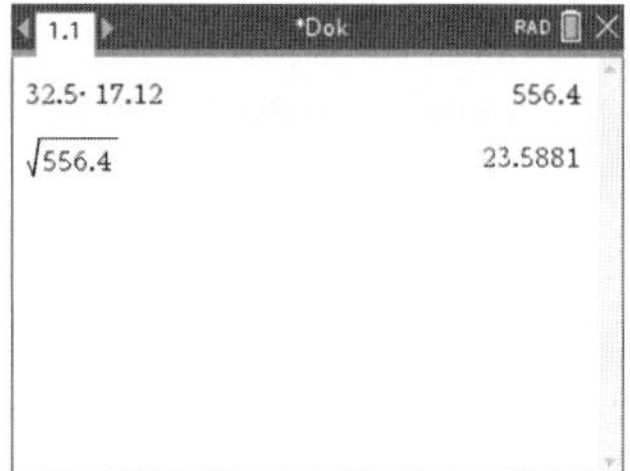

e) Du berechnest die Wurzel mit ctrl [$\sqrt{\ }$]. Achte darauf, die Wurzel mit [tab] oder [►] zu verlassen, bevor du +4 rechnest, damit nur die Wurzel aus 289 berechnet wird.

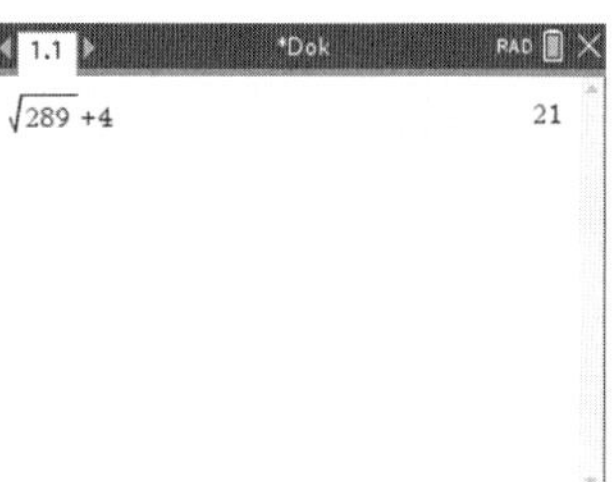

2.5 Lösungen – Termumformungen

a) Im Menü unter [menu] → Algebra fügst du den Befehl factor mit Faktorisiere ein, um die Ausdrücke in einzelne Terme zu zerlegen.

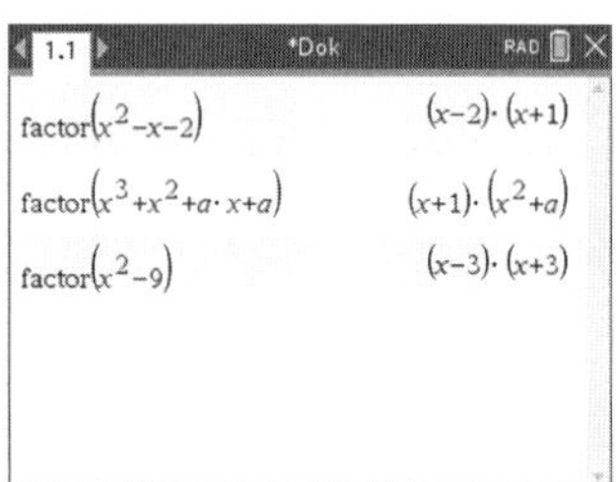

b) Im Menü unter [menu] → Algebra fügst du den Befehl expand mit Entwickle ein, um die Ausdrücke auszumultiplizieren. Achte auf die Klammersetzung!

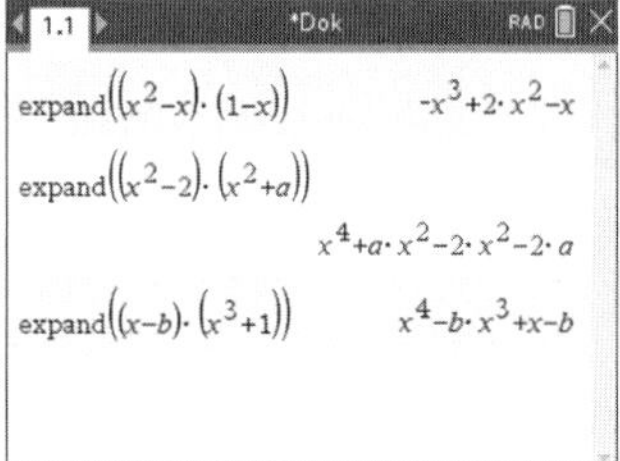

2.6 Lösungen – Simulation von Zufallszahlen

Da der Ausgang der jeweiligen Simulation zufällig ist, können hier keine «eindeutigen» Ergebnisse angegeben werden. Wichtig ist, dass die Eingaben übereinstimmen.

a) Um die geforderten Zufallszahlen zu erzeugen, benutzt du [menu] → Wahrscheinlichkeit → Zufallszahl → Zahl und bestätigst mit [enter]. Wenn du den Wert «4» als Argument eintippst, werden die vier Zufallszahlen in geschweiften Klammern hintereinander angezeigt.

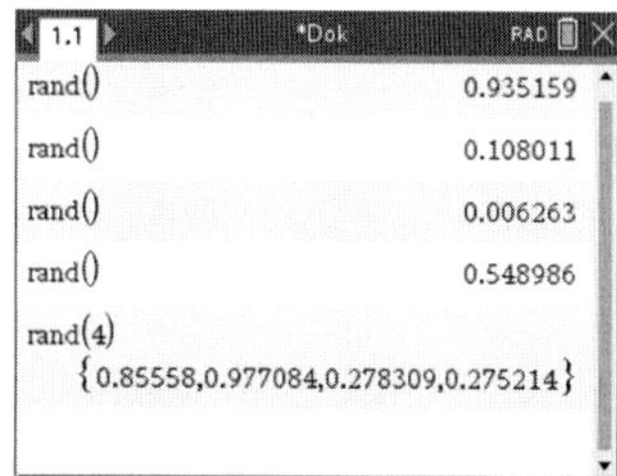

b) Du benutzt [menu] → Wahrscheinlichkeit → Zufallszahl → Ganzzahl, um ganzzahlige Zufallszahlen zu erzeugen. Da die erzeugten Zahlen zwischen 1 und 6 liegen sollen, gibst du in der Klammer 1 [,] 6 ein. Um 15 Zahlen zu erzeugt, gibst du zum Schluss eine 15 ein und startest die Berechnung mit [enter].

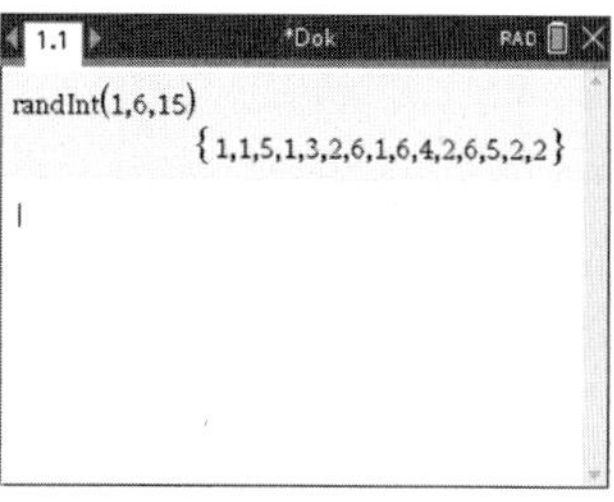

3 Geometrie

In der «Geometry»-Anwendung kannst du mit ebenen Figuren arbeiten. Im Folgenden werden einige grundlegende Funktionen gezeigt.
Grundsätzlich gilt: Mit [esc] kehrst du zum «Zeiger-Werkzeug» zurück.

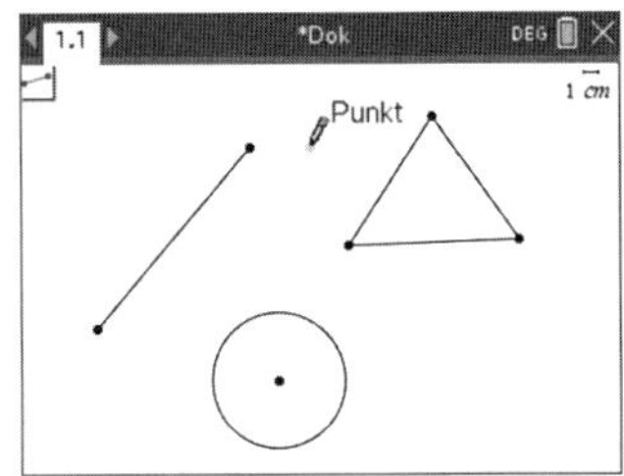

Die einzelnen geometrischen Objekte fügst du mit [menu] → Punkte & Geraden bzw. Formen oder Konstruktion ein.
Das jeweils aktuelle Werkzeug wird in der linken oberen Ecke angezeigt. Nach dem Einfügen des Objekts kannst du mit der Tastatur eine Beschriftung eingeben.

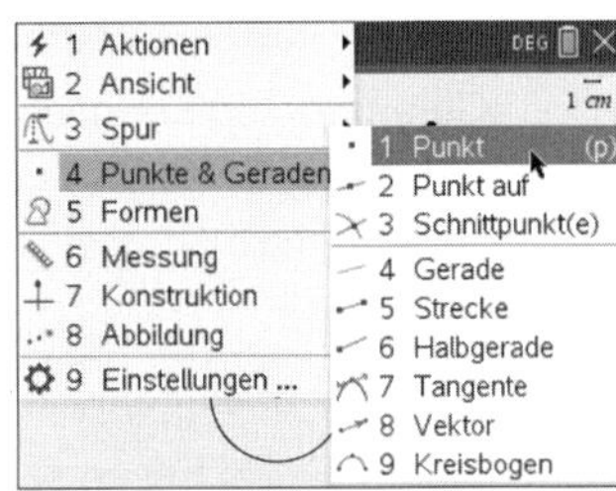

Um eine Beschriftung nachträglich einzufügen, bewegst du zuerst den Cursor über das gewünschte Objekt, im Bild rechts über den Punkt, so dass eine geöffnete Hand angezeigt wird und wählst ctrl[ ].

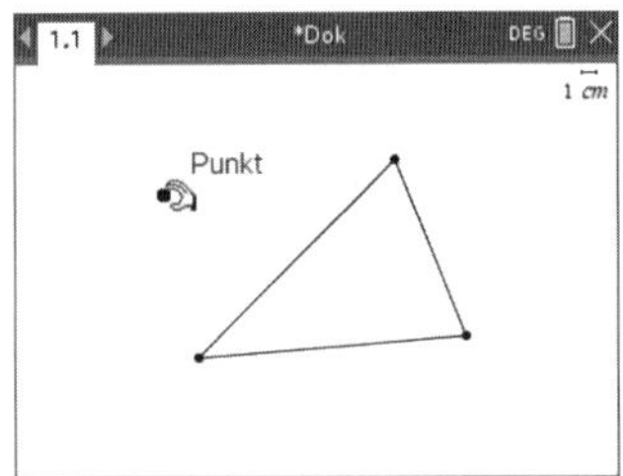

Du wählst Beschriftung und kannst den Punkt oder das gewünschte Objekt entsprechend benennen.

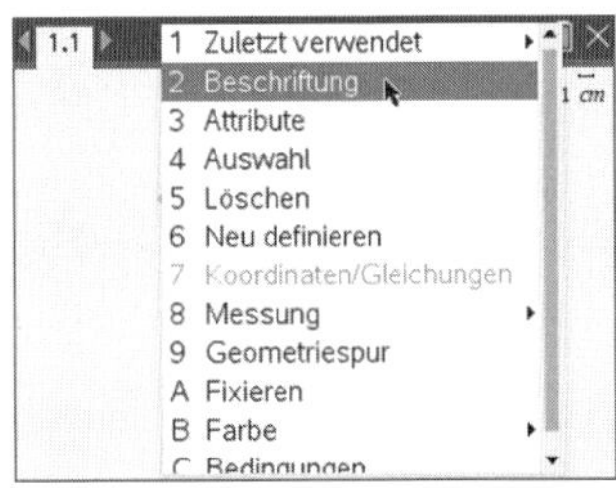

Um ein Objekt zu verschieben, navigierst du zuerst zum entsprechenden Punkt, bis der Cursor die Form einer geöffneten Hand annimmt.

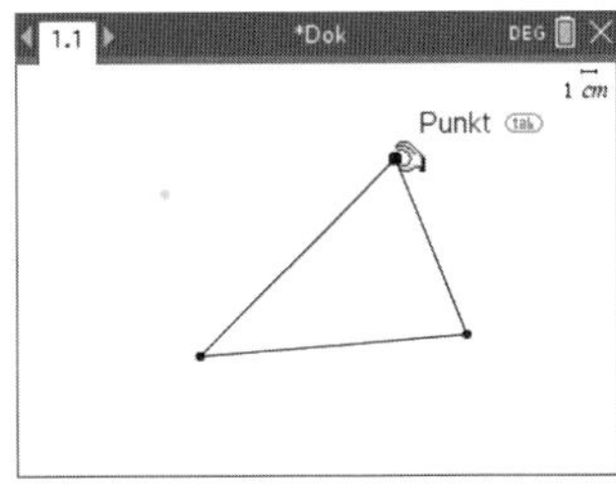

Nun benutzt du ctrl[ ] oder drückst das Touchpad etwas länger. Die Hand ist jetzt geschlossen und du kannst das Objekt bewegen. Nochmaliges Drücken des Touchpads platziert das Objekt an der entsprechenden Stelle.
Mit [esc] kehrst du zum «Zeiger-Werkzeug» zurück.

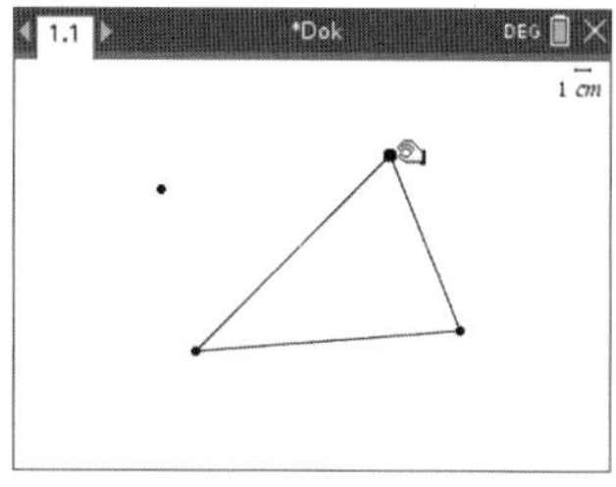

- Die Taste ctrl[ ] entspricht der rechten Maustaste und zeigt ein Kontextmenü an, in dem du Eigenschaften des gewählten Objekts bearbeiten kannst.
- Unter [menu] → Einstellungen gibt es noch verschiedene geometriespezifische Einstellungsmöglichkeiten.
  - Zum Beispiel kann der Winkel von Dreiecken auf Ganzzahlen beschränkt werden. Dies kann für die Arbeit mit Winkelsummen hilfreich sein.
  - «Automatische Beschriftungspunkte» fügt automatisch Beschriftungen während des Zeichnungsvorgangs hinzu.

3.1 Das Werkzeug «Mathematische Zeichnung»

Mit dem Werkzeug «Mathematische Zeichnung» (MathDraw) kannst du Geraden, Kreise und andere Formen zeichnen. Dabei wird ein Kreis oder eine Linie, wenn sie gezeichnet werden, automatisch erkannt und die Skizze in eine exakte Zeichnung umgewandelt. Es funktioniert allerdings nur auf Geräten mit Touchscreen und am Computer.

Du rufst das Werkzeug «Mathematische Zeichnung» mit [menu] → Aktionen→ MathDraw auf.
Wenn du nun einen Kreis zeichnest, wird dieser zuerst in grün skizziert.

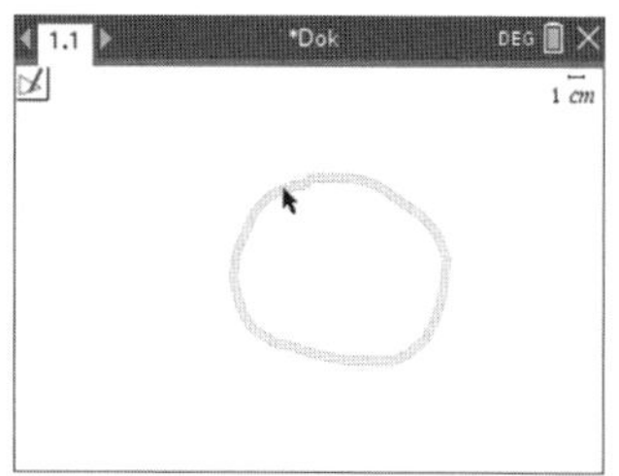

Nach Beendigung des Zeichenvorgangs wird die Skizze in eine exakte Zeichnung umgewandelt.

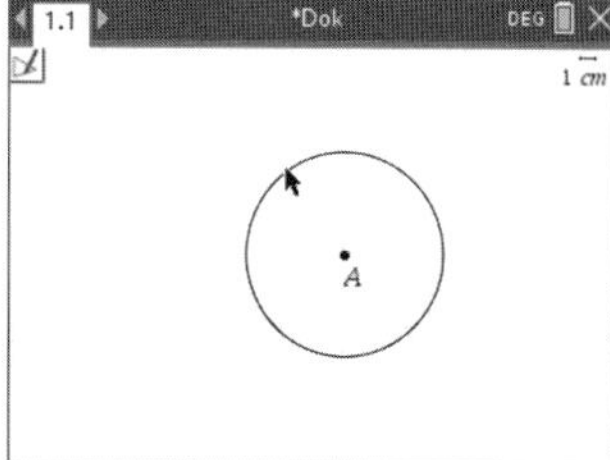

Übungen

a) Füge drei Punkte ein, die du dann mit Linien zu einem Dreieck verbindest.

b) Ziehe eine Ecke des Dreiecks in eine neue Position und füge eine Mittelsenkrechte ein.

Lösungen

a) Die Punkte fügst du mit [menu] → Punkte & Geraden → Punkt ein. Anschließend verlässt du die Punkteingabe mit [esc].

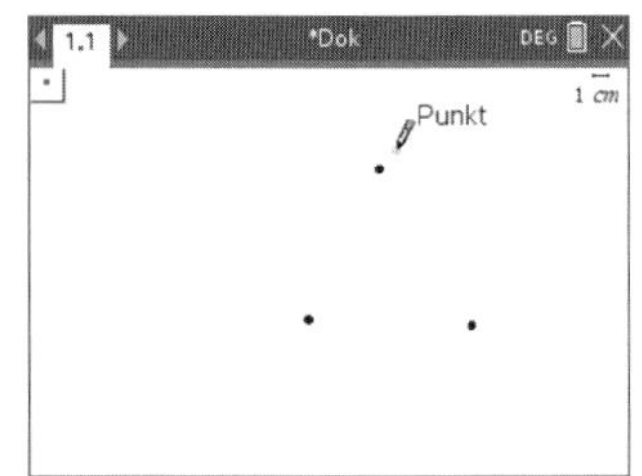

Um die Verbindungslinien einzufügen, benutzt du [menu] → Punkte & Geraden → Strecke. Du klickst mit dem Touchpad jeweils an den Anfang und an das Ende der Strecke.

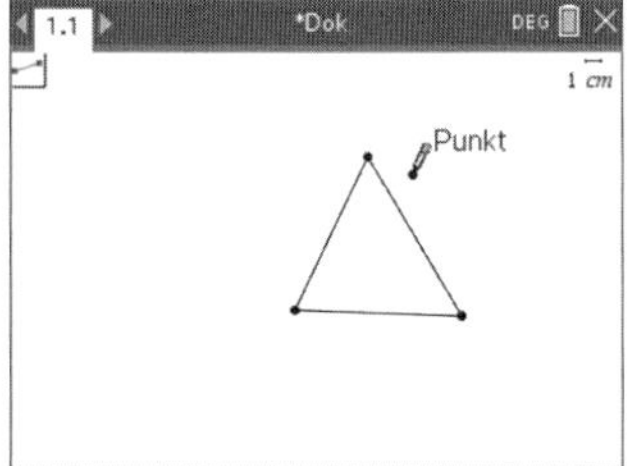

b) Du verlässt den Einfügemodus mit [esc], anschließend bewegst du den Cursor über einen Punkt, bis die geöffnete Hand erscheint.

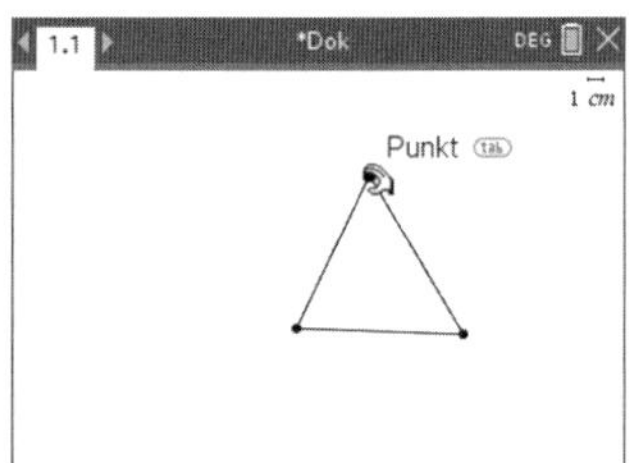

Du benutzt ctrl[ ], die Hand ist jetzt geschlossen und der Punkt kann bewegt werden. Um den Punkt zu fixieren, benutzt du [enter].

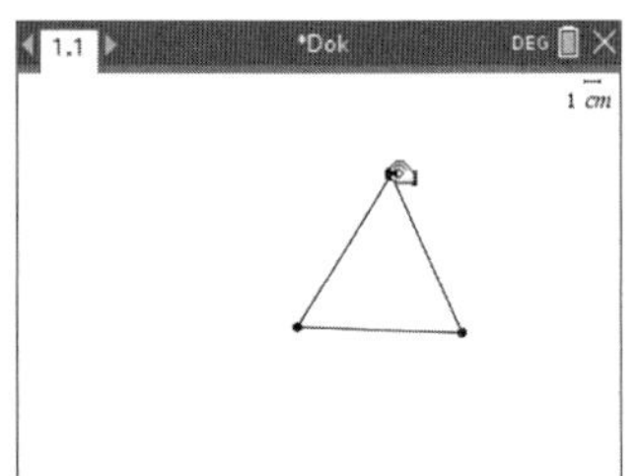

Um eine Mittelsenkrechte einzufügen benutzt du [menu] → Konstruktion → Mittelsenkrechte. Du wählst die gewünschte Strecke aus und bestätigst mit [enter]. Die Mittelsenkrechte wird angezeigt.

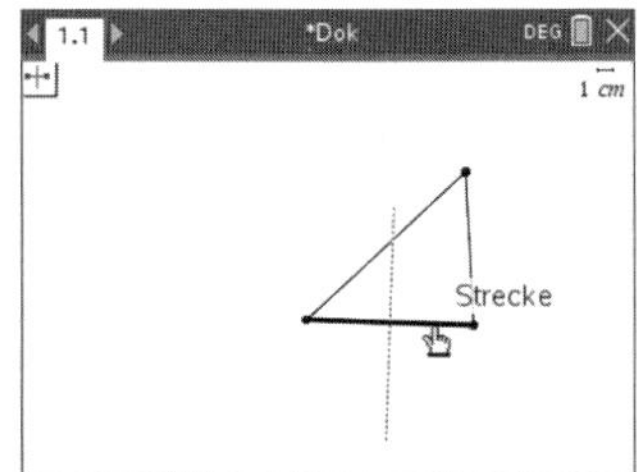

4 Gleichungen und Gleichungssysteme

4.1 Gleichungen lösen

Mit Hilfe des TI-Nspire™ CX CAS kannst du Gleichungen nach einer Variablen auflösen. Dafür benutzt du die Funktion solve. Diese findest du unter [menu] → Algebra → Löse.

frv.tv/ti

Die Eingabe geschieht dabei nach folgendem Schema: In der Klammer wird immer zuerst die Gleichung eingegeben und danach (durch ein Komma getrennt) die Variable, nach der die Gleichung aufgelöst werden soll.

Du rufst die Funktion solve auf mit [menu] → Algebra → Löse.

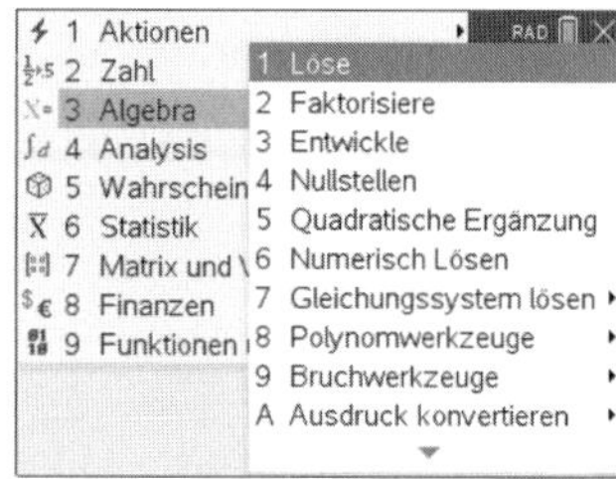

Beispiel

Gesucht sind die Lösungen der Gleichung $x^2 + 0,5x + 2 = 20$.

Du rufst solve mit [menu] → Algebra → Löse auf und gibst die Gleichung ein. Zum Schluss gibst du x getrennt durch ein Komma ein, da die Gleichung nach x aufgelöst werden soll.
Die beiden Lösungen der quadratischen Gleichung werden angezeigt.

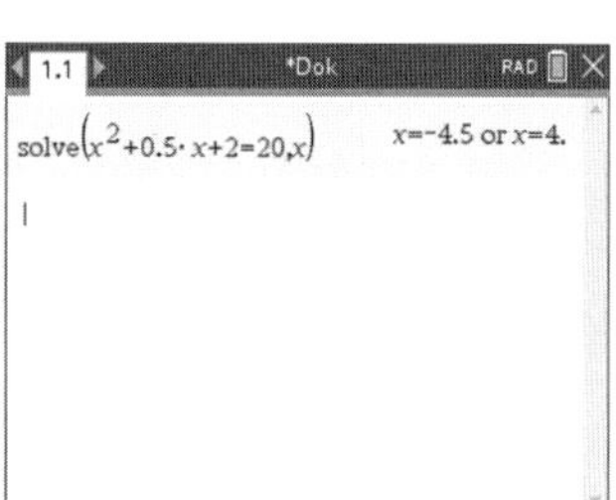

- Falls die Gleichung allgemeingültig ist, wie z.B. $x + 1 = x + 1$, wird als Lösung true angezeigt.

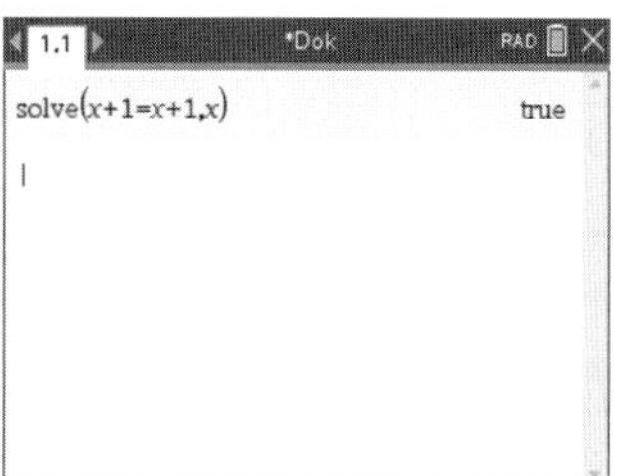

- Falls die Gleichung unlösbar sein sollte, wie z.B. $3 + 0 \cdot x = 1$, wird als Lösung false angezeigt.

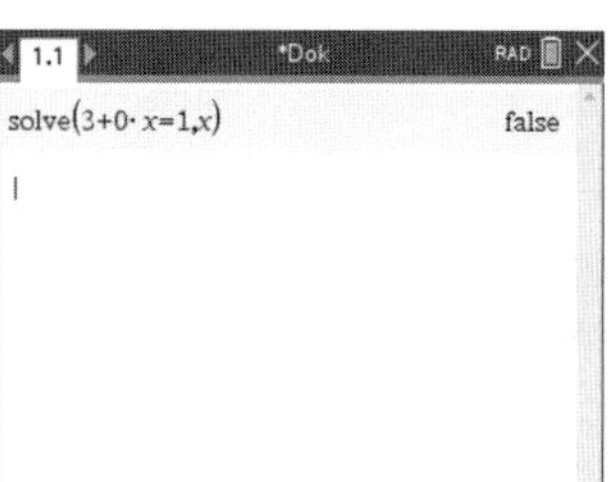

- Es ist auch möglich, einen Ausdruck, der zwei Variablen enthält, nach einer Variablen aufzulösen. Rechts wird die Gleichung $x+a=3x$ einmal nach x und einmal nach a aufgelöst.

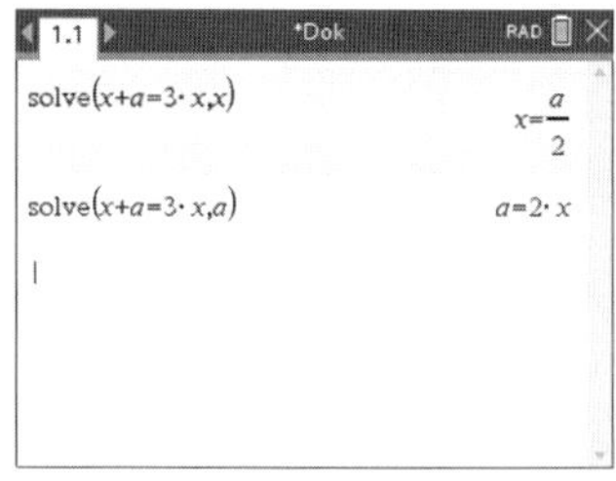

- Mit dem solve-Befehl können auch Ungleichungen gelöst werden. Rechts wird die Lösungsmenge der quadratischen Ungleichung $x^2+2x-3>0$ angezeigt (das Ungleichungszeichen wird mit ctrl $[=]$ eingefügt).

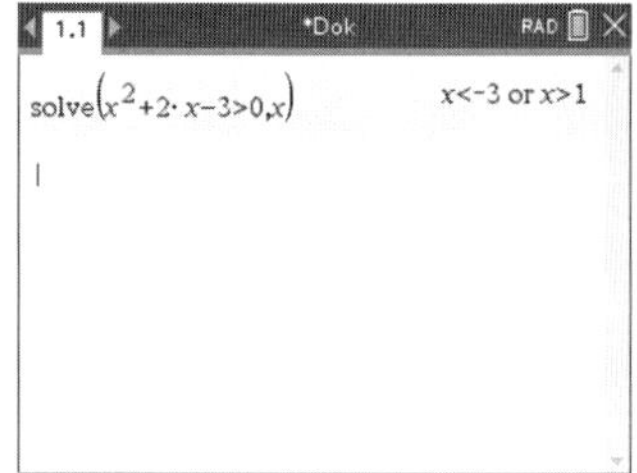

Übungen

Löse folgende Gleichungen:

a) $x^3-4x+1=3$ b) $e^x-1=2$ c) $\sin x=0,4$

4.2 Gleichungssysteme lösen

Mit dem TI-Nspire™ CX CAS kannst du Gleichungssysteme und lineare Gleichungssysteme (LGS) lösen. Die Befehle dazu findest du unter [menu] → Algebra → Gleichungssystem lösen.

Dabei kannst du wählen, ob es sich um ein lineares oder nichtlineares Gleichungssystem handelt.

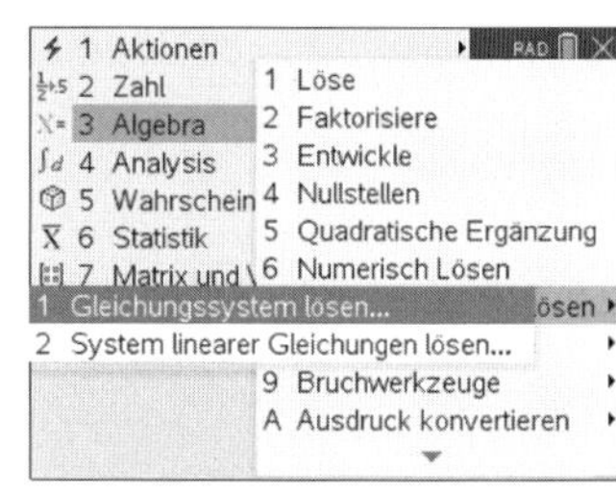

Wenn du bei der Anzahl der Gleichungen den Wert 3 eingibst, wird «z» automatisch zu den Variablen hinzugefügt.

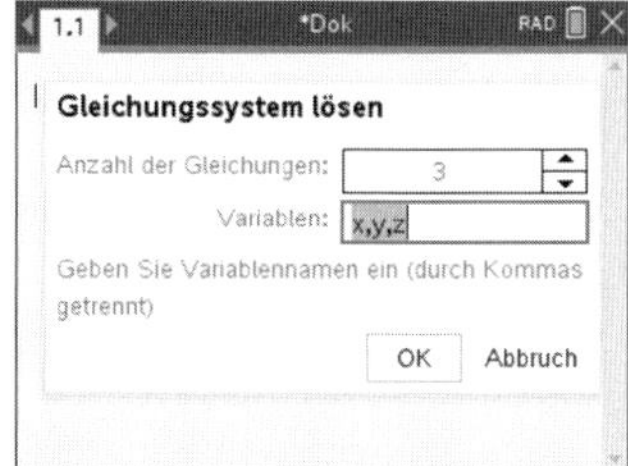

Beispiel 1

Gesucht sind die Lösungen des folgenden linearen Gleichungssystems:

$$\begin{array}{rcrcrcr} x & + & 2y & - & z & = & 8 \\ -x & + & y & + & 2z & = & 0 \\ -x & - & 5y & - & 4z & = & -12 \end{array}$$

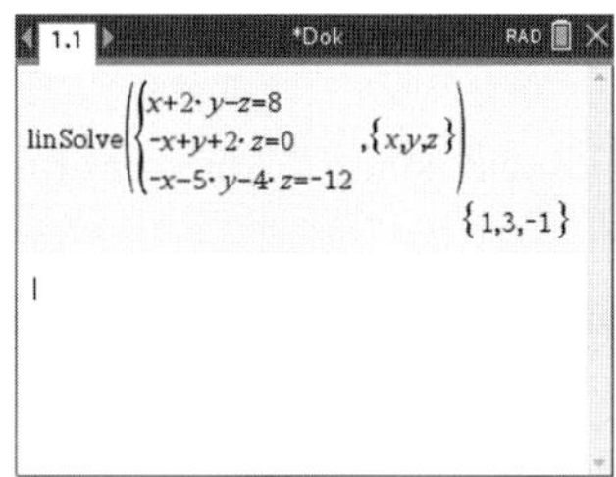

Du rufst die Gleichungslösefunktion linSolve auf mit [menu] → Algebra → Gleichungssystem lösen → System linearer Gleichungen lösen, setzt die Anzahl der Gleichungen auf 3 und gibst diese ein. Du schließt die Eingabe mit [enter] ab.
Die Lösung wird angezeigt, es ist also $x = 1$, $y = 3$ und $z = -1$.

Beispiel 2

Gesucht ist die Lösung des folgenden linearen Gleichungssystems:

$$\begin{array}{rcrcrcr} x & + & 2y & - & z & = & 4 \\ -x & + & 2y & - & 3z & = & 6 \\ 2x & + & 4y & - & 2z & = & 8 \end{array}$$

1.1 *Dok RAD

linSolve({x+2·y−z=4, −x+2·y−3·z=6, 2·x+4·y−2·z=8}, {x,y,z})

$\left\{-(c1+1), \frac{2\cdot c1+5}{2}, c1\right\}$

Du rufst die Gleichungslösefunktion linSolve auf mit [menu] → Algebra → Gleichungssystem lösen → System linearer Gleichungen lösen, setzt die Anzahl der Gleichungen auf 3 und gibst diese ein. Du schließt die Eingabe mit [enter] ab.
Die Lösung wird angezeigt und enthält einen Parameter, nämlich **c1**, also gibt es unendlich viele Lösungen. Die Lösungsmenge ist damit:
$\mathrm{L} = \left\{\left(-c1 - 1; c1 + \frac{5}{2}; c1\right) \mid c1 \in \mathbb{R}\right\}$.

Beispiel 3

Gesucht ist die Lösung des folgenden linearen Gleichungssystems:

$$\begin{array}{rcrcrcr} x & + & 2y & + & z & = & 4 \\ -x & - & 4y & + & z & = & 7 \\ 2x & + & 8y & - & 2z & = & 8 \end{array}$$

Du rufst die Gleichungslösefunktion linSolve auf mit [menu] → Algebra → Gleichungssystem lösen → System linearer Gleichungen lösen, setzt die Anzahl der Gleichungen auf 3 und gibst diese ein. Du schließt die Eingabe mit [enter] ab.
Das Gleichungssystem hat keine Lösung.

1.1 *Dok RAD
linSolve$\left(\begin{cases} x+2\cdot y+z=4 \\ -x-4\cdot y+z=7 \\ 2\cdot x+8\cdot y-2\cdot z=8 \end{cases}, \{x,y,z\}\right)$
"Keine Lösung gefunden"

Beispiel 4

Gesucht ist die Lösung des folgenden Gleichungssystems:

$$\begin{array}{rcrcr} e^x & - & 2y & = & 5 \\ 4x & + & y & = & 3 \end{array}$$

Es handelt sich nicht um ein lineares Gleichungssystem, daher rufst du die Gleichungslösefunktion Solve auf mit [menu] → Algebra → Gleichungssystem lösen, → Gleichungssystem lösen, und gibst die Gleichungen ein. Du schließt die Eingabe mit [enter] ab.
Es werden zwei Lösungen des Gleichungssystems angezeigt. Allerdings ist das CAS nicht in der Lage, zweifelsfrei festzustellen, ob es nicht noch weitere Lösungen gibt.

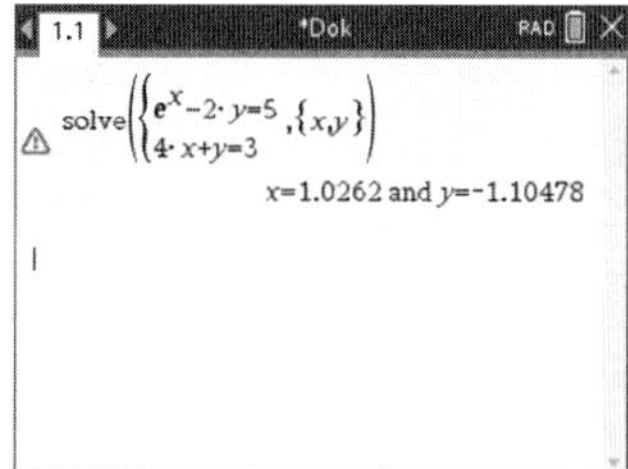

- Die Variablen müssen nicht zwingend x, y und z heißen, sondern können in dem sich öffnenden Fenster des linearen Gleichungssystems frei gewählt werden.

Übungen

Untersuche, ob die folgenden linearen Gleichungssysteme eine Lösungsmenge besitzen und bestimme diese gegebenfalls.

a) $$\begin{array}{rcrcrcr} x & + & 2y & - & 2z & = & 7 \\ x & - & y & - & 4z & = & -9 \\ x & + & 4y & + & 3z & = & 25 \end{array}$$

b) $$\begin{array}{rcrcrcr} x & + & 2y & - & 3z & = & 4 \\ -x & + & 2y & - & 3z & = & 6 \\ 2x & + & 4y & - & 2z & = & 8 \end{array}$$

c) $$\begin{array}{rcrcrcr} 2x & + & y & - & z & = & 6 \\ x & + & 3y & + & 3z & = & 14 \\ -x & + & 2y & + & 4z & = & 8 \end{array}$$

d) $$\begin{array}{rcrcrcr} x & + & y & - & z & = & 1 \\ 2x & - & y & + & z & = & 8 \\ 4x & + & y & - & z & = & 1 \end{array}$$

Lösungen

4.1 Lösungen – Gleichungen lösen

a) Du rufst den Befehl solve auf mit [menu] → Algebra → Löse auf.
Die Lösungen werden angezeigt.

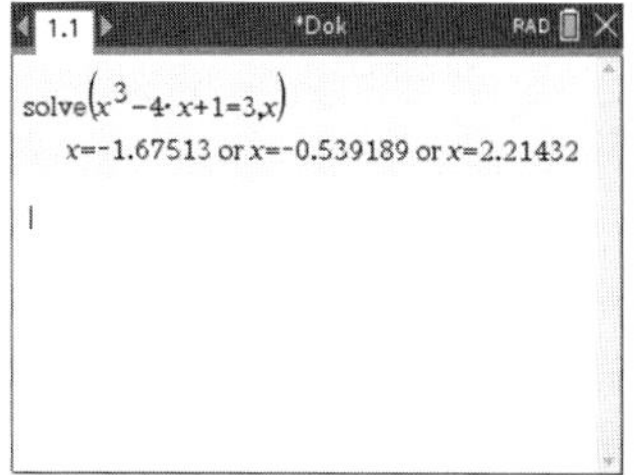

b) Du rufst den Befehl solve auf mit [menu] → Algebra →
Löse auf.

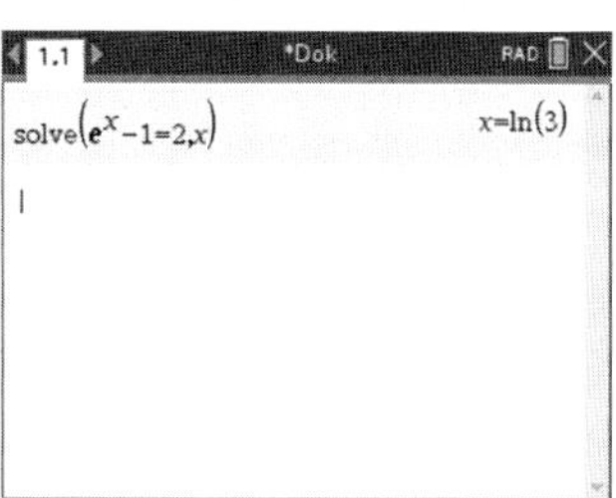

c) Du rufst den Befehl solve auf mit [menu] → Algebra →
Löse auf. Im Fall der trigonometrischen Gleichung bedeutet die Anzeige des Parameters **n1**, dass es unendlich viele Lösungen gibt. Wenn du für **n1** eine natürliche Zahl einsetzt, erhältst du eine «konkrete» Lösung.

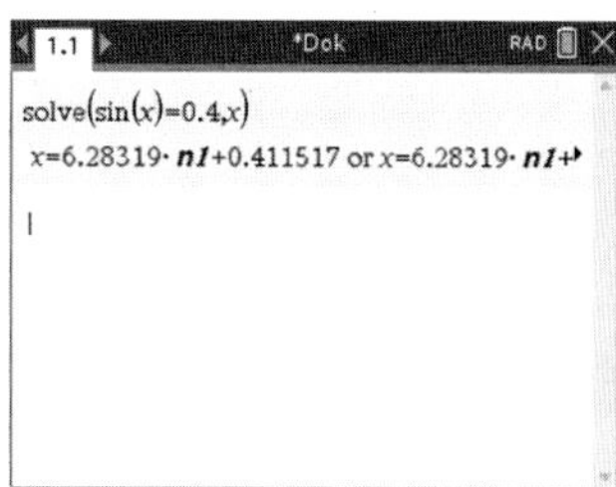

4.2 Lösungen – Gleichungssysteme lösen

a) Mit [menu] → Algebra → Gleichungssystem lösen → System linearer Gleichungen lösen rufst du den Befehl linSolve auf, setzt die Anzahl der Gleichungen auf 3 und gibst diese ein. Du schließt die Eingabe mit [enter] ab. Die Lösungsmenge ist $L = \{(3; 4; 2)\}$.

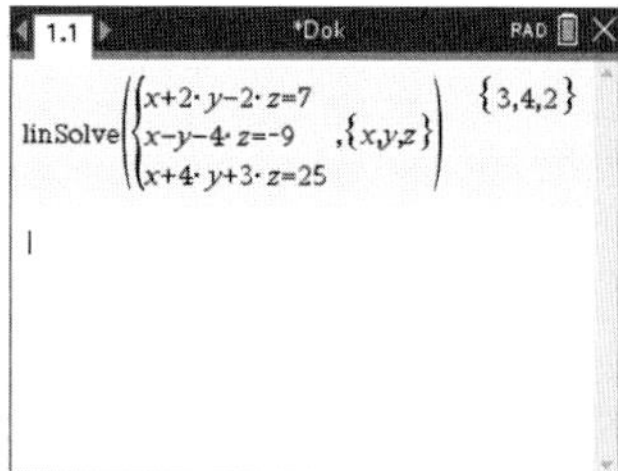

b) Mit [menu] → Algebra → Gleichungssystem lösen → System linearer Gleichungen lösen rufst du den Befehl linSolve auf, setzt die Anzahl der Gleichungen auf 3 und gibst diese ein. Du schließt die Eingabe mit [enter] ab. Die Lösungsmenge ist $L = \{(-1; \frac{5}{2}; 0)\}$.

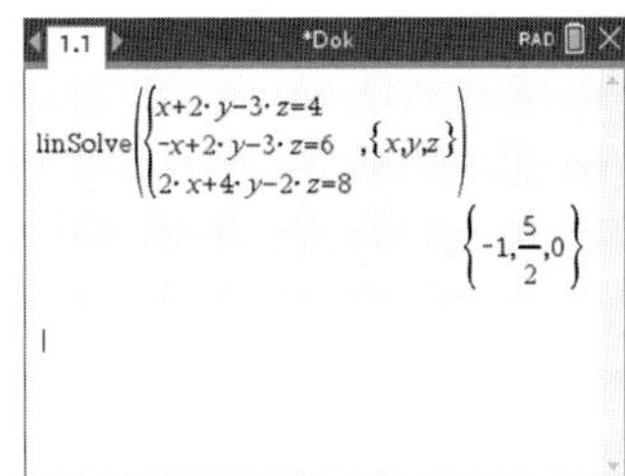

c) Mit [menu] → Algebra → Gleichungssystem lösen → System linearer Gleichungen lösen rufst du den Befehl linSolve auf, setzt die Anzahl der Gleichungen auf 3, gibst diese ein und schließt die Eingabe mit [enter] ab. Die Lösungsmenge enthält einen Parameter, daher hat das LGS unendlich viele Lösungen. Die Lösungsmenge ist
$L = \{(\frac{6 \cdot c1}{5} + \frac{4}{5}; \frac{22}{5} - \frac{7 \cdot c1}{5}; c1) \mid c1 \in \mathbb{R}\}$.

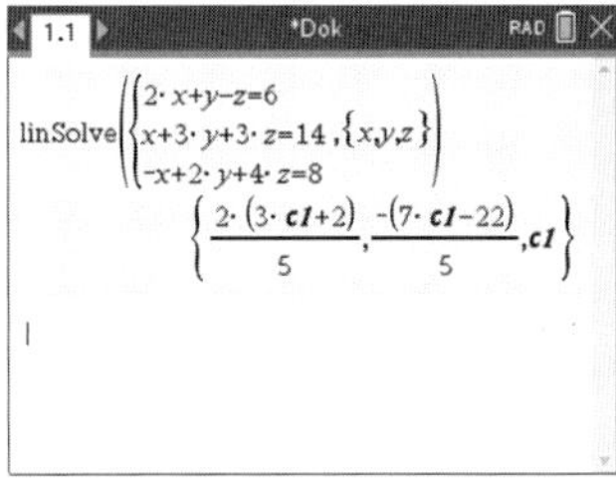

d) Mit [menu] → Algebra → Gleichungssystem lösen → System linearer Gleichungen lösen rufst du den Befehl linSolve auf, setzt die Anzahl der Gleichungen auf 3 und gibst diese ein. Du schließt die Eingabe mit [enter] ab. Das Gleichungssystem hat keine Lösung.

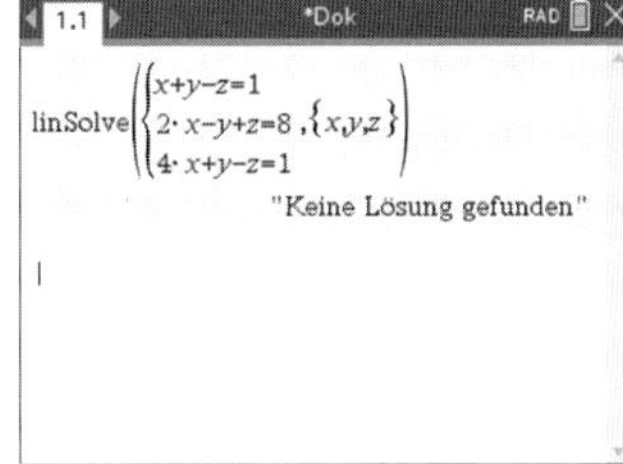

5 Funktionen untersuchen – Teil 1

5.1 Grafische Darstellung

Um eine Funktion grafisch darzustellen, benötigst du zuerst eine Graph-Seite, die du z.B. mit ^{ctrl} [+page] einfügen kannst.

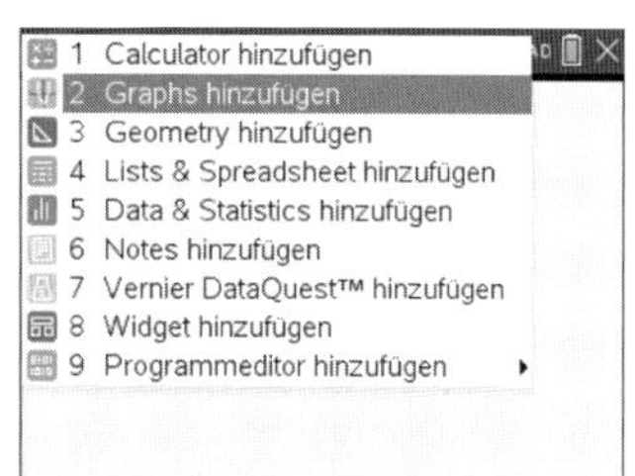

An der oberen Bildschirmkante befindet sich die Eingabezeile. Dort wird der Funktionsterm eingegeben. Die Eingabezeile kannst du mit Hilfe von [tab] einblenden.

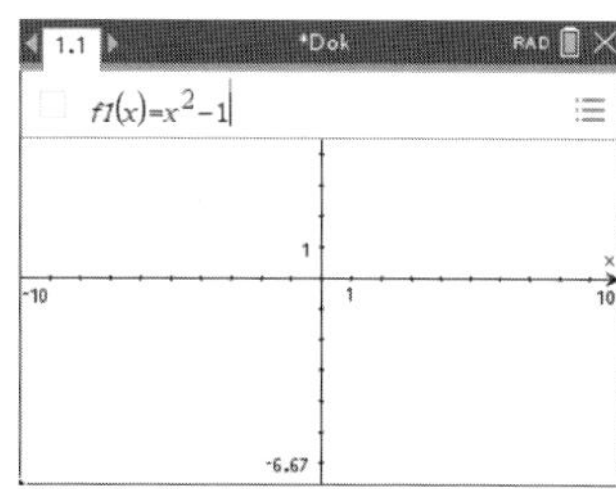

Beispiel

Gesucht ist der Graph der Funktion $f(x) = 1,2x - 3$.
Zuerst gibst du die Funktion im Graph-Fenster in der Eingabezeile als $\mathrm{f1}(\mathrm{x}) = 1.2x - 3$ ein.

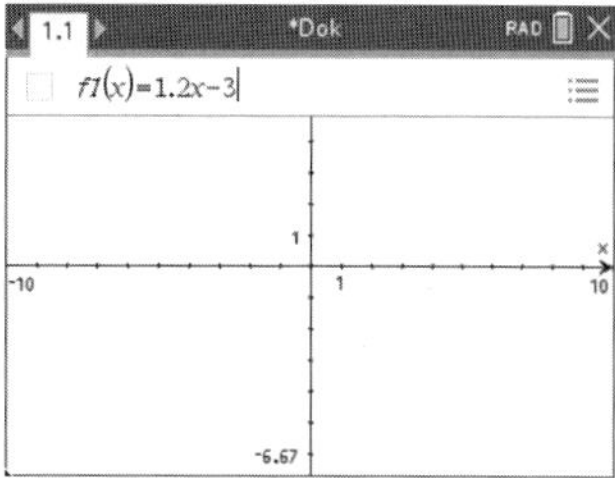

Die Eingabe wird mit [enter] abgeschlossen. Der Graph der Funktion wird angezeigt. Da er im Moment markiert ist, wird er fett gezeichnet.

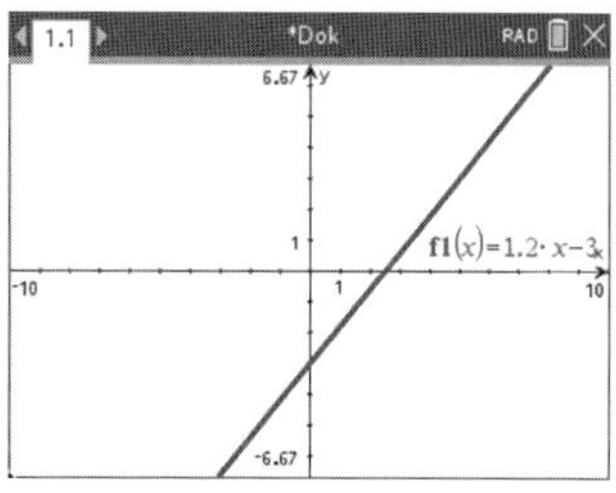

- Um einen Graph zu löschen, markierst du ihn zuerst mit dem Cursor. Anschließend benutzt du ^{ctrl}[☰].

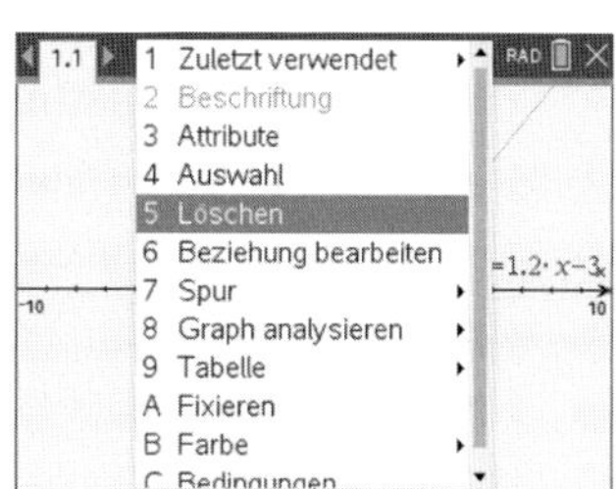

- Die Fenstergröße ist am Anfang so eingestellt, dass die Längeneinheiten in x- und y-Richtung gleich lang sind, so dass die Funktionsgraphen unverzerrt dargestellt werden.
- Die Eingabezeile blendest du mit ctrl [G] oder durch einen Doppelklick mit dem Mauszeiger in den Hintergrund ein und aus.
- Um die Funktionsterme anzeigen zu lassen, klickst du rechts neben der Eingabezeile auf ≔ oder du benutzt auf dem Touchpad [▲] (mehrmals drücken).

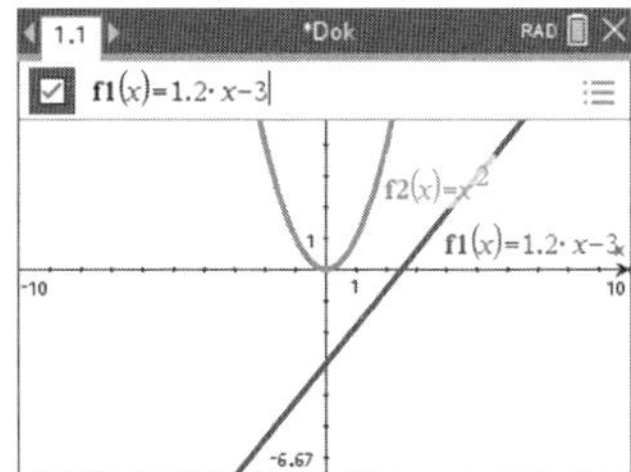

- Wenn du mit ctrl[▤] auf den Graph klickst und dann Attribute auswählst, kannst du die Linienstärke und den Linienstil ändern.

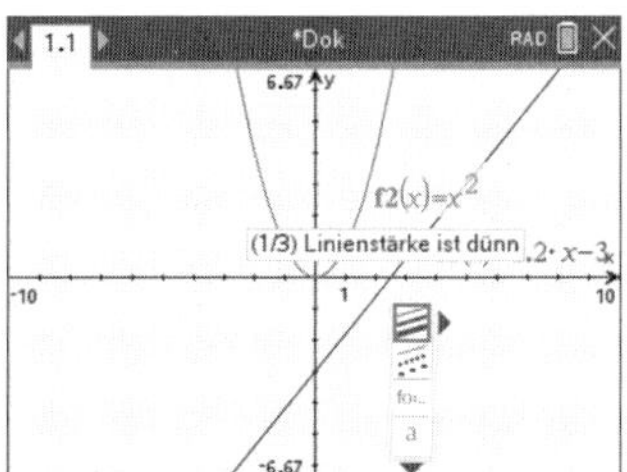

- Durch An- und Abwählen der Checkbox ganz links kannst du wählen, ob ein Funktionsgraph angezeigt wird. Im Moment wird der Funktionsgraph von f1 nicht angezeigt.

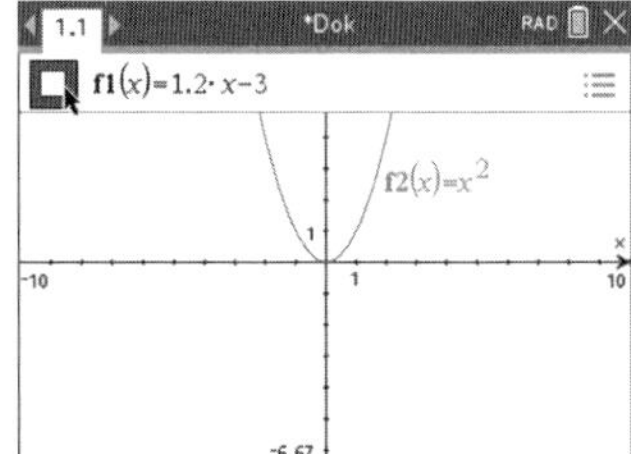

- Wenn du den Cursor auf einem Funktionsgraphen platzierst, ändert sich dessen Aussehen. Wenn du nun ctrl[ ] benutzt, kannst du die Form der Kurve ändern. Die geänderten Parameterwerte werden entsprechend angezeigt.

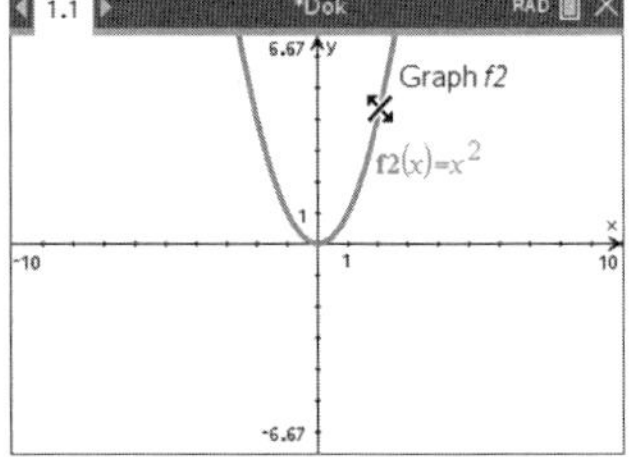

Du erkennst diesen Modus daran, dass der Cursor die Form einer geschlossenen Hand besitzt.
Um wieder zum normalen Modus zurückzukehren benutzt du [esc].
Auf die gleiche Weise kannst du auch die Beschriftung der Funktion verschieben.

- Um Werte an der Funktion abzulesen, benutzt du die Funktion [menu] → Spur → Grafikspur. Mit den Tasten [▶] und [◀] kannst du entlang der Kurve laufen. Unten rechts werden die aktuellen Koordinaten angezeigt. Zwischen zwei Kurven wechselst du mit den Tasten [▲] und [▼].

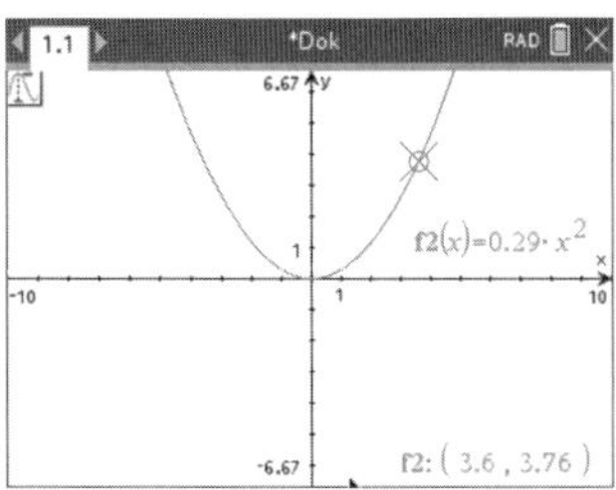

- Weitere Bearbeitungsmöglichkeiten findest du über das Kontextmenü, das du mit ctrl[▤] aufrufst.

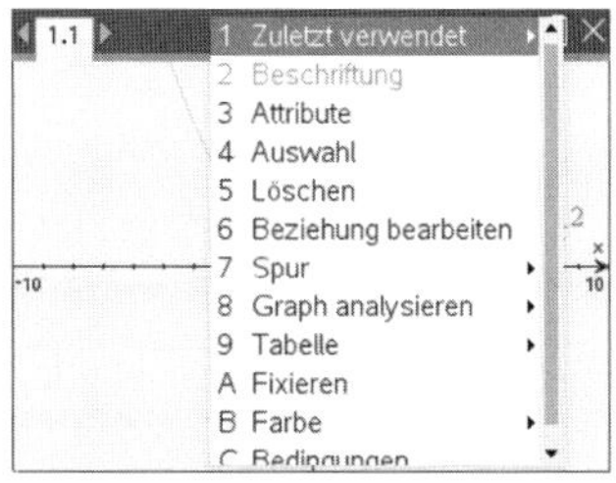

- Wenn du in der Eingabezeile auf [del] drückst, hast du die Möglichkeit, verschiedene Relationen einzugeben.

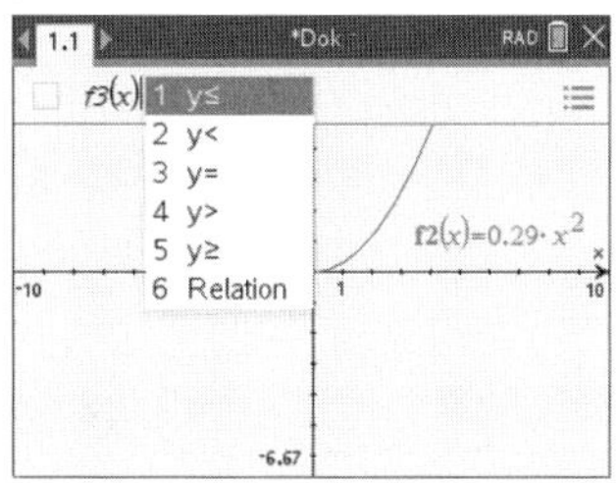

- Mit [menu] → Ansicht hast du die Möglichkeit z.B. ein Gitter anzeigen zu lassen.

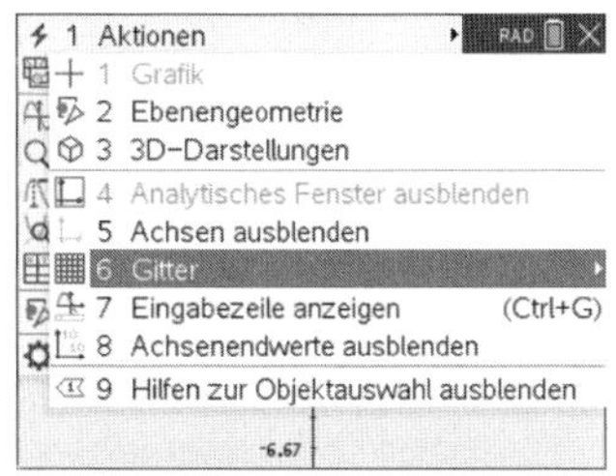

- Wenn sich der Cursor direkt hinter der Funktion in einem Calc-Fenster befindet, kannst du über ctrl[▤] und Graph direkt einen Funktionsgraph («Schnellgraph») einfügen

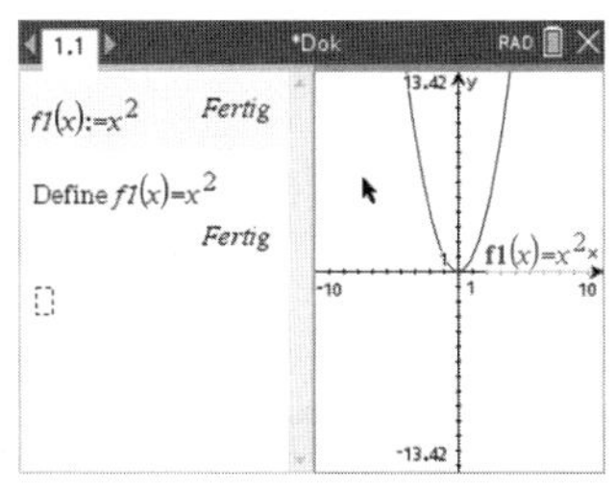

Übungen

a) Zeichne die Graphen der angegebenen Funktionen (Geraden) in ein Koordinatensystem:
I) $f(x) = 1{,}5x - 1$ II) $f(x) = -2x + 4$ III) $f(x) = x - 3$

b) Zeichne die Graphen der angegebenen Funktionen (Parabeln) in ein Koordinatensystem:
I) $f(x) = x^2 - 1$ II) $f(x) = -x^2 + 4$ III) $f(x) = 0{,}5x^2 - 5$

5.2 Einstellen des Grafikfensters

Das Grafikfenster lässt sich in der Graph-Anwendung mit [menu] → Fenster/Zoom → Fenstereinstellungen einstellen.

In diesem Fenster können Größe und Auflösung eingestellt werden.

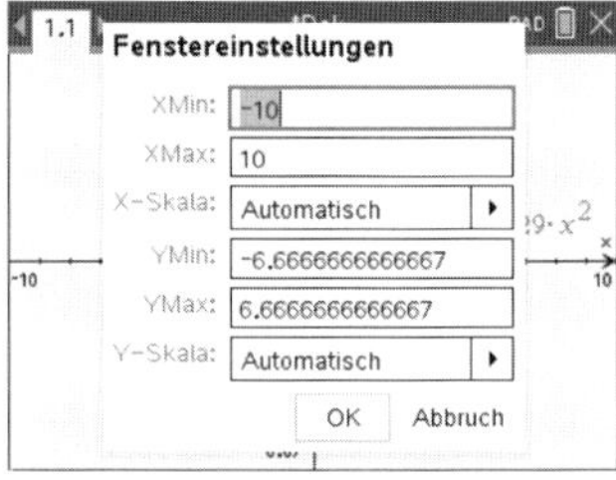

- Die Werte von XMin und XMax sowie YMin und YMax sind die größten und kleinsten verwendeten Werte der x-Achse bzw. der y-Achse.
- In der Standardeinstellung ist der Anzeigebereich der x-Achse auf -10 und +10 gesetzt. Da das Fenster nicht quadratisch ist, ist der Anzeigebereich der y-Achse auf -6,67 und +6,67 gesetzt. Mit dieser Einstellung werden Graphen «unverzerrt» angezeigt. Dadurch verläuft z.B. die Winkelhalbierende $y = x$ in einem 45° Winkel.
- X-Skala und Y-Skala geben an, in welchem Abstand die Markierungen auf der x- und y-Achse gesetzt werden. Anfangs ist diese Einstellung auf «Automatisch» gesetzt.
- Mit [menu] → Fenster/Zoom → Zoom-Standard setzt du das Grafikfenster auf die Standardwerte zurück. Mehr dazu im nächsten Abschnitt.
- Wenn du den Cursor über eine der Achsen bewegst, bekommt er die Form einer geöffneten Hand. Dann kannst du mit ctrl[ ] die Fenstergröße durch Ziehen einstellen. Du beendest diesen Modus durch [enter] bzw. [esc].
- Wenn du mit ctrl[ ] in den Hintergrund klickst, «schließt» sich die Hand und du kannst den Fensterbereich verschieben (beenden mit [enter] bzw. [esc]).

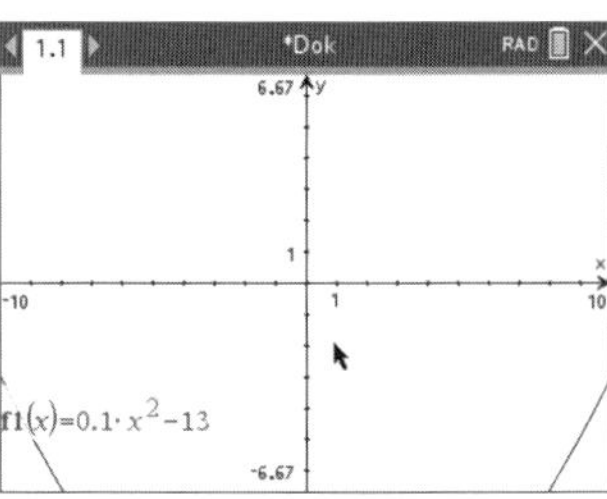

Übungen

Zeichne die Funktionen in ein Koordinatensystem und passe das Grafikfenster an:

a) Der Funktionsterm lautet $f(x) = 0,5x + 11$. Es soll der Schnittpunkt des zugehörigen Graphen mit der y-Achse im Grafikfenster sichtbar sein.

b) Der Funktionsterm lautet $f(x) = 0,1x^2 - 13$. Es sollen der Scheitelpunkt der Parabel und die Schnittpunkte mit der x-Achse im Grafikfenster sichtbar sein.

5.3 Die Zoom-Funktion

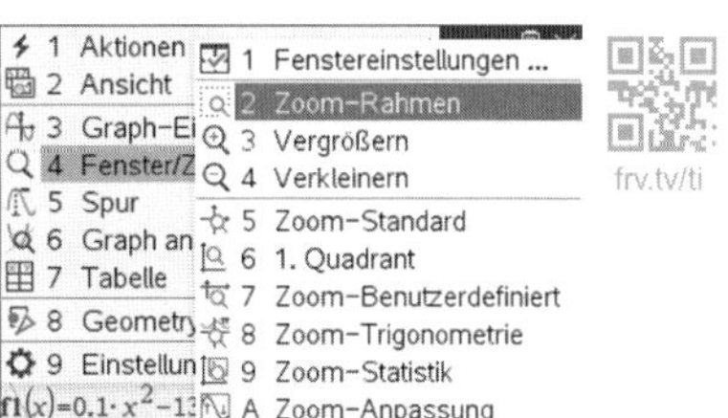

Mit Hilfe der Zoom-Funktion kannst du beliebige Ausschnitte des Grafikfensters vergrößern. Es gibt verschiedene Zoom-Funktionen, die Einträge werden mit [menu] → Fenster/Zoom aufgerufen.

Die wichtigsten Zoom-Funktionen sind:

- Der Zoom-Rahmen: Mit Hilfe der Funktion Zoom-Rahmen kannst du mit den Cursor-Tasten einen Ausschnitt markieren, der dann vergrößert wird.
- Vergrößern und Verkleinern des Grafikfensters.
- Zoom-Standard setzt das Fenster wieder auf die Standardeinstellungen zurück.
- 1. Quadrant zeigt ein Fenster an, das im Wesentlichen den ersten Quadranten darstellt.
- Zoom-Trigonometrie setzt die linke Grenze der x-Achse auf -2π und die rechte Grenze auf $+2\pi$.
- Zoom-Quadrat: Mit diesem Befehl werden die Einheiten auf der x- und y-Achse im gleichen Abstand gesetzt. Damit verläuft die Winkelhalbierende $y = x$ genau im 45°-Winkel, so wie du das von einer standardmäßigen Zeichnung auf Papier gewohnt bist.
- Zoom-Anpassung: Dieser Befehl passt das Fenster so an, dass die Funktion bestmöglich angezeigt wird.

Beispiel

Es soll die Gerade zur Gleichung $y = x - 1$ gezeichnet und anschließend der Bereich um den Schnittpunkt mit den beiden Koordinatenachsen vergrößert werden.

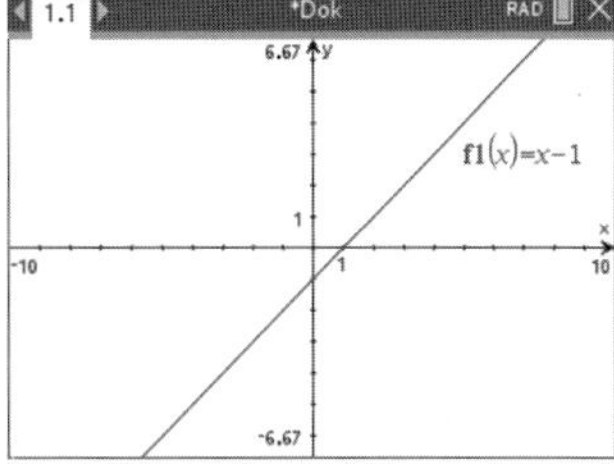

Zuerst gibst du die Gerade in der Eingabezeile ein und bestätigst mit [enter].
Anschließend rufst du mit [menu] → Fenster/Zoom das Zoom-Menü auf.

Du wählst den Befehl Vergrößern aus. Entweder mit der Taste 3 oder mit dem Cursor und [enter].

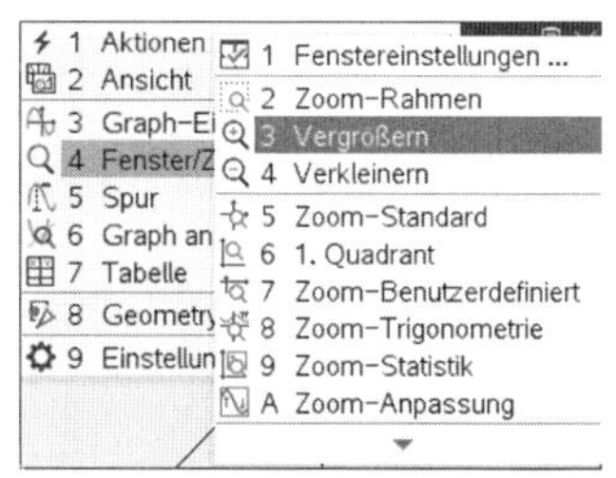

Im Koordinatenursprung ist nun eine Lupe zu sehen, die du mit den Navigationstasten oder dem Touchpad verschieben kannst.

Du wanderst nun mit der Lupe in die Mitte des zu vergrößernden Bereichs und drückst [enter].

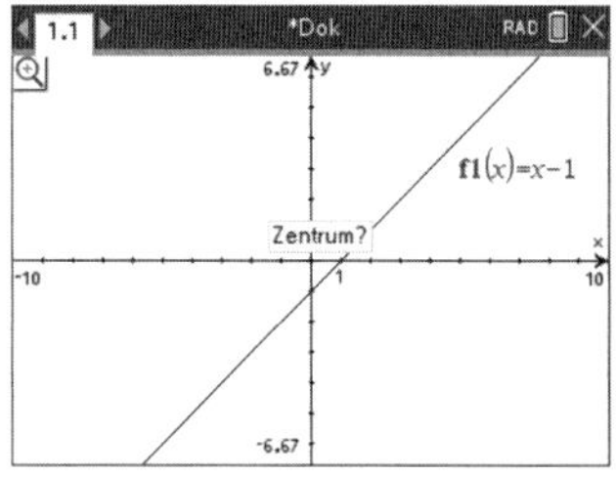

Die Lupe ist an der gleichen Stelle geblieben, aber der Bildschirmausschnitt wurde vergrößert.

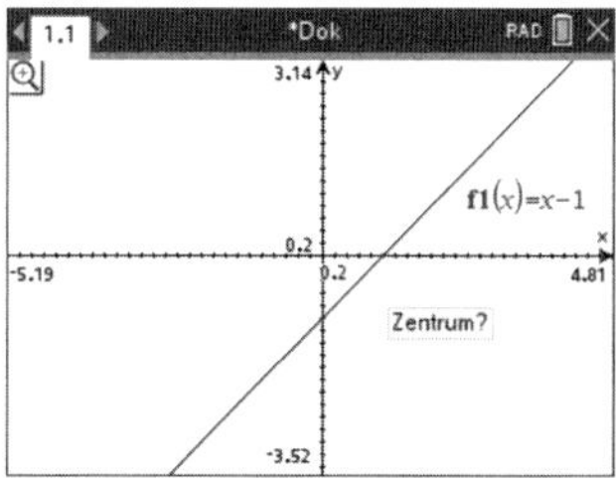

Übungen

a) Bestimme die Stelle, an der die Gerade $y = 1,5x - 2$ die x-Achse schneidet, indem du mit Vergrößern und [menu] → Spur → Grafikspur arbeitest. Bestimme den x-Wert so, dass sich für y eine Zahl ergibt, die kleiner als $0,01$ ist.
Setze die Fenstereinstellungen zum Schluss wieder auf die Standardwerte zurück.

b) Zeichne die Gerade $y = x - 1$. Vergrößere den Bereich um die Schnittpunkte mit den Koordinatenachsen mit Hilfe eines Zoom-Rahmens.
Bewege dazu die Lupe an die Stelle, an der die linke obere Ecke der Box sein soll, drücke [enter] und «ziehe» dann den Rahmen auf. Mit [enter] wird die Eingabe abgeschlossen.
Setze die Fenstereinstellungen zum Schluss wieder auf die Standardwerte zurück.

5.4 Wertetabellen

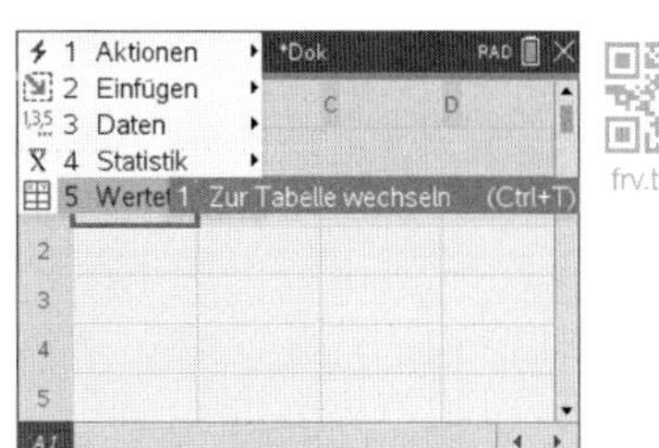

Um eine Wertetabelle zu erstellen, benutzt du die Lists & Spreadsheets-Anwendung.
Die Wertetabellen können für die Funktionen erstellt werden, die du vorher im Funktioneneditor eingegeben hast.

Beispiel

Gesucht ist die Wertetabelle der Funktion $f(x) = 1,5x - 2$ innerhalb eines Intervalls von -3 bis 3 bei einer Schrittweite von $0,5$.

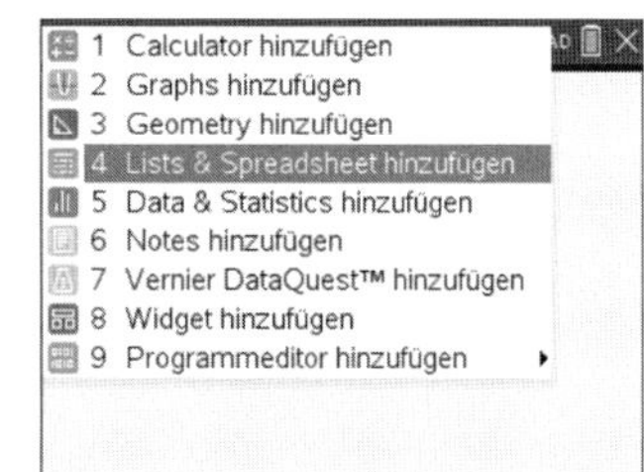

Zuerst gibst du die Funktion in der Eingabezeile der Graph-Anwendung ein und bestätigst mit [enter]. Anschließend fügst du mit [doc] → Einfügen → Lists & Spreadsheet eine Tabellenseite ein.
Alternativ benutzt du ^{ctrl} [+page].

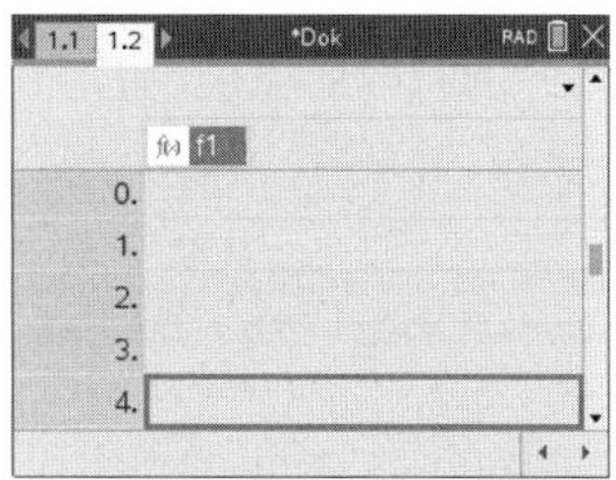

Mit dem Befehl [menu] → Wertetabelle → Zur Tabelle wechseln erhältst du eine Wertetabelle. Du wählst f1 aus und bestätigst mit [enter].

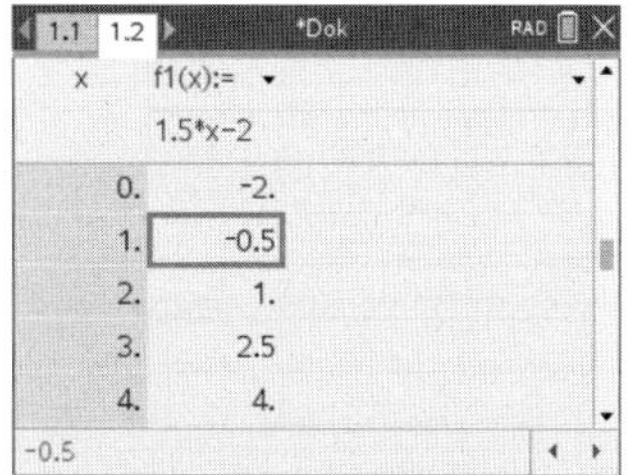

x	f1(x):= 1.5*x-2
0.	-2.
1.	-0.5
2.	1.
3.	2.5
4.	4.

Die Wertetabelle wird nun angezeigt.

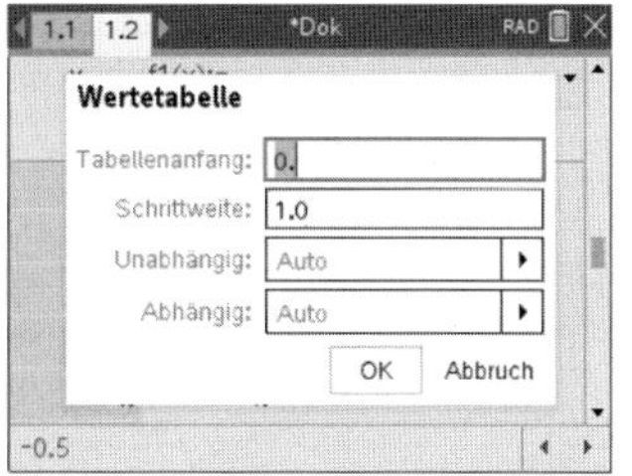

Mit [menu] → Wertetabelle → Funktionseinstellungen bearbeiten gelangst du zu einem Fenster, in dem du den Tabellenanfang und die Schrittweite einstellen kannst.

- Wenn mehrere Funktionen eingegeben wurden, werden diese entsprechend zur Auswahl angezeigt.

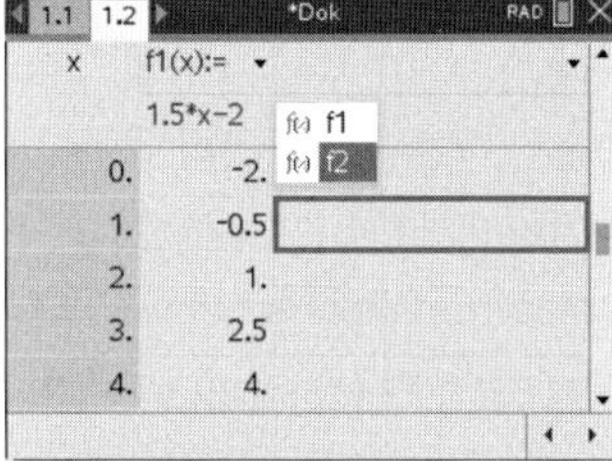

- Wenn du mit [▶] in die nächste Spalte wechselst, kannst du erneut eine Funktion auswählen. Es können also mehrere Wertetabellen dargestellt werden.

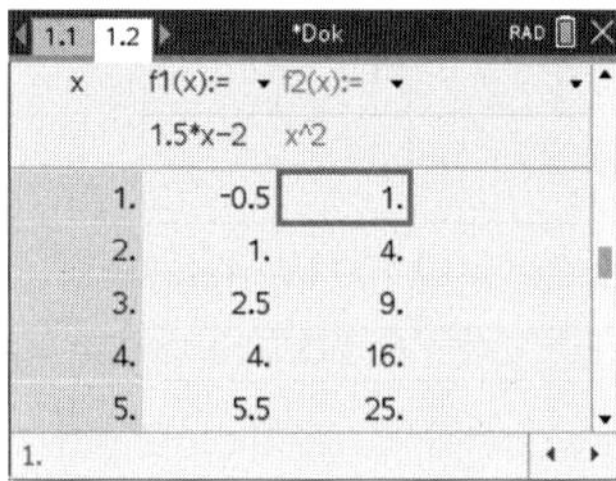

Übungen

a) Gib für die Funktion $f(x) = -x + 2,2$ die Wertetabelle von -5 bis 5 mit einer Schrittweite von 1 an.

b) Füge die Funktion $f(x) = 1,8x + 1,5$ hinzu und passe die Schrittweite der Wertetabelle auf $0,5$ an.

5.5 Funktionswerte berechnen

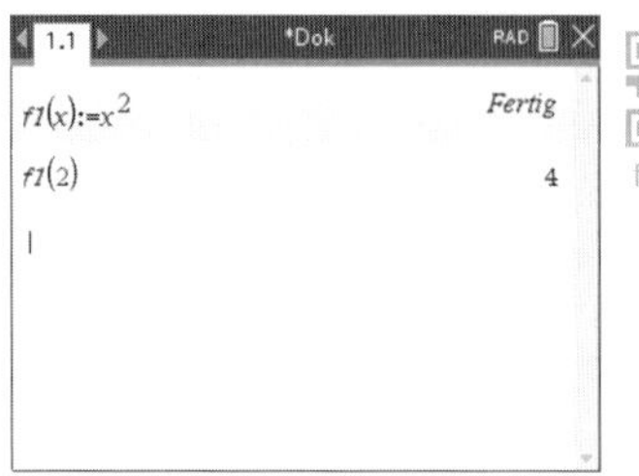

Funktionswerte lassen sich in einer Calculator-Seite berechnen, indem du einen Wert in eine vorher definierte Funktion eingibst. Es kann sich auch um eine Funktion handeln, die du vorher in der Eingabezeile einer Graph-Seite eingegeben hast.

Beispiel

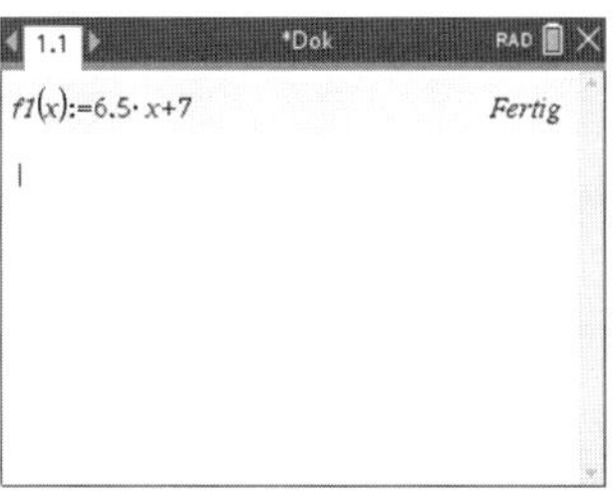

Gesucht ist der Funktionswert der Funktion $f(x) = 6,5x + 7$ für $x = 9$.
Zuerst definierst du die Funktion als $f1(x)$ auf einer Calculator-Seite mit ^{ctrl} [:=]. Du beendest die Eingabe mit [enter].

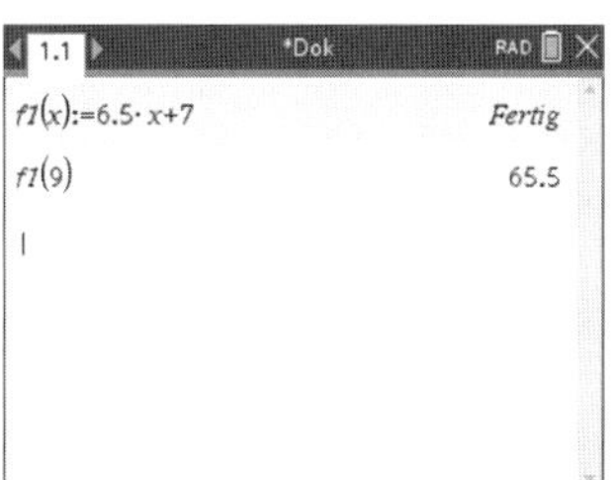

Dann gibst du $f1(9)$ ein und beendest die Eingabe mit [enter]. Der gesuchte Funktionswert wird angezeigt.

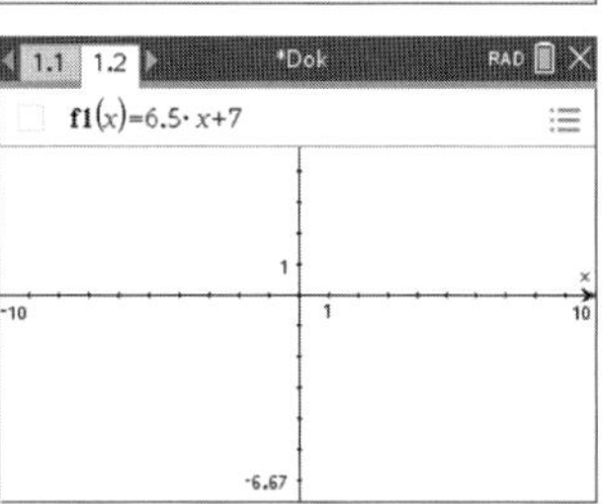

Wenn du mit [doc] → Einfügen → Graphs eine Graph-Seite einfügst, wird automatisch auf die Funktion $f1$ zurückgegriffen.

- Die Funktionen sind – wie die Variablen – innerhalb eines Problems definiert. Wenn du ein neues Problem anlegst, kannst du also nicht mehr auf die Funktionen aus dem ersten Problem zugreifen.
- Damit Funktionen auch im Graph-Fenster gezeichnet werden können, müssen sie die Gestalt $f1(x)$, $f2(x)$, ... haben. Der Ausdruck $f(x)$ lässt sich nicht zeichnen.

Übungen

a) Berechne den Funktionswert der Funktion $f(x) = -2x + 7$ an der Stelle $x = -6$.

b) Berechne den Funktionswert der Funktion $f(x) = 3x - 2,5$ an der Stelle $x = 11$.

5.6 Symmetrie

Es ist möglich, mit Hilfe des CAS einen Funktionsgraph auf Symmetrie zu untersuchen. Dazu gibst du die Funktion im Calculator-Fenster ein und schließt die Eingabe mit [enter] ab. Liegt Symmetrie vor, wird true angezeigt.

Beispiel 1

Um die Funktion $f(x) = x^3 + x$ auf Punktsymmetrie zum Ursprung zu untersuchen, definierst du zuerst die Funktion $f(x)$ mit Hilfe von ^{ctrl} [:=], gibst dann $f(x) = \text{-}f(\text{-}x)$ ein und schließt die Eingabe mit [enter] ab. Es wird true angezeigt, also ist die Funktion punktsymmetrisch zum Ursprung.

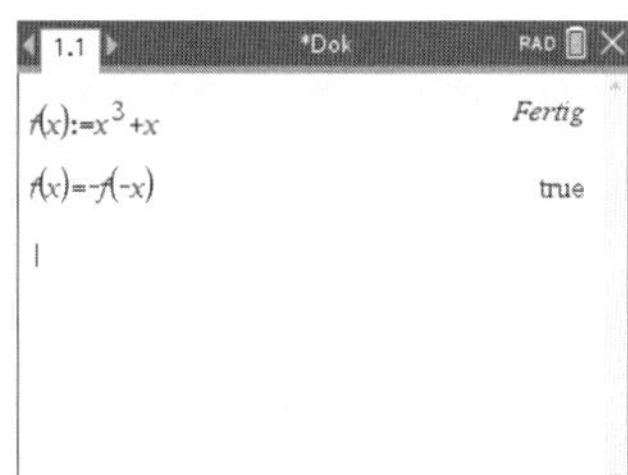

Danach wird auf y-Achsensymmetrie geprüft mit Hilfe von $f(x) = f(\text{-}x)$. Es werden nur die Funktionsterme angezeigt, d.h. die Funktion $f(x)$ ist nicht y-achsensymmetrisch.

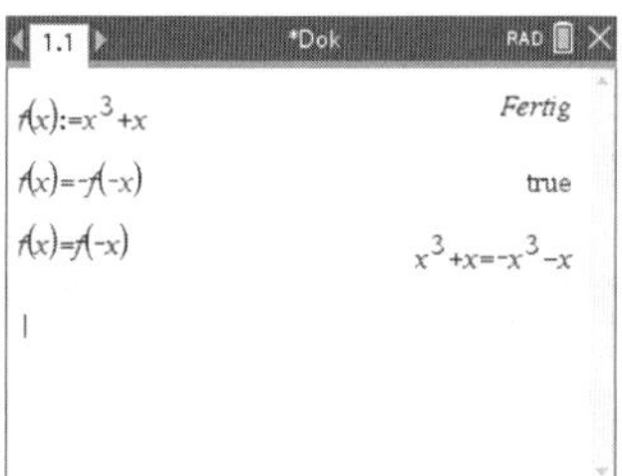

Beispiel 2

Um die Funktion $f(x) = x^2 + 1$ auf Punktsymmetrie zum Ursprung zu untersuchen, definierst du zuerst die Funktion $f(x)$ und gibst dann $f(x) = \text{-}f(\text{-}x)$ ein. Es werden nur die Funktionsterme angezeigt, d.h. die Funktion $f(x)$ ist nicht punktsymmetrisch zum Ursprung

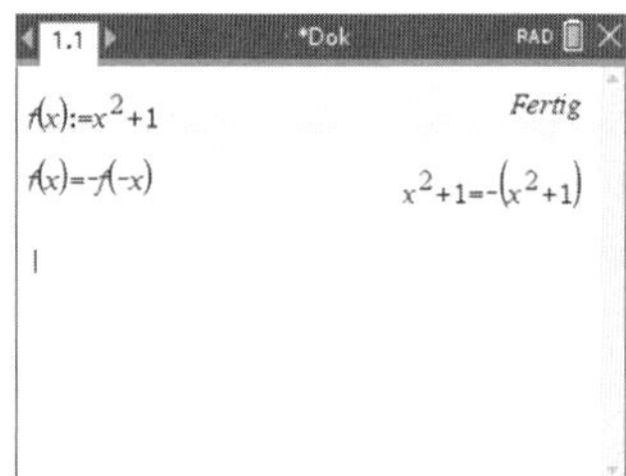

Danach wird auf y-Achsensymmetrie geprüft mit
$f(x) = f(\text{-}x)$.
Es wird true angezeigt, damit ist die Funktion y-achsensymmetrisch.

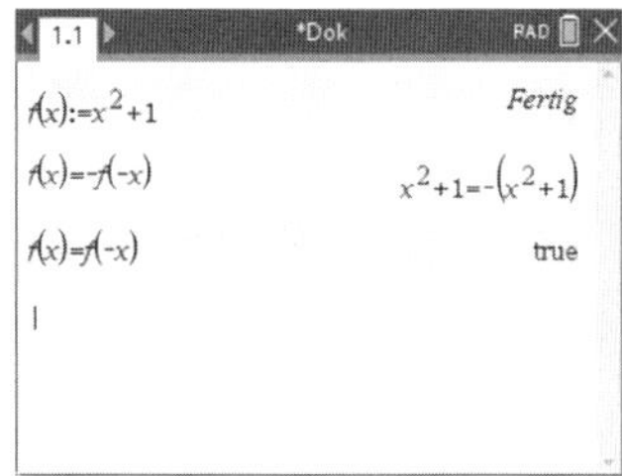

Übungen

a) Prüfe die Funktion $f(x) = \frac{x}{x^2+1}$ auf Symmetrie zur y-Achse bzw. zum Koordinatenursprung.

b) Prüfe die Funktion $f(x) = \frac{1}{x^2+1}$ auf Symmetrie zur y-Achse bzw. zum Koordinatenursprung.

5.7 Nullstellen bestimmen

Die Nullstellen einer Funktion lassen sich in der Graph-Anwendung mit Hilfe von [menu] → Graph analysieren → Nullstelle berechnen.

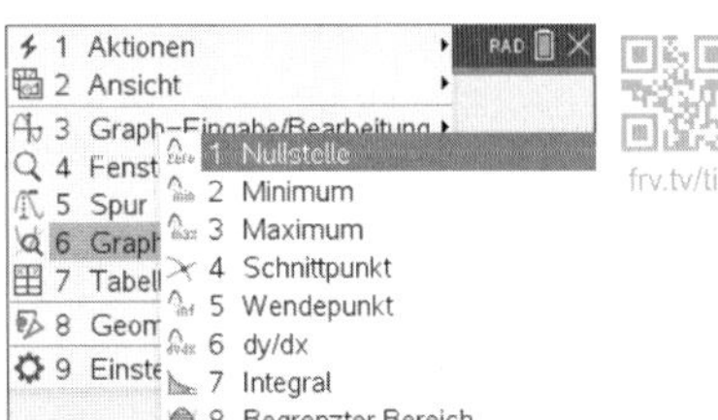

Beispiel

Gesucht sind die Nullstellen der Funktion $f(x) = 2x - 3,5$.

Zuerst gibst du die Funktion in die Eingabezeile ein. Dann rufst du die Nullstellenberechnung mit [menu] → Graph analysieren → Nullstelle auf und bestätigst mit [enter].

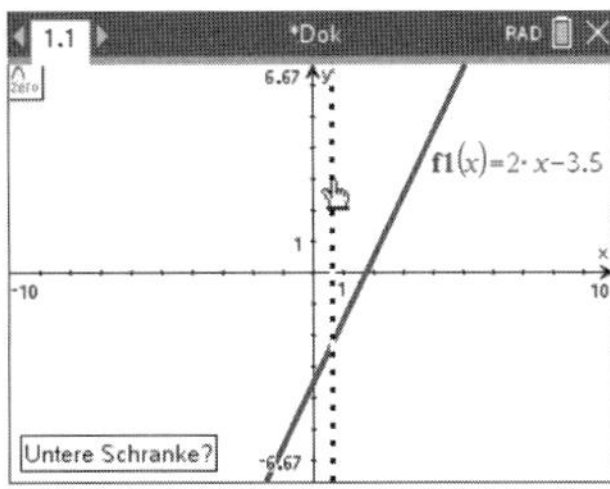

Du platzierst die untere Schranke mit [►] bzw. [◄] links neben der Nullstelle und bestätigst mit [enter]. Das Gleiche machst du mit der oberen Schranke rechts neben der Nullstelle.

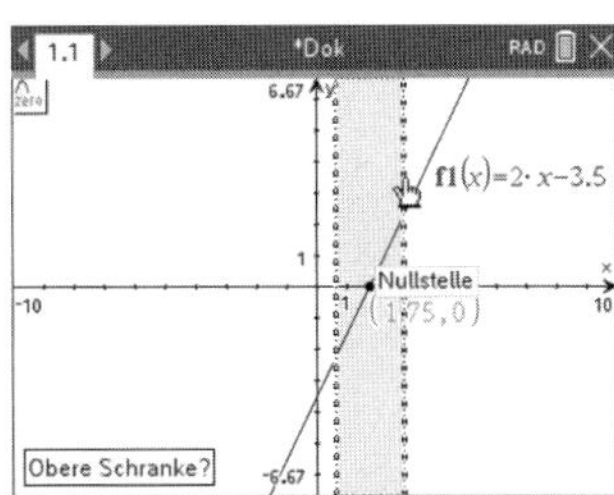

Nach dem zweiten Bestätigen wird die Nullstelle mit den zugehörigen Koordinaten angezeigt.

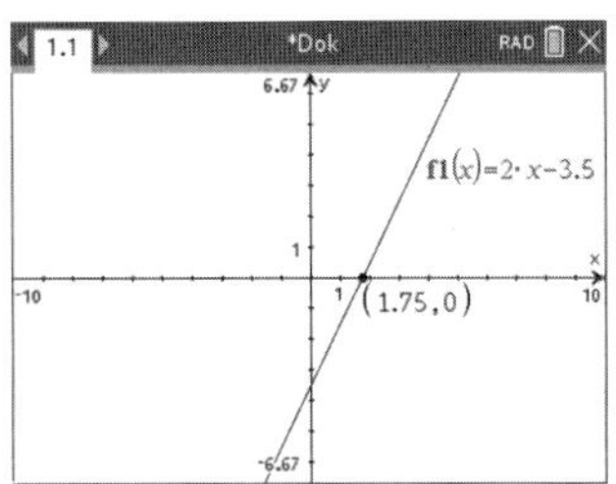

- Wenn im Grafikfenster mehrere Graphen angezeigt werden, musst du zuerst die Graphen, deren Nullstellen du bestimmen willst, mit dem Touchpad und dem Cursor auswählen.

- Um den x-Wert der Nullstelle zu speichern, klickst du doppelt auf den Wert, so dass er blau hinterlegt erscheint.

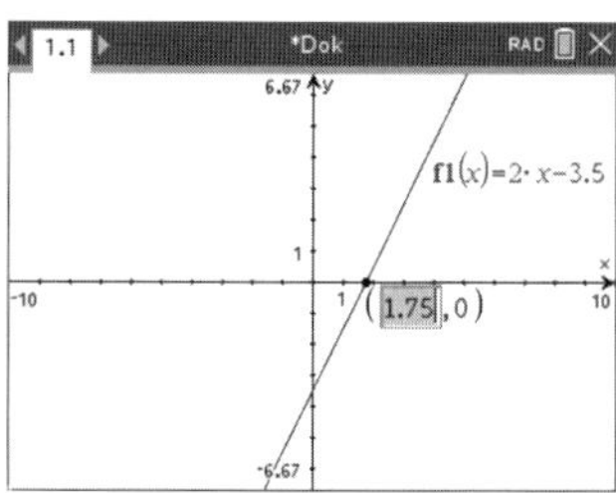

Mit ctrl[≡] rufst du das Kontextmenü auf und wählst Speichern.

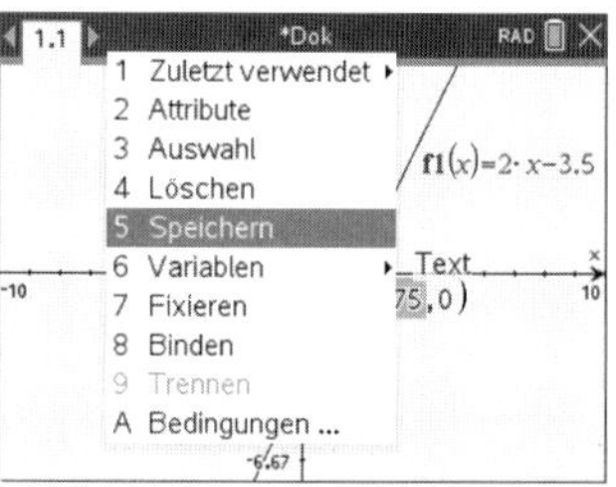

Nun kannst du eine Bezeichnung eingeben, rechts wurde *nsx* gewählt. Du bestätigst mit [enter]. Nun ist der x-Wert gespeichert und kann mit *nsx* abgerufen werden.

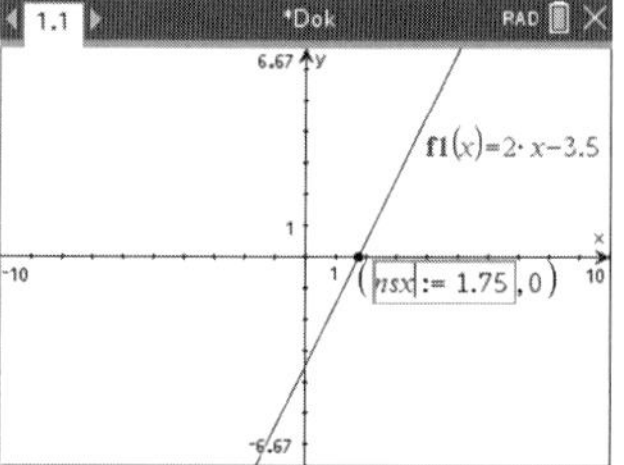

Der x-Wert ist nun fett gedruckt, daran kannst du erkennen, dass er als Variable gespeichert wurde.

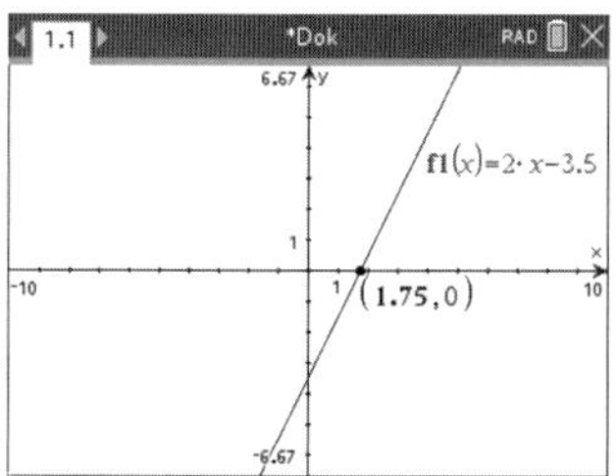

- Nullstellen können auch im Calc-Fenster mit Hilfe von [menu] → Algebra → Löse bzw. mit [menu] → Algebra → Nullstellen bestimmt werden.

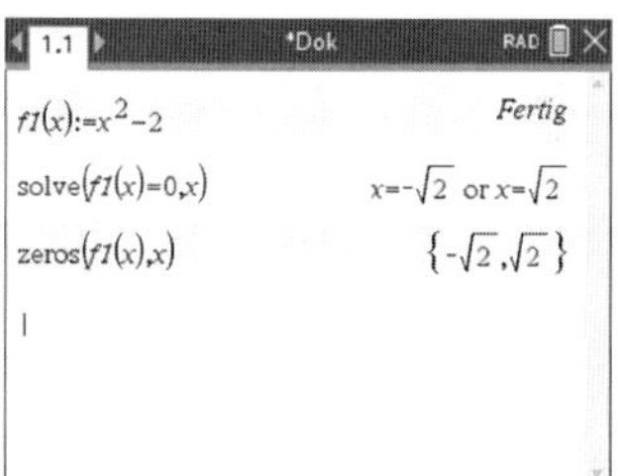

Übungen

a) Berechne die Nullstellen der Funktion $f(x) = x^2 - 6$.

b) Berechne die Nullstelle der Funktion $f(x) = 0,8x - 7$.

5.8 Schnittpunkte bestimmen

Die Schnittpunkte von zwei Funktionsgraphen lassen sich in der Graph-Anwendung mit Hilfe von [menu] → Graph analysieren → Schnittpunkt berechnen.

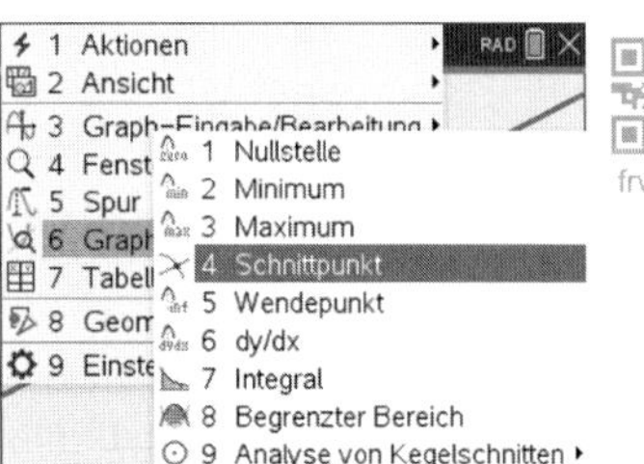

Beispiel

Gesucht sind die Schnittpunkte der Graphen $f(x) = 3x - 5$ und $g(x) = 0,5x + 1$.

Zuerst gibst du die Funktionsterme in der Eingabezeile ein. Im nächsten Schritt rufst du mit [menu] → Graph analysieren → Schnittpunkt die Schnittpunktberechnung auf.

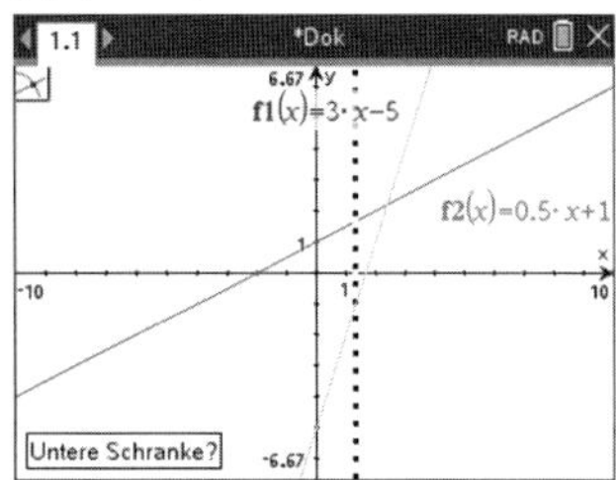

Du wählst den Wert der unteren Schranke und bestätigst mit [enter]. Die obere Schranke wählst du in der gleichen Weise.

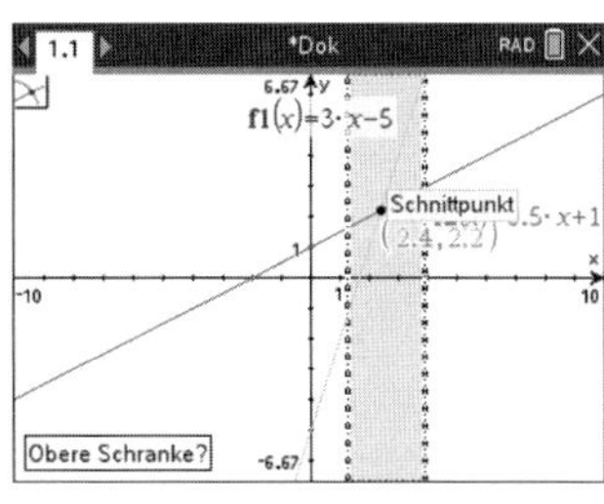

Der Punkt S $(2,4 \mid 2,2)$ ist der gesuchte Schnittpunkt der beiden Geraden.

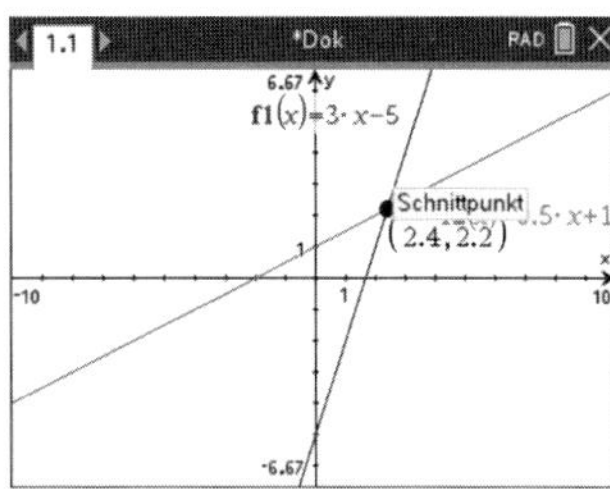

- Wenn mehr als zwei Kurven angezeigt werden, musst du die Graphen, deren Schnittpunkte du bestimmen willst, zuerst mit dem Cursor und dem Touchpad auswählen.
- Gibt es mehr als einen Schnittpunkt, musst du das Verfahren mehrfach durchführen.

Übungen

a) Bestimme den Schnittpunkt der Graphen von $f(x) = 2,6x - 3$ und $g(x) = -x + 1$.

b) Bestimme die Schnittpunkte der Graphen von $f(x) = -x^2 + 3x + 5$ und $g(x) = x - 5$.

Lösungen

5.1 Lösungen – Grafische Darstellung

a) Du fügst ein neues Graph-Fenster ein und gibst die erste Funktion oben in die Eingabezeile ein. Die Eingabe wird mit [enter] abgeschlossen. Um die Eingabezeile erneut aufzurufen, benutzt du ctrl [G] oder [tab].

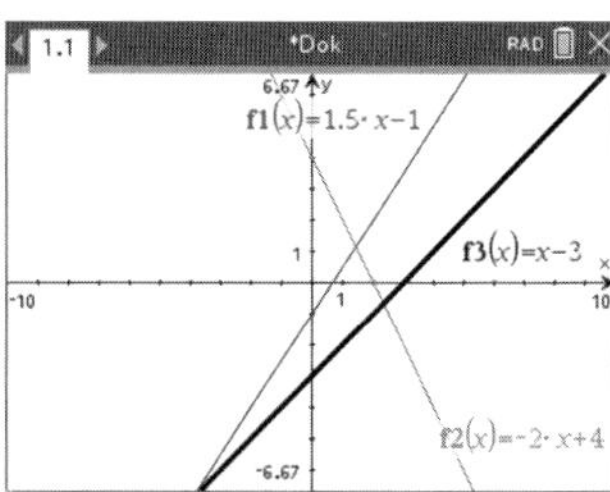

Um die Funktionsterme anzeigen zu lassen, benutzt du erst ctrl [G] und dann :≡.

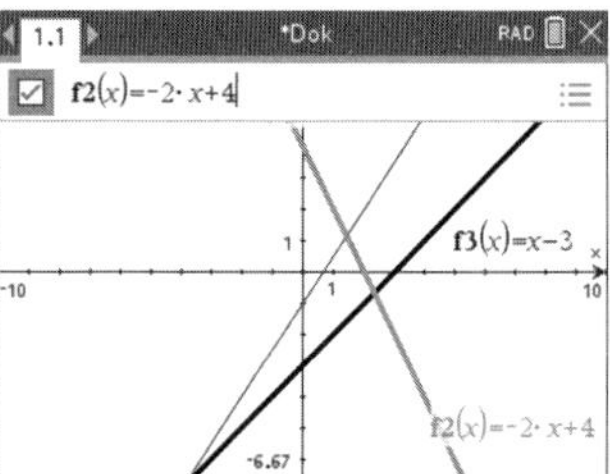

b) Du fügst ein neues Graph-Fenster ein und gibst die erste Funktion oben in die Eingabezeile ein. Die Eingabe wird mit [enter] abgeschlossen. Um die Eingabezeile erneut aufzurufen, benutzt du ctrl [G] oder [tab].

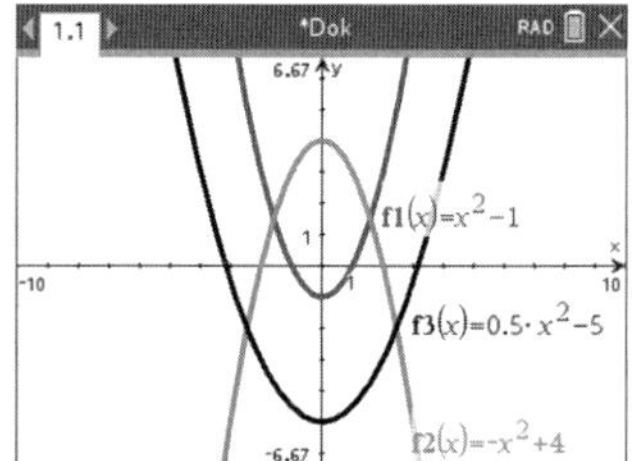

Um die Funktionsterme anzeigen zu lassen, benutzt du :≡.

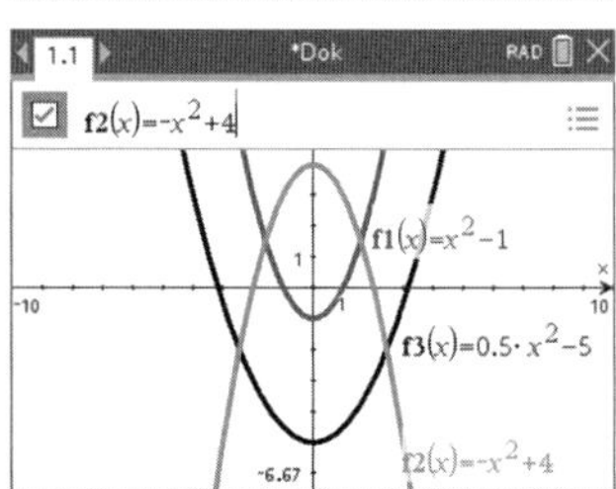

5.2 Lösungen – Einstellen des Grafikfensters

a) Nachdem du den Funktionsterm in die Eingabezeile eingegeben hast, siehst du, dass die Gerade zu weit «oben» liegt. Also muss der Ausschnitt der y-Werte mit Hilfe von [menu] → Fensterv/Zoom → Fenstereinstellungen eingestellt werden.

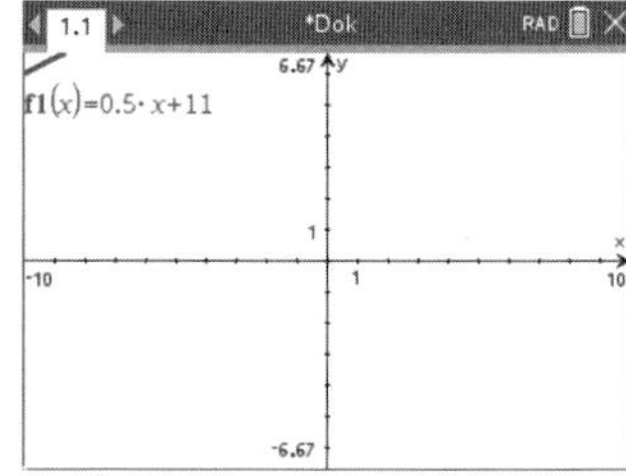

Damit der Schnittpunkt mit der y-Achse sichtbar wird, kannst du die untere Grenze der y-Werte auf -1 und die obere Grenze auf 20 setzen. Benutze [tab], um durch die Eingabefelder zu wechseln.

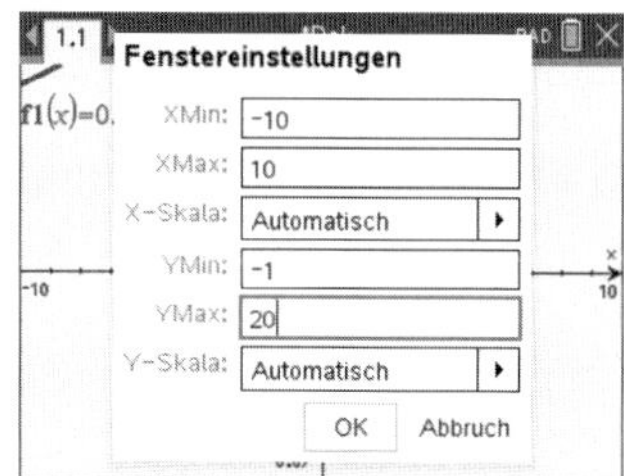

Die Gerade wird nun so angezeigt, dass der Schnittpunkt mit der y-Achse sichtbar ist (du kannst [menu] → Fenster/Zoom → Zoom-Standard benutzen, um das Fenster wieder auf die Standardeinstellungen zu setzen).

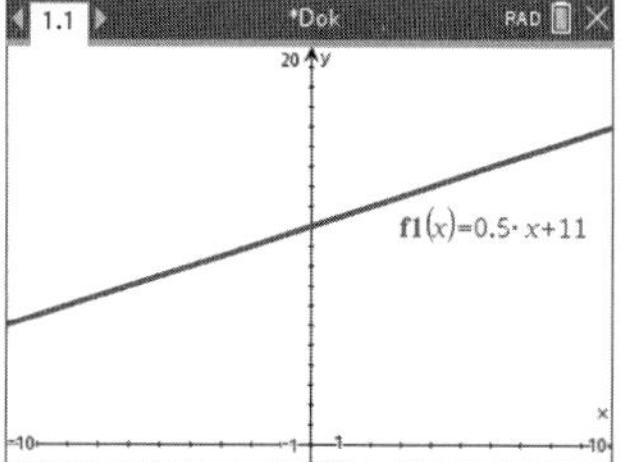

b) Nachdem du den Funktionsterm in die Eingabezeile eingegeben hast, siehst du, dass die Schnittpunkte zu weit außen liegen. Also muss der Ausschnitt der x-Werte mit [menu] → Fenster/Zoom → Fenstereinstellungen eingestellt werden.

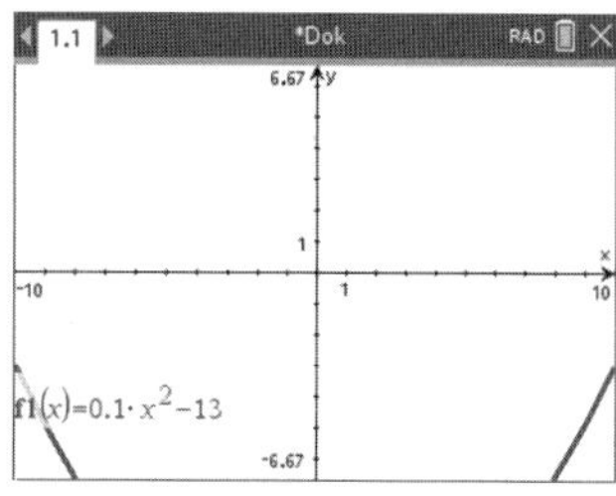

Damit der Scheitelpunkt und die Schnittpunkte mit der x-Achse sichtbar werden, kannst du die Grenzen wie rechts angezeigt eingeben. Benutze [tab], um durch die Eingabefelder zu wechseln.

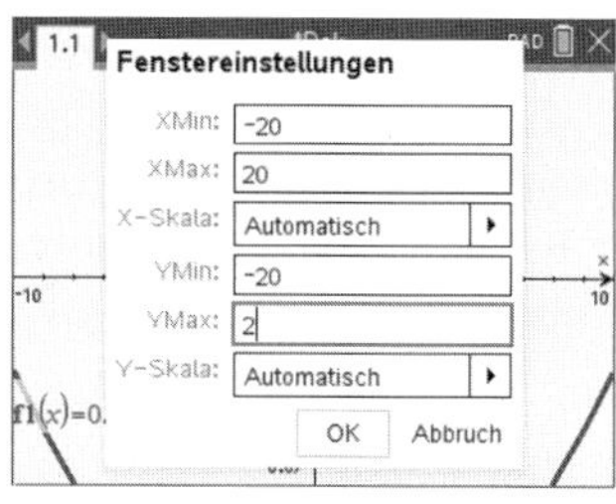

Die Parabel wird nun so angezeigt, dass der Scheitel und die Schnittpunkte mit der x-Achse sichtbar sind.

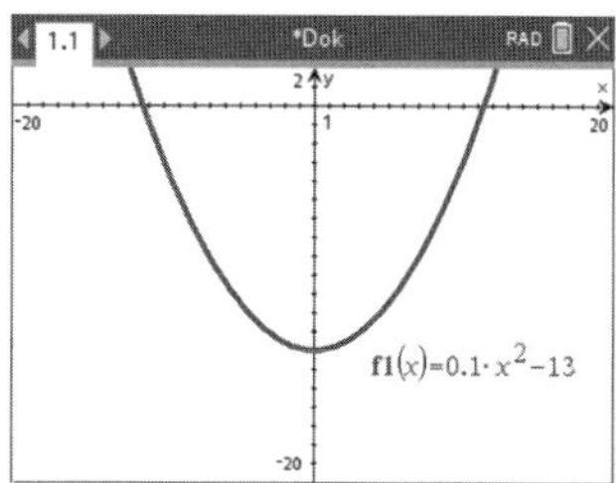

5.3 Lösungen – Die Zoom-Funktion

a) Als erstes gibst du die Geradengleichung in die Eingabezeile ein und lässt die Gerade zeichnen.

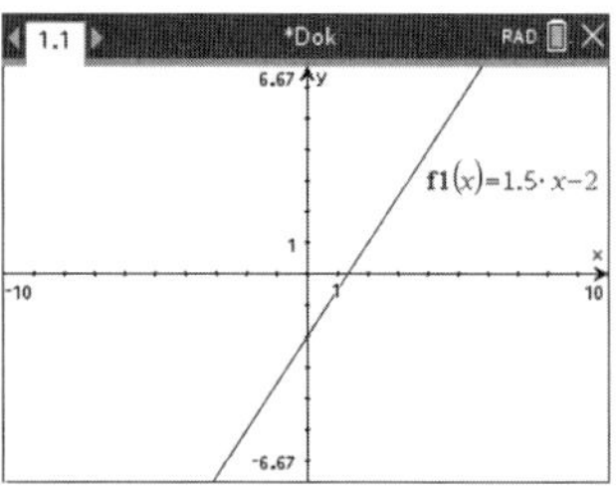

Nun rufst du mit [menu] → Fenster/Zoom → Vergrößern die Zoom-Funktion auf. Es erscheint eine Lupe im Koordinatenursprung. Da der gesuchte Bereich in der Nähe des Ursprungs liegt, brauchst du diese nicht zu verschieben. Du bestätigst zwei Mal mit [enter], nun wird der Bereich vergrößert angezeigt.

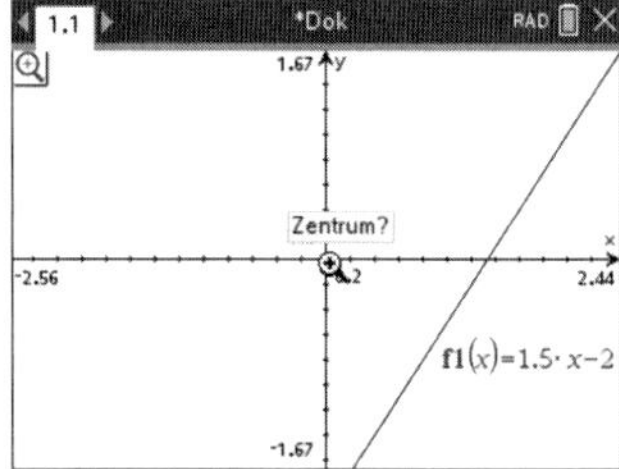

Mit [menu] → Spur → Grafikspur kannst du auf der Gerade «wandern», die Nullstelle wird direkt angezeigt.
Mit [menu] → Fenster/Zoom → Zoom-Standard setzt du das Fenster wieder auf die Standardeinstellung zurück.

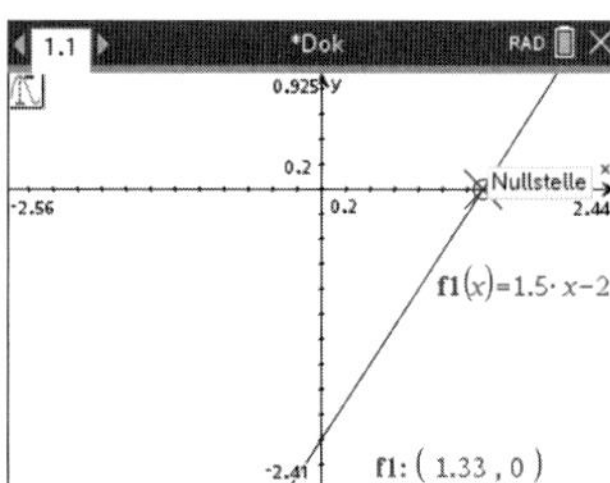

b) Du gibst zuerst die Funktion in die Eingabezeile ein. Mit [menu] → Fenster/Zoom → Zoom-Rahmen fügst du einen Rahmen ein. Platziere die 1. Ecke etwas nach links und oben verschoben vom Ursprung und bestätige mit [enter].

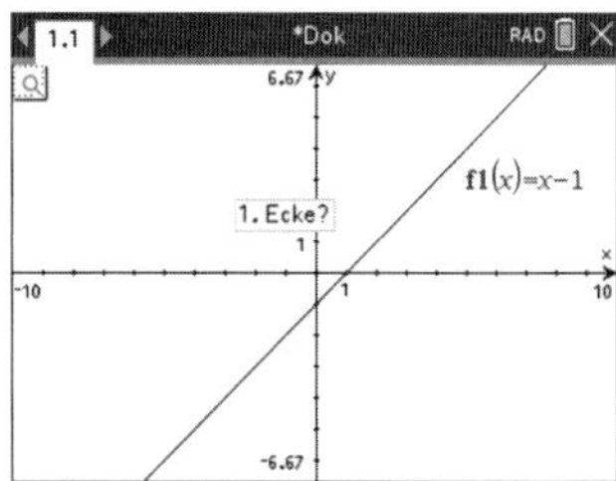

Nun kannst du den Rahmen aufziehen. Du bestätigst auch die 2. Ecke mit [enter].

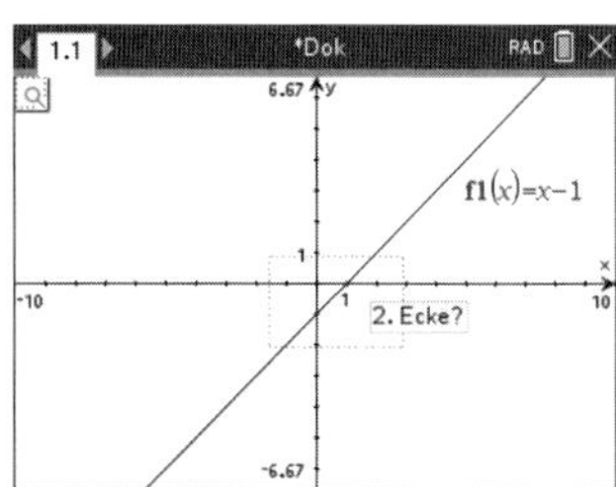

Der gesuchte Bereich wird angezeigt. Mit [menu] → Fenster/Zoom → Zoom-Standard kannst du das Fenster wieder auf die Standardeinstellung zurücksetzen.

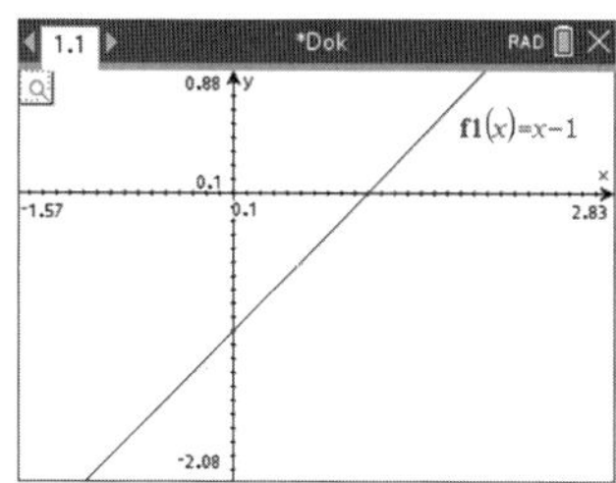

5.4 Lösungen – Wertetabellen

a) Zuerst gibst du die Funktion in der Eingabezeile der Graph-Anwendung ein, dann fügst du mit ^{ctrl} [+page] → Lists & Spreadsheet hinzufügen eine Tabellenseite ein.

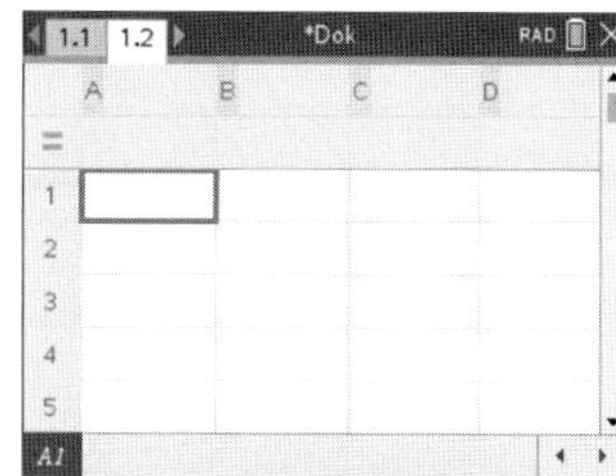

Mit dem Befehl [menu] → Wertetabelle → Zur Tabelle wechseln erhältst du eine Wertetabelle. Du wählst f1 aus und bestätigst mit [enter].

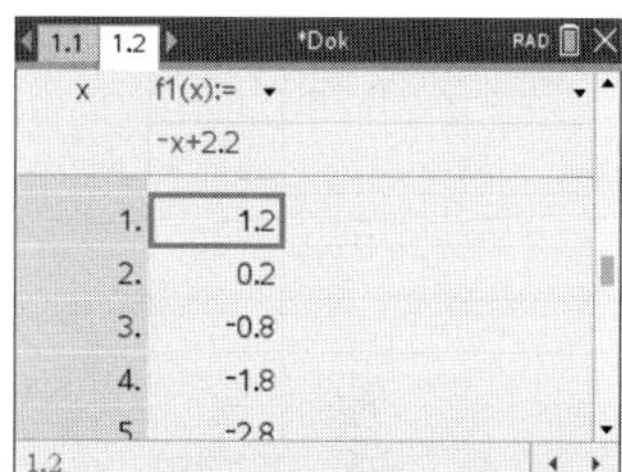

Du rufst nun die Funktion [menu] → Wertetabelle → Funktionseinstellungen bearbeiten auf und gelangst zu einem Fenster, in dem du den Tabellenanfang und die Schrittweite einstellen kannst. Benutze [tab], um durch die Felder zu wechseln.

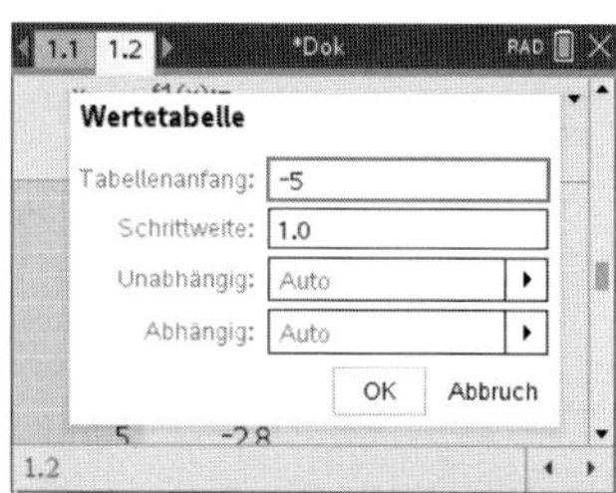

Die Wertetabelle wird mit dem gewünschten Startwert angezeigt.

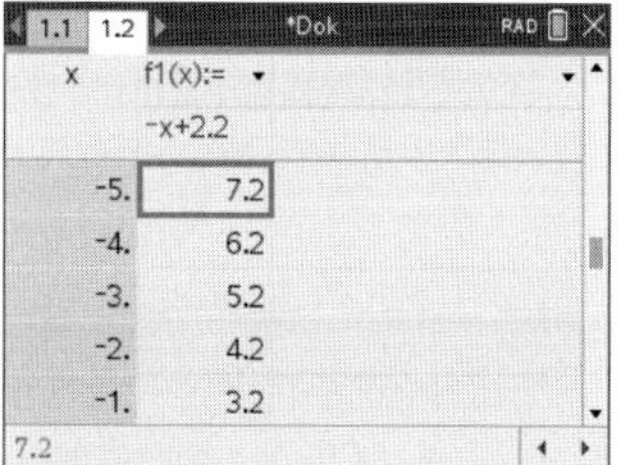

b) Mit ^{ctrl} [◄] wechselst du zur Seite 1.1 zurück und rufst die Eingabezeile mit ^{ctrl} [G] oder [tab] auf. Nun kannst du die zweite Funktion eingeben.

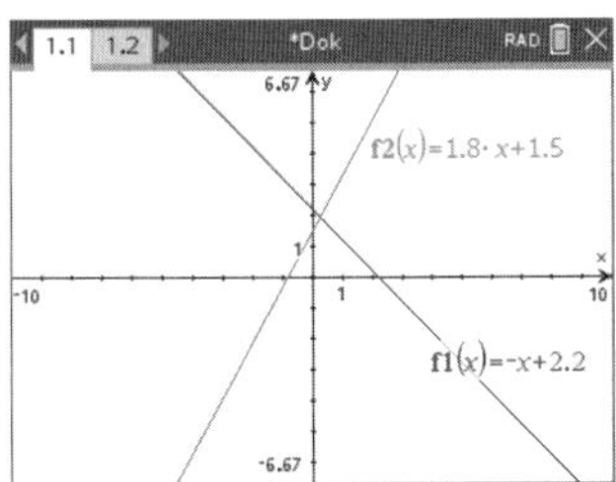

Du wechselst mit ^{ctrl} [►] wieder zum Tabellenblatt. Wenn du mit [►] in die zweite Spalte wechselst, wird automatisch die Auswahl der beiden Funktionen angezeigt.

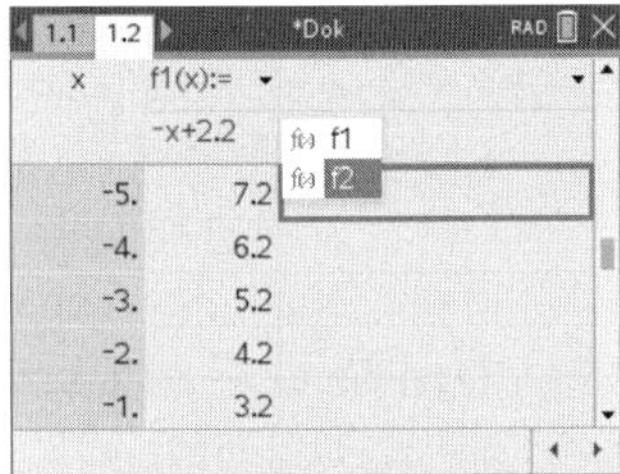

Du wählst $f2(x)$ und bestätigst mit [enter]. Nun werden beide Wertetabellen angezeigt.

x	f1(x):=	f2(x):=
	-x+2.2	1.8*x+1.5
-5.	7.2	-7.5
-4.	6.2	-5.7
-3.	5.2	-3.9
-2.	4.2	-2.1
-1.	3.2	-0.3

-7.5

Zum Schluss passt du mit [menu] → Wertetabelle → Funktionseinstellungen bearbeiten die Schrittweite auf 0,5 an.

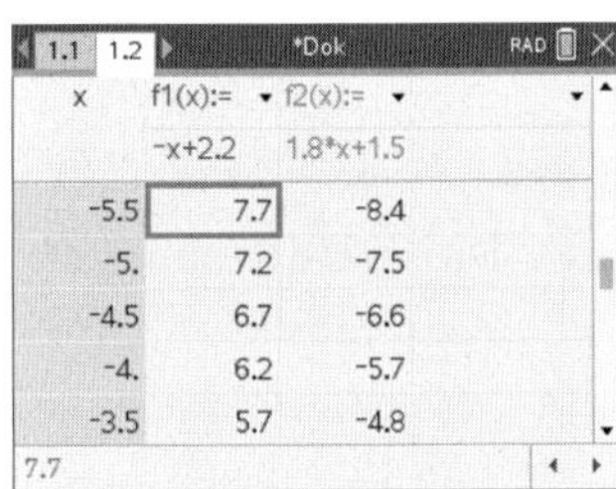

5.5 Lösungen – Funktionswerte berechnen

a) Zuerst definierst du die Funktion in einer Calculator-Seite mit ^{ctrl} [:=] und beendest die Eingabe mit [enter].
Anschließend kannst du direkt $f(-6)$ berechnen.

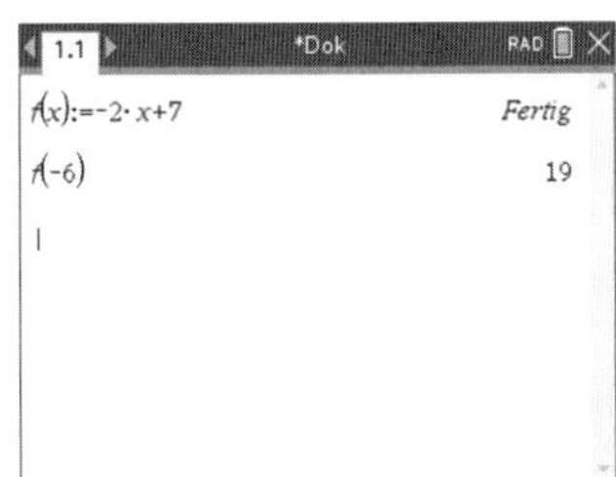

b) Für die zweite Aufgabe kannst du wieder die Funktion $f(x)$ verwenden. Definiere die Funktion entsprechend und berechne $f(11)$.

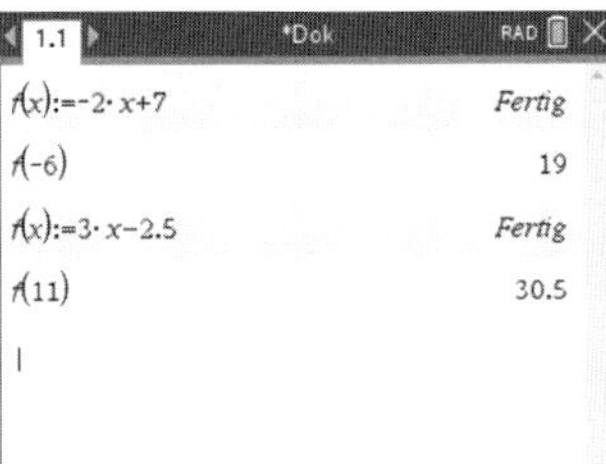

5.6 Lösungen – Symmetrie

a) Du definierst zuerst die Funktion $f(x)$, gibst dann $f(x) = f(\text{-}x)$ ein und bestätigst mit [enter], um auf Symmetrie zur y-Achse zu prüfen. Es werden nur die Funktionsterme angezeigt, d.h. die Funktion $f(x)$ ist nicht y-achsensymmetrisch.

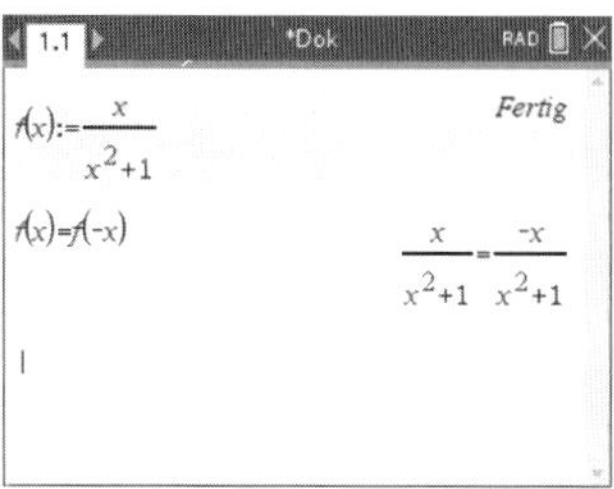

Nun gibst du $f(x) = \text{-}f(\text{-}x)$ ein und bestätigst mit [enter]. Es wird true angezeigt, damit ist die Funktion punktsymmetrisch zum Ursprung.

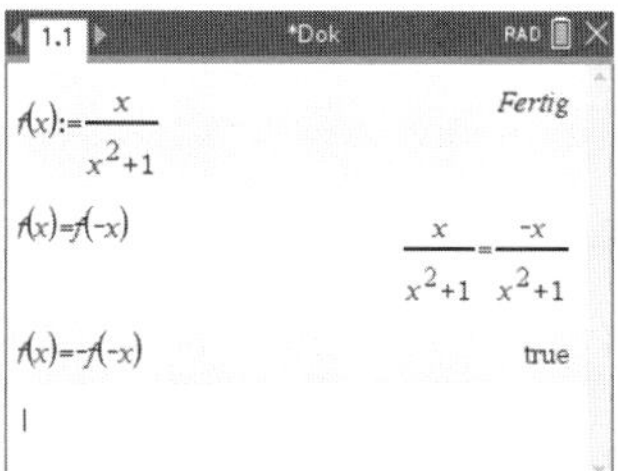

b) Du definierst zuerst die Funktion $f(x)$, gibst dann $f(x) = f(\text{-}x)$ ein und bestätigst mit [enter], um auf Symmetrie zur y-Achse zu prüfen. Es wird true angezeigt, damit ist die Funktion $f(x)$ symmetrisch zur y-Achse. Da eine Funktion nicht gleichzeitig ursprungssymmetrisch und symmetrisch zur y-Achse sein kann, muss die Ursprungssymmetrie nicht noch extra geprüft werden.

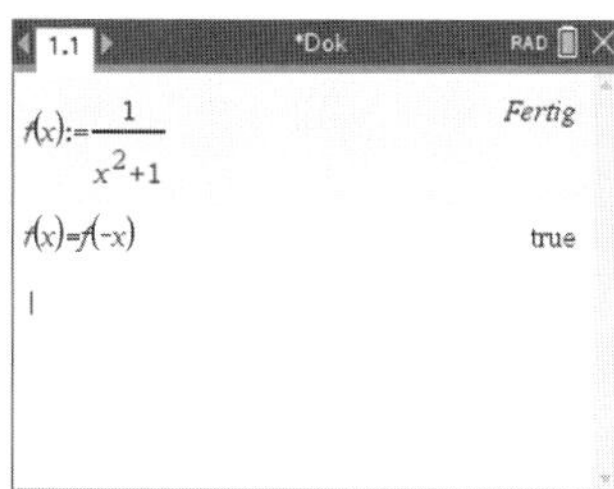

5.7 Lösungen – Nullstellen bestimmen

a) Zuerst gibst du die Funktion in die Eingabezeile ein. Dann rufst du die Nullstellenberechnung mit [menu] → Graph analysieren → Nullstelle auf und bestätigst mit [enter].

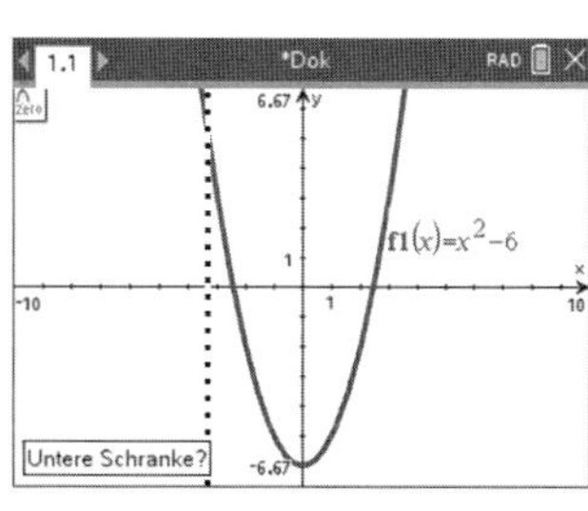

Du platzierst die untere Schranke mit [►] bzw. [◄] links neben der linken Nullstelle und bestätigst mit [enter]. Das Gleiche machst du mit der oberen Schranke rechts neben der Nullstelle. Die erste Nullstelle wird angezeigt.

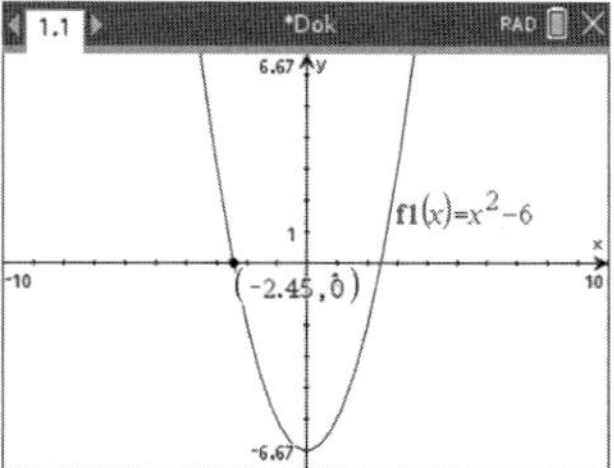

Du benutzt das gleiche Verfahren, um auch die zweite Nullstelle zu bestimmen.

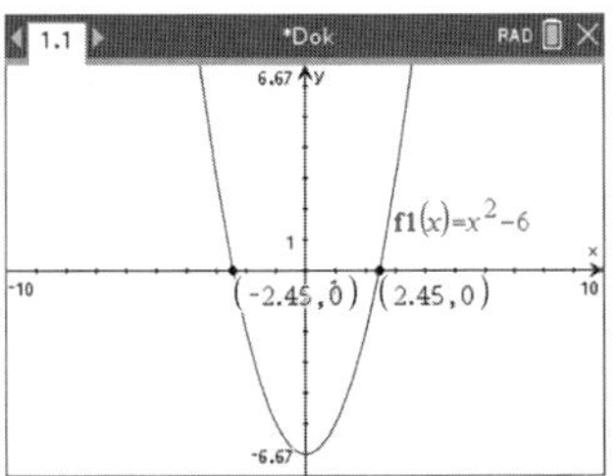

b) Zuerst gibst du die Funktion in die Eingabezeile ein. Dann rufst du die Nullstellenberechnung mit [menu] → Graph analysieren → Nullstelle auf und bestätigst mit [enter].

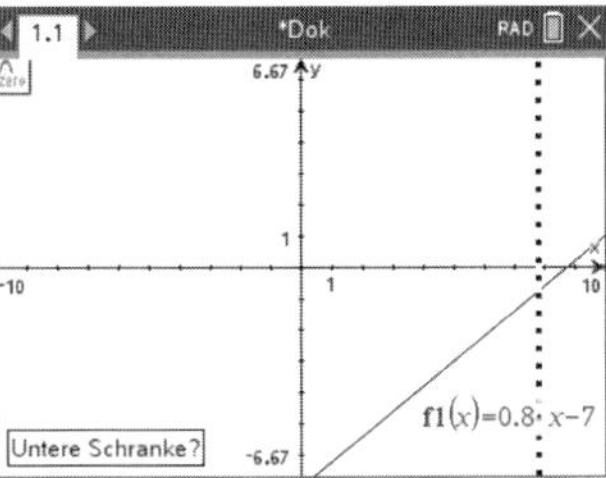

Die untere Schranke befindet sich schon an der richtigen Stelle, so dass du nur mit [enter] bestätigen musst. Danach bewegst du die Linie mit [►] nach rechts und bestätigst ein weiteres Mal mit [enter].

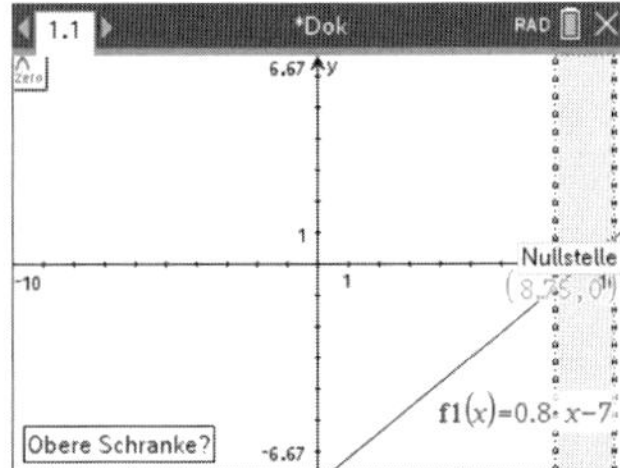

Die Nullstelle wird nun angezeigt, allerdings kann man die Werte nicht gut erkennen.

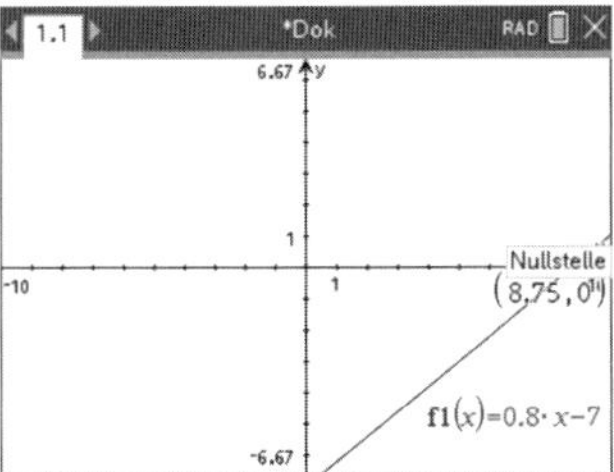

Unter [menu] → Fenster/Zoom wählst du Verkleinern. Du kannst den Cursor im Koordinatenursprung lassen und bestätigst mit [enter]. Nun ist die Nullstelle gut sichtbar.

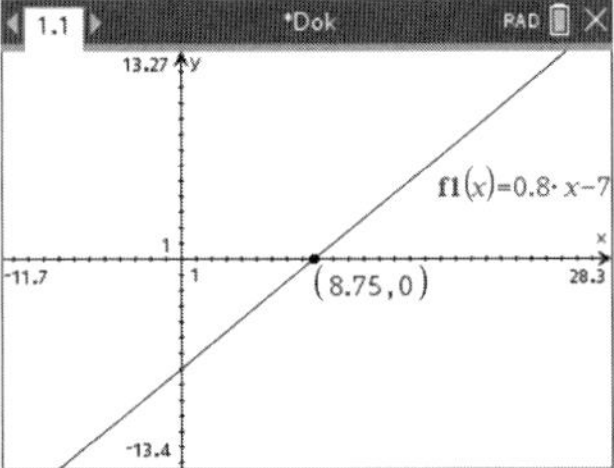

5.8 Lösungen – Schnittpunkte bestimmen

a) Du gibst zuerst die Funktionsterme in der Eingabezeile ein, dann rufst du mit [menu] → Graph analysieren → Schnittpunkt die Schnittpunktberechnung auf.

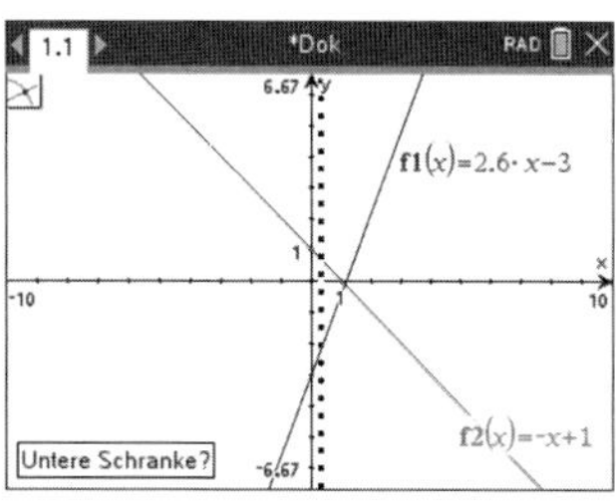

Du wählst den Wert der unteren Schranke und bestätigst mit [enter]. Die obere Schranke wählst du in der gleichen Weise und bestätigst auch hier mit [enter]. Der Schnittpunkt $S(1,11 \mid -0,11)$ wird angezeigt.

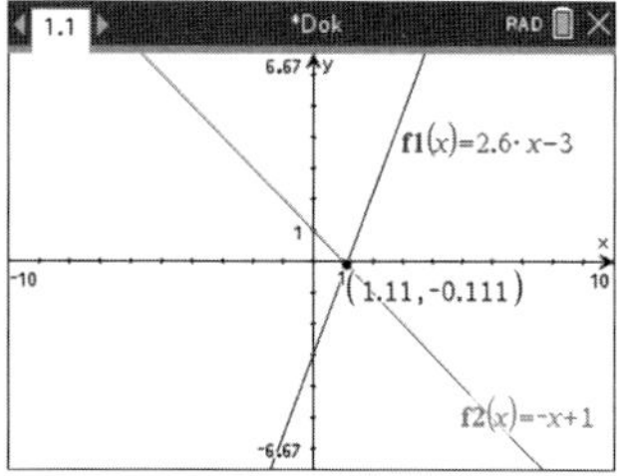

b) Du gibst zuerst die Funktionsterme in der Eingabezeile ein. Einer der Schnittpunkte ist bei den derzeitigen Einstellungen nicht sichtbar, daher benutzt du [menu] → Fenster → Verkleinern, um die Ansicht zu verkleinern.

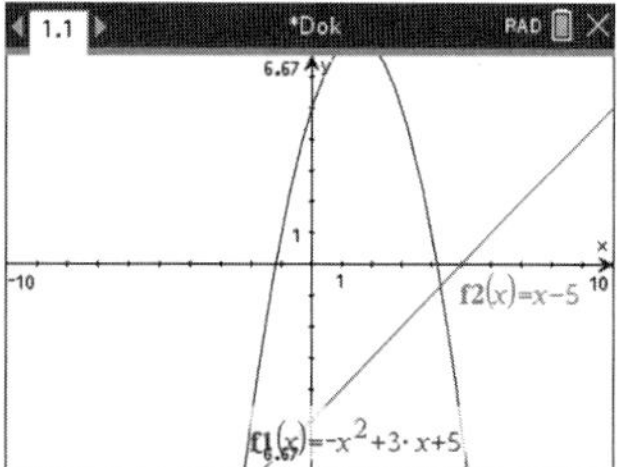

Nun kannst du mit der Hilfe von [menu] → Graph analysieren → Schnittpunkt die Schnittpunktberechnung aufrufen. Du wählst den Wert der unteren Schranke und bestätigst mit [enter]. Du wählst die obere Schranke in der gleichen Weise und bestätigst auch hier mit [enter].

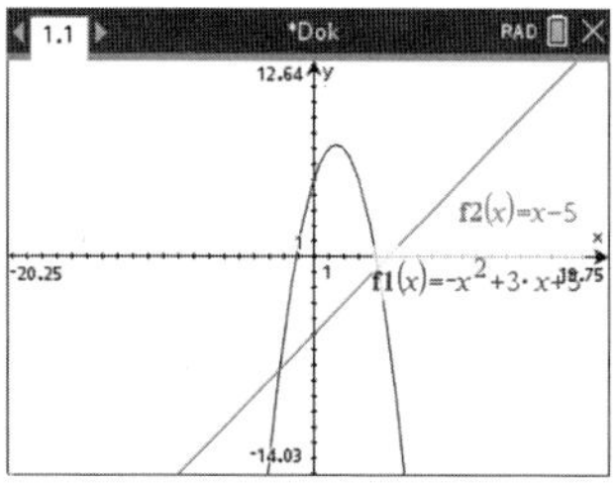

Nun werden die Schnittpunkte $S_1(\text{-}2{,}32 \mid \text{-}7{,}32)$ und $S_2(4{,}32 \mid -0{,}68)$ angezeigt.

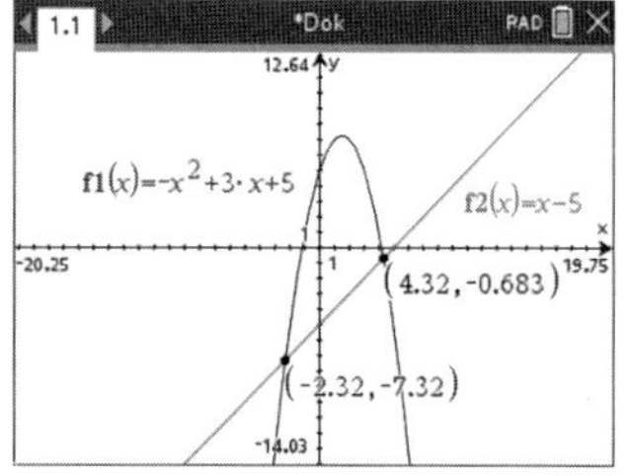

6 Funktionen untersuchen – Teil 2

6.1 Extrempunkte bestimmen

frv.tv/ti

Die Extrempunkte einer Funktion lassen sich in der Graph-Anwendung mit Hilfe von [menu] → Graph analysieren → Minimum bzw. Maximum berechnen.

Beispiel

Gesucht sind die Extrempunkte des Graphen der Funktion $f(x) = -x^3 + 4x + 2$.
Zuerst gibst du den Funktionsterm in der Eingabezeile ein und bestätigst mit [enter]. Dann rufst du mit [menu] → Graph analysieren → Minimum zunächst die Minimumsberechnung auf.

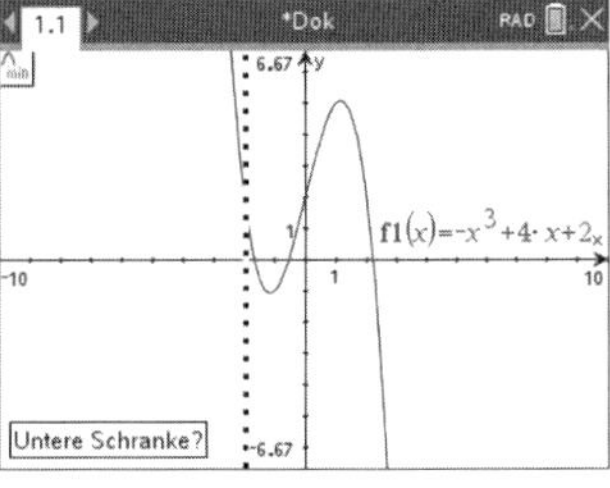

Eine untere Schranke kannst du mit dem Cursor wählen und mit [enter] bestätigen. Danach wählst du die obere Schranke auf die gleiche Weise.
Dabei sollten beide Schranken nicht zu weit vom Minimum entfernt sein, da die Berechnung sonst lange dauern kann.

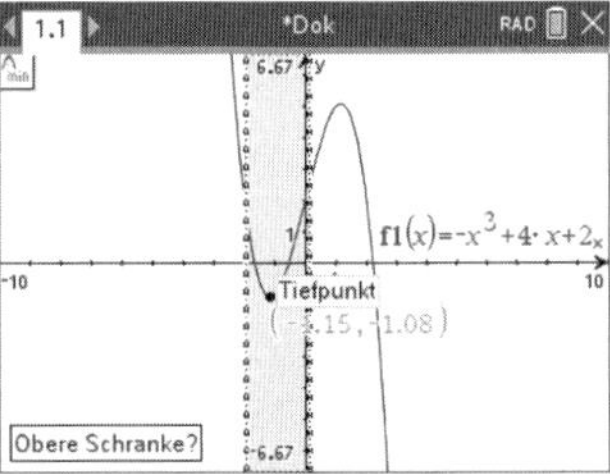

Nach der Eingabe von [enter] wird das Minimum angezeigt: $x \approx -1,15$. Das Maximum erhältst du auf die gleiche Weise, es liegt bei $x \approx 1,15$.
Also ist $\mathrm{T}(-1,15 \mid -1,08)$ der Tiefpunkt und $\mathrm{H}(1,15 \mid 5,08)$ der Hochpunkt.

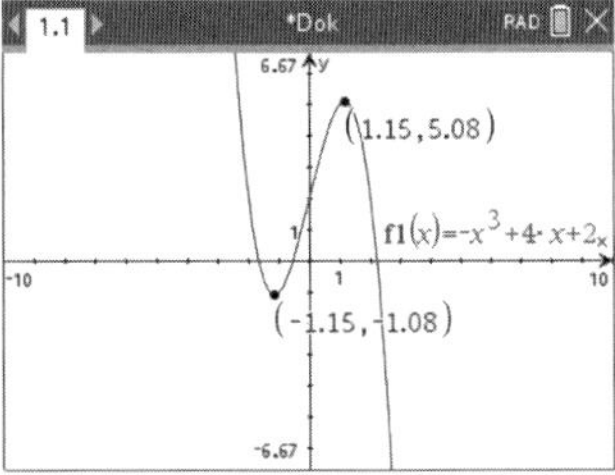

- Mit Hilfe des CAS kannst du die Extrempunkte auch algebraisch bestimmen, indem du in einem Calc-Fenster die Ableitung bestimmst, wie in 6.2 beschrieben, anschließend $f'(x) = 0$ berechnest und prüfst, ob $f''(x) \neq 0$ ist.
- Im Calc-Fenster liefern die Befehle [menu] → Analysis → Funktionsminimum bzw. [menu] → Analysis → Funktionsmaximum das absolute Minimum bzw. Maximum einer Funktion. Diese werden wie folgt verwendet: fMin$(f(x), x)$, bzw. fMax$(f(x), x)$. Beachte, dass hierbei nur das absolute Minimum bzw. Maximum bestimmt wird.

- Wenn im Grafikfenster mehrere Graphen angezeigt werden, kannst du den Graph, dessen Extrempunkte du bestimmen willst, mit dem Cursor und dem Touchpad auswählen.

- Das Gerät bestimmt immer das Minimum, d.h. den kleinsten Funktionswert *innerhalb der angegebenen Grenzen.* Auch wenn die Grenzen nicht links und rechts des lokalen Minimums gewählt werden, wird der kleinste Wert innerhalb der Grenzen angegeben.

  Im Beispiel rechts wurde die untere Schranke nicht links vom Minimum gewählt. Entsprechend gibt das Gerät die untere Schranke als Minimum an.

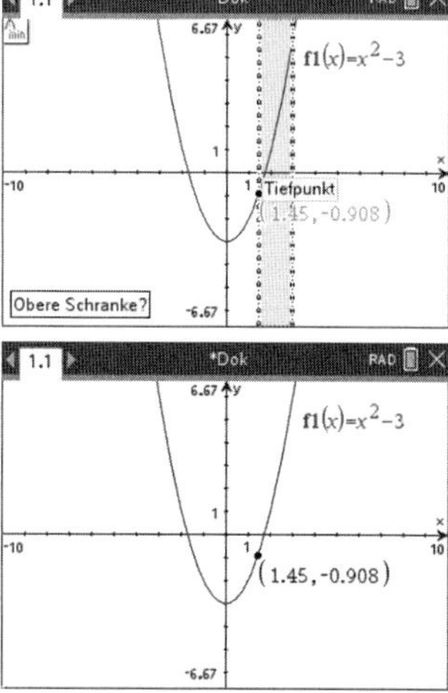

- Um den x-Wert des Extrempunkts zu speichern, klickst du doppelt auf den Wert, so dass er blau hinterlegt erscheint.

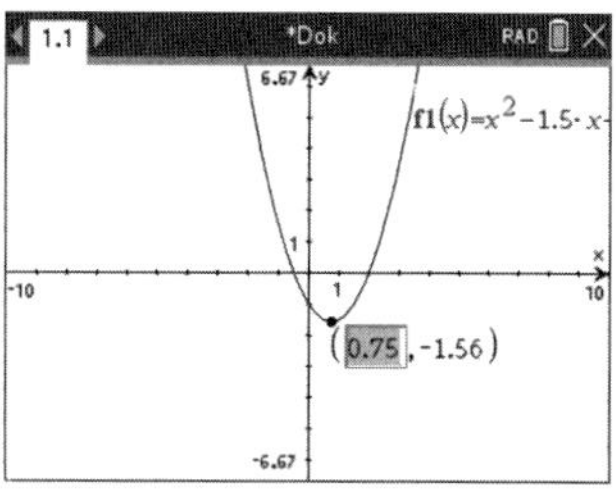

Mit ctrl[≡] rufst du das Kontextmenü auf und wählst Speichern.

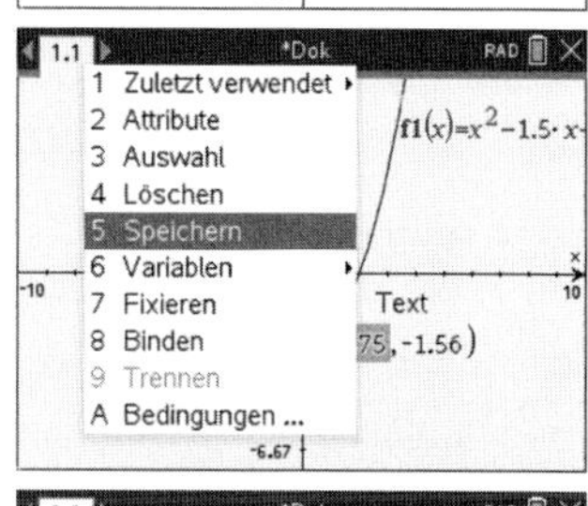

Nun kannst du eine Bezeichnung eingeben, rechts wurde tpx gewählt. Du bestätigst mit [enter]. Nun ist der x-Wert gespeichert und kann mit tpx abgerufen werden.

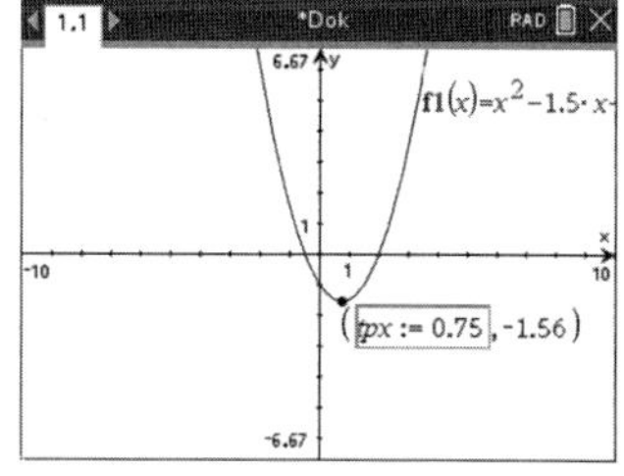

Übungen

Bestimme alle Hoch- und Tiefpunkte der folgenden Funktionen im Grafikfenster:

a) $f(x) = x^2 + x - 3$ b) $f(x) = 0{,}05x^3 - 6x + 2$

6.2 Die Ableitung

frv.tv/ti

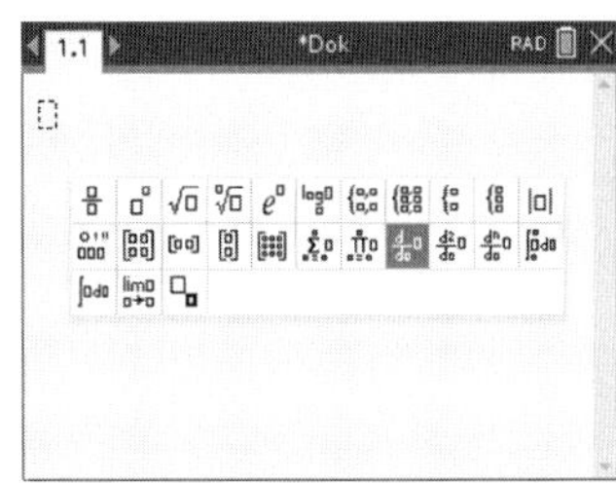

Mit dem TI-Nspire™ CX CAS ist es möglich, im Calculator-Fenster die Gleichung der Ableitungsfunktion zu bestimmen. Den Ableitungsbefehl $\frac{\mathrm{d}}{\mathrm{d}\square}\square$ rufst du mit [menu] → Analysis → Ableitung bzw. mit [⊞{⁝] auf.

Beispiel 1

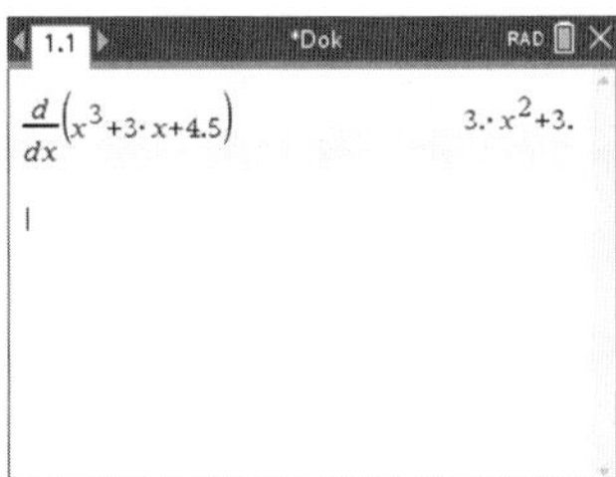

Es soll die Ableitungsfunktion der Funktion $f(x) = x^3 + 3x + 4,5$ bestimmt werden.
Du fügst den Ableitungsbefehl $\frac{\mathrm{d}}{\mathrm{d}\square}\square$ in die Eingabzeile ein, z.B. mit [⊞{⁝], und gibst x im Nenner ein.
Nun wird der Funktionsterm eingegeben und mit [enter] bestätigt.

Beispiel 2

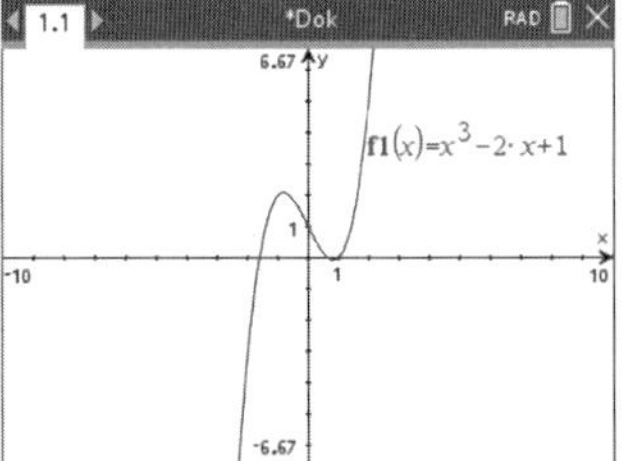

Es soll der Graph der Ableitung der Funktion $f(x) = x^3 - 2x + 1$ gezeichnet werden.
Du definierst zuerst die Funktion $f1(x)$ in der Eingabezeile in einem Graph-Fenster und bestätigst mit [enter].

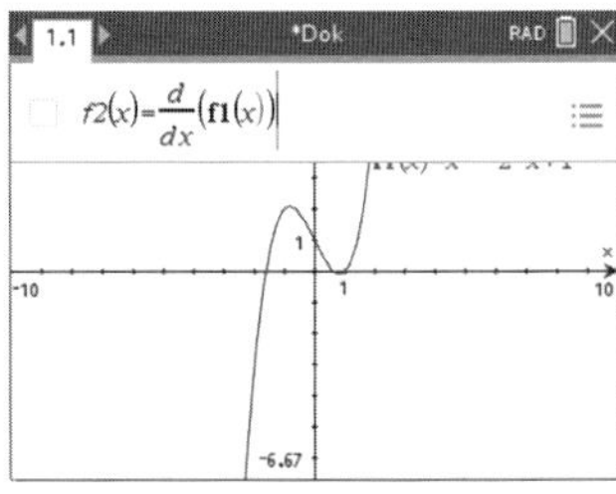

Um $f2(x)$ als Ableitung von $f1(x)$ zu definieren, fügst du den Ableitungsbefehl $\frac{\mathrm{d}}{\mathrm{d}\square}\square$ mit [⊞{⁝] in die Eingabezeile ein. Du wählst den Befehl aus und bestätigst mit [enter] (füge x im Nenner und $f1(x)$ in der Klammer ein).

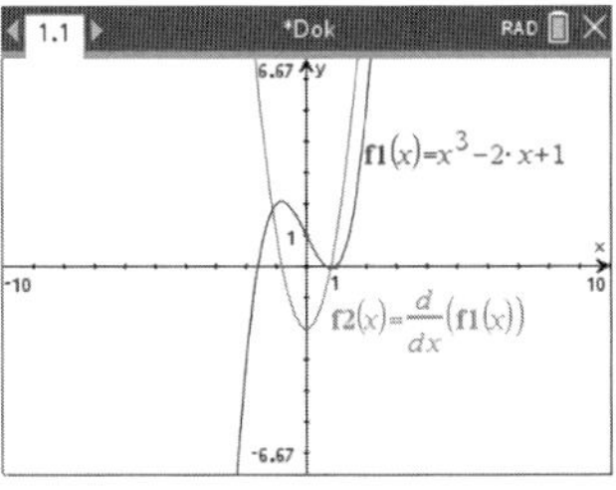

Nun wird der Graph der Ableitungsfunktion gezeichnet.

- Wenn du den Funktionsgraphen zeichnen willst, ist es geschickt, die Funktion nicht als $f(x)$, sondern als $f1(x)$ zu definieren und die Ableitungsfunktion als $f2(x)$. Im Graph-Fenster sind die Funktionen mit $f1(x)$, $f2(x)$, $f3(x)$, ... bezeichnet. So vermeidest du Verwechslungen.

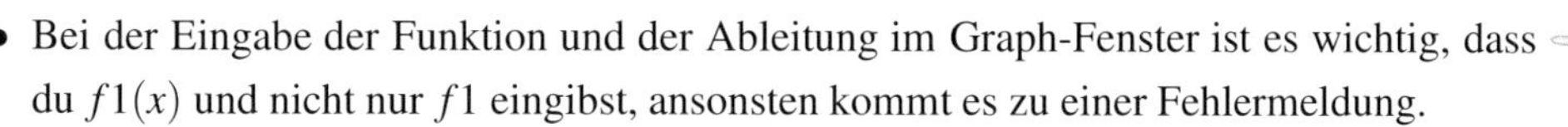

- Bei der Eingabe der Funktion und der Ableitung im Graph-Fenster ist es wichtig, dass du $f1(x)$ und nicht nur $f1$ eingibst, ansonsten kommt es zu einer Fehlermeldung.
- Du kannst die Funktion und die Ableitung auch in einer Calc-Seite definieren.
- Bei den Vorlagen unter [ ] findet sich auch der Befehl $\frac{d^2}{d\square}\square$, mit dem du die zweite Ableitung direkt bestimmen kannst.

Übungen

a) Bestimme die Ableitungsfunktion von $f(x) = x^2 + 3x - 3$. Lasse den Funktionsgraph und den Graph der Ableitung in einem Graph-Fenster zeichnen.

b) Zeichne den Graph der Funktion und den Graph der Ableitungsfunktion von $f(x) = 0{,}01x^3 - 0{,}8x + 3$.

6.3 Wendepunkte bestimmen

frv.tv/ti

Die Wendestellen einer Funktion lassen sich mit dem TI-Nspire™ CX CAS auf verschiedene Weisen bestimmen. Im Graph-Fenster kann mit [menu] → Graph analysieren → Wendepunkt ein Wendepunkt im angezeigten Fensterbereich bestimmt werden.

Alternativ kannst du die Wendestellen algebraisch mit Hilfe des Calc-Fensters und der Gleichung $f''(x) = 0$ bestimmen.

Beispiel

Gesucht ist der Wendepunkt des Funktionsgraphen von $f(x) = -x^3 + 3x^2 - 2{,}5$.

Du definierst zuerst die Funktion $f1(x)$ in der Eingabezeile und bestätigst mit [enter].

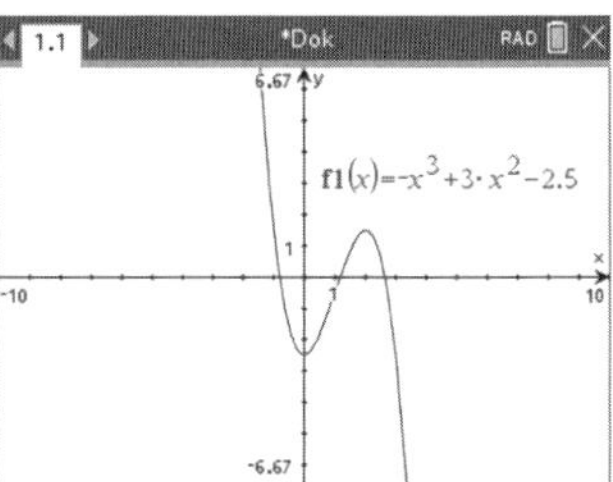

Mit [menu] → Graph analysieren → Wendepunkt rufst du die Funktion zur Bestimmung des Wendepunkts auf, wählst eine untere und eine obere Schranke und bestätigst jeweils mit [enter]. Die Koordinaten des Wendepunkts werden angezeigt, es ist W$(1 \mid -0{,}5)$.

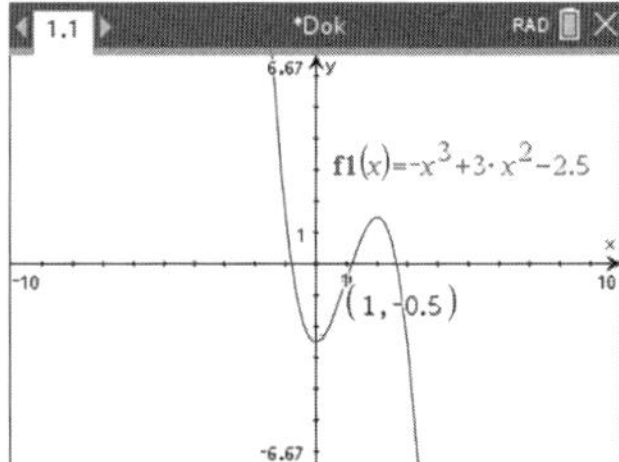

Übungen

a) Bestimme den Wendepunkt des Graphen zur Funktion $f(x) = x^3 - 4x^2 + 2x + 4$.

b) Bestimme den Wendepunkt des Graphen zur Funktion $f(x) = \frac{1}{3}x^3 - \frac{13}{3}x^2 - 1$.

6.4 Stammfunktionen

Mit dem TI-Nspire™ CX CAS ist es möglich, den Funktionsterm einer Stammfunktion zu bestimmen bzw. es ist auch möglich im Graph-Fenster einen Stammfunktionsgraph zeichnen zu lassen. Du benötigst dazu den Integralbefehl, den du unter [menu] → Analysis → Integral oder mit [▭{▭] erhältst.

Beispiel 1

Es ist eine Stammfunktion der Funktion $f(x) = x^2 + 4x$ gesucht. Du fügst den Integralbefehl ein und kannst den Funktionsterm in den Befehl direkt einfügen. Die beiden Integralgrenzen lässt du leer. Nachdem du mit [enter] bestätigt hast, wird eine Stammfunktion von $f(x)$ angezeigt.

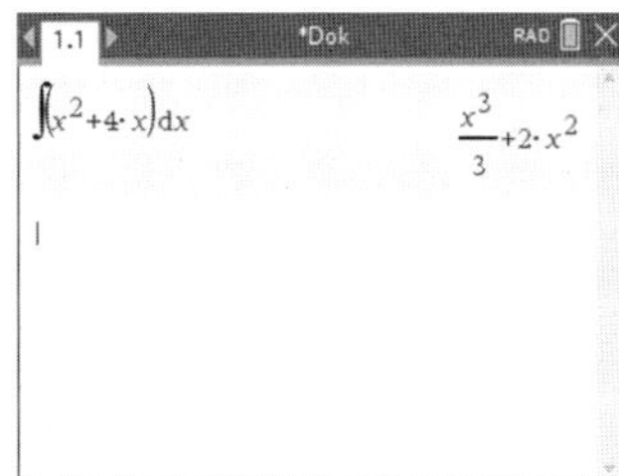

Beispiel 2

Es soll der Stammfunktionsgraph von $f(x) = 0,5x^2 - 3$ mit $\mathrm{F}(0) = 0$ gezeichnet werden.

Zuerst gibst du die Funktion in einem Graph-Fenster ein, anschließend rufst du die Eingabezeile erneut auf und gibst den Integralbefehl $\int \square \, \mathrm{d}\square$ bei $f2(x)$ ein.

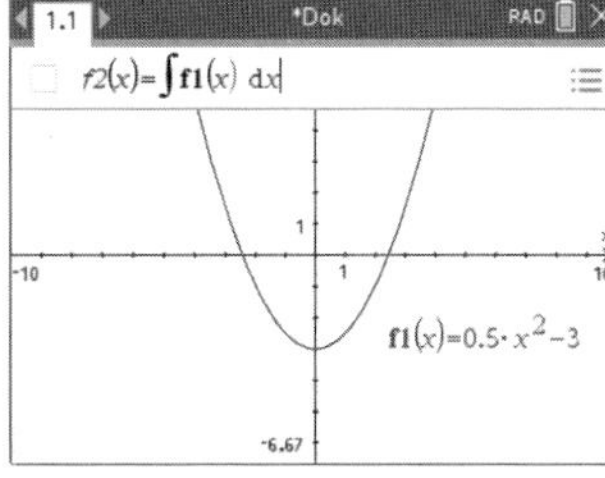

Beachte, dass du $f1(x)$ komplett mit dem Argument «x» eingibst. Nachdem du mit [enter] bestätigt hast, wird der zugehörige Funktionsgraph gezeichnet.

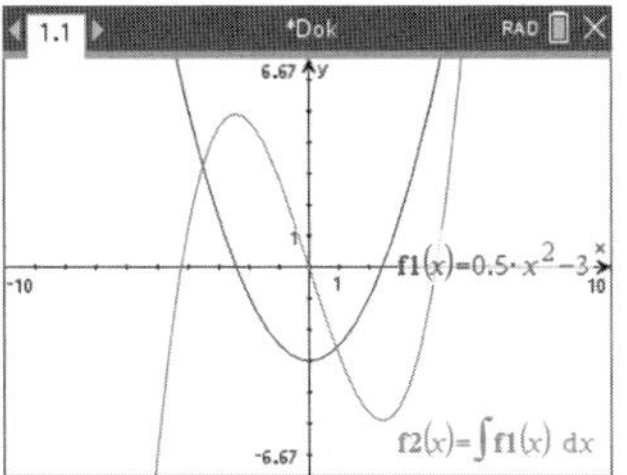

- Es wird nur der Graph *einer* bestimmten Stammfunktion gezeichnet und zwar in diesem Fall derjenige mit $\mathrm{F}(0) = 0$.
- Du kannst auch die Funktion als $f(x) :=$... definieren und dann $\int f(x) \, \mathrm{dx}$ berechnen.

Übungen

a) Bestimme eine Stammfunktion der Funktion $f(x) = x^2 - x - 3$. Zeichne den Funktionsgraph und den Graph der Stammfunktion in einem Graph-Fenster.

b) Zeichne den Graph der Stammfunktion zur Funktion $f(x) = 0,9x - 4$ mit $\mathrm{F}(0) = 0$.

6.5 Bestimmte Integrale und Flächenberechnungen

frv.tv/ti

Um ein Integral mit Hilfe des TI-Nspire™ CX CAS zu berechnen wird der Integralbefehl verwendet, den du in einer Calculator-Seite mit [ ] aufrufen kannst. Integral- bzw. Flächenberechnungen in einer Graph-Seite können mit [menu] → Graph analysieren → Integral bzw. Graph analysieren → Begrenzter Bereich durchgeführt werden.

Beispiel 1 – Bestimmte Integrale

Gesucht ist der Wert des Integrals von $f(x) = 0,25 \cdot x^2$ über dem Intervall $[3; 5]$.
Du gibst den Integralbefehl für ein bestimmtes Integral, die Grenzen und anschließend den Funktionsterm ein.

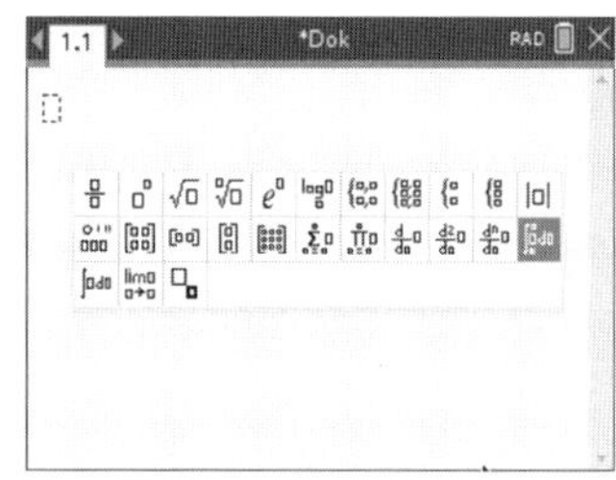

Das Wechseln zwischen den Eingabefeldern geht besonders einfach mit [tab]. Du bestätigst mit [enter].
Der Wert des Integrals beträgt also etwa 8,17.

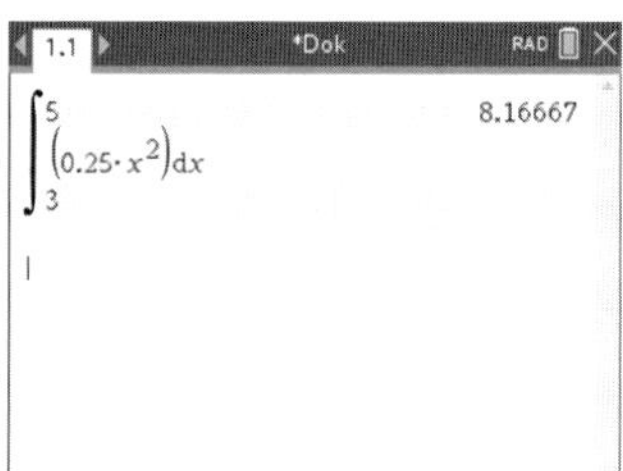

Beispiel 2 – Integralberechnung

Gesucht ist der Wert des Integrals der Funktion $f(x) = 0,5x^2 - 3$ von -0,5 bis zur Nullstelle im positiven x-Bereich.

Zuerst gibst du die Funktion in einer Graph-Seite in die Eingabezeile ein. Als nächstes rufst du mit [menu] → Graph analysieren → Integral die Integralberechnung auf. Die untere Grenze kannst du über die Tastatur eingeben; du bestätigst mit [enter].

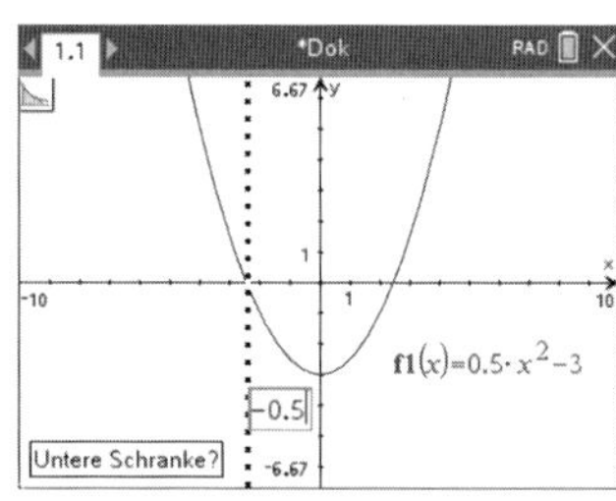

Nun musst du die obere Schranke, d.h. die rechte Grenze des Integrals, festlegen. Wenn du den Mauszeiger über die rechte Nullstelle bewegst, verändert dieser sein Aussehen und es wird «Schnittpunkt» angezeigt. Du bestätigst durch Klicken oder mit [enter].

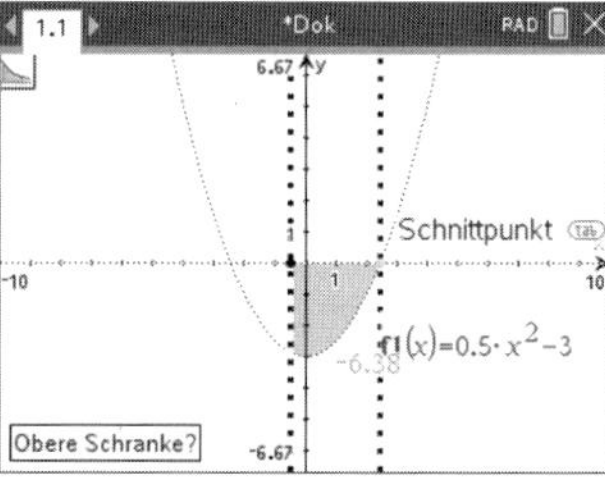

Der Wert des Integrals wird angezeigt: Er beträgt -6,38. Da die Fläche unterhalb der x-Achse verläuft, besitzt das Integral ein negatives Vorzeichen.

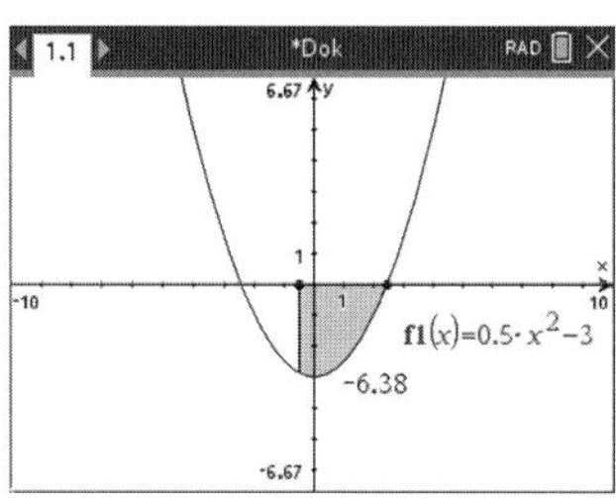

Beispiel 3 – Fläche zwischen zwei Kurven

Gesucht ist die Fläche, die von den Graphen der beiden Funktionen $f(x) = x^3 + x^2 - 6x$ und $g(x) = -0,2x^2 + 3$ eingeschlossen wird.

Die Fläche unter einer Kurve oder zwischen zwei Kurven kann bestimmt werden mit [menu] → Graph analysieren → Begrenzter Bereich.

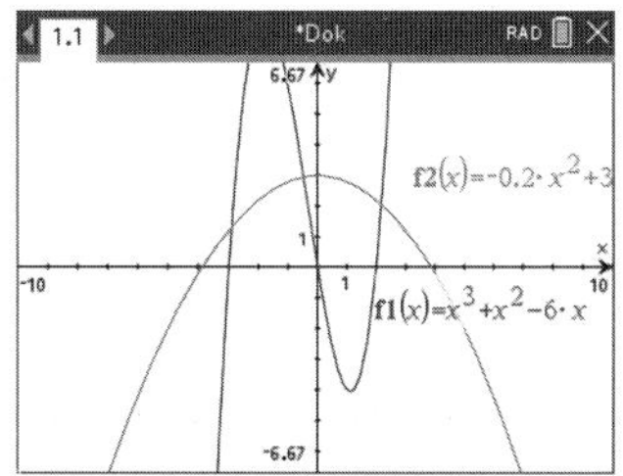

Nachdem du den Befehl gewählt hast, bewegst du den Cursor auf den ersten Schnittpunkt. Er verändert dann sein Aussehen.

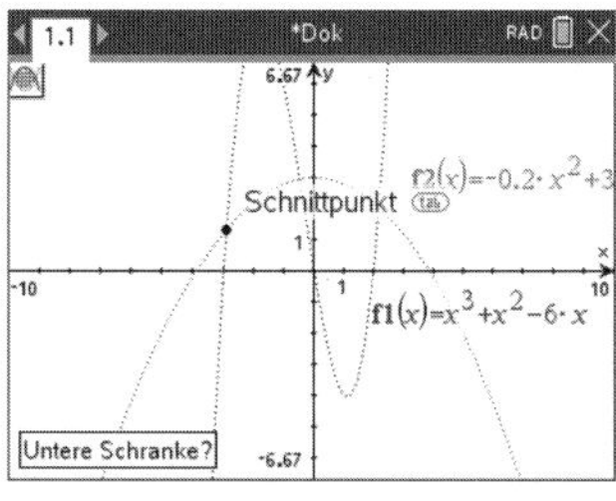

Du bestätigst mit [enter] und kannst nun die obere Schranke bestimmen. Auch hier bestätigst du mit [enter].

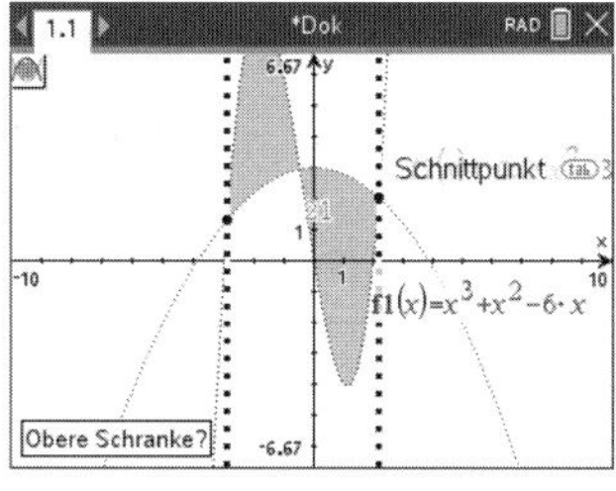

Der Flächeninhalt wird angezeigt: Er beträgt 21 FE.

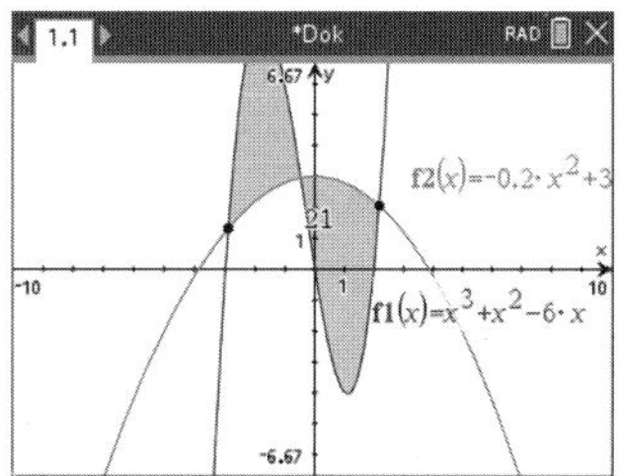

- Bei der Flächenberechnung mit Hilfe der Funktion Begrenzter Bereich werden die Ergebnisse u.U. leicht gerundet angegeben.
- Falls die Fläche zwischen Graph und x-Achse gesucht ist, musst du zuerst den Graph und die x-Achse auswählen und mit [enter] bestätigen.

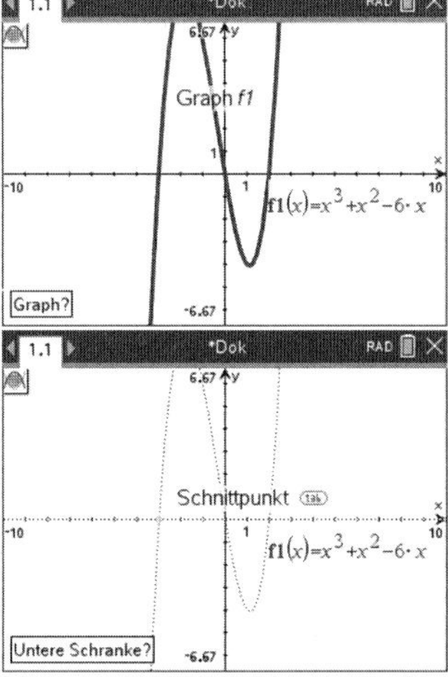

Anschließend kannst du die Schnittpunkte bestimmen, analog zur Flächenberechnung zwischen zwei Funktionsgraphen.

Der Wert des eingeschlossenen Flächeninhalts beträgt also 15,8 FE.

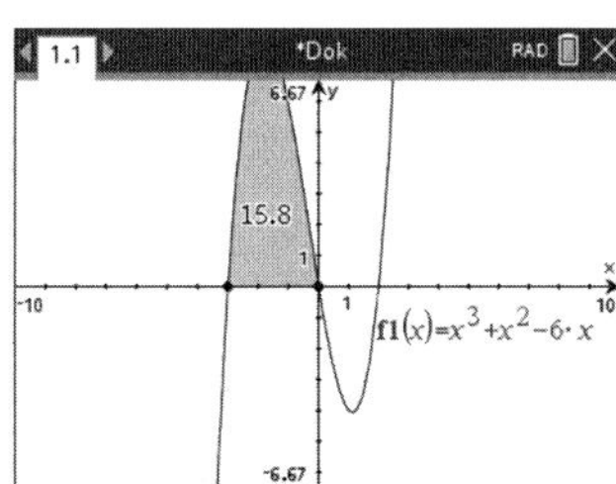

Übungen

a) Bestimme das bestimmte Integral der Funktion $f(x) = \frac{1}{2}x^2 + x + 2$ im Intervall [-3; 0].

b) Bestimme die Fläche, die von den Graphen der beiden Funktionen $f(x) = -x^2 - 3x + 1$ und $g(x) = \frac{1}{2}x^2 - 3$ eingeschlossen wird.

6.6 Kurvenscharen

Mit dem TI-Nspire™ CX CAS kannst du Kurvenscharen zeichnen. Es gibt verschiedene Möglichkeiten:

- Du gibst die Parameterwerte in geschweiften Klammern im Funktioneneditor ein.
- Du definierst einen Schieberegler, mit dem du den Parameter variieren kannst.
- Du gibst jeweils einen festen Wert für den Parameter ein und definierst ihn in einem Calculator-Fenster.

Beispiel mit Klammern

Es sollen die Kurven der Funktionschar $f_a(x) = 0,2 \cdot a \cdot x^2 + a$ für $a = 1$; $a = 2$; $a = 3$ gezeichnet werden.

Du gibst die Funktion in die Eingabezeile in einer Graph-Seite ein. An der Stelle des Parameters a fügst du eine geschweifte Klammer ein, in die du die Werte des Parameters durch Kommas getrennt einfügst.

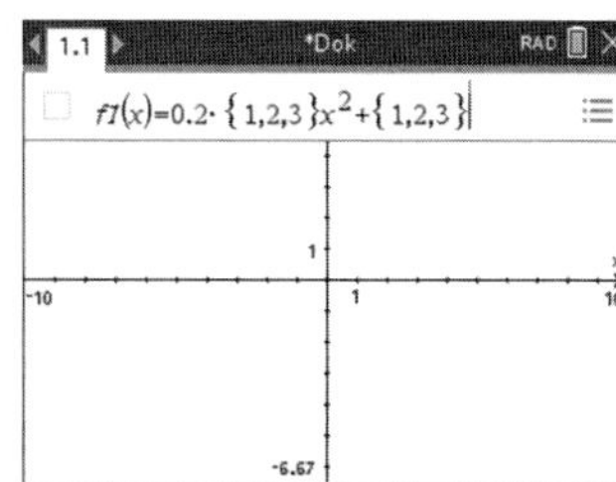

Nachdem du mit [enter] bestätigt hast, werden die zugehörigen Funktionsgraphen gezeichnet.

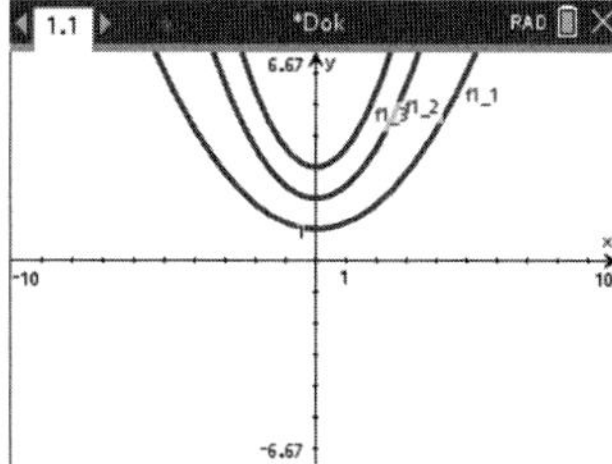

Beispiel mit dem Schieberegler

frv.tv/ti

Es soll die Kurvenschar der Funktion $f_a(x) = 0{,}2 \cdot a \cdot x^2$ für $a = 1$; $a = 2$; $a = 3$ gezeichnet werden.

Du gibst die Funktion in der Eingabezeile ein. Achte auf den Multiplikations-Punkt zwischen a und x, da sonst ax als Variable interpretiert würde.

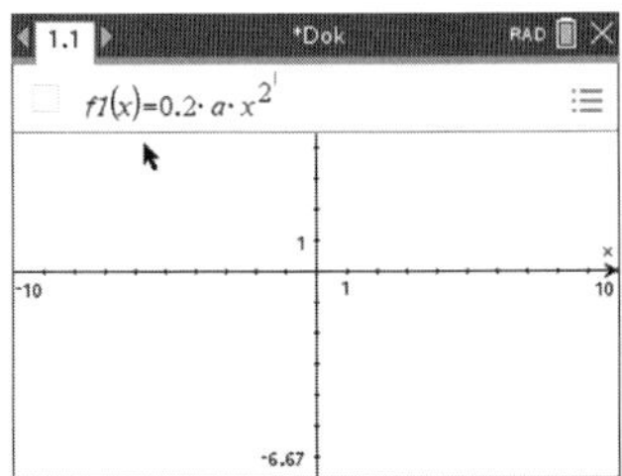

Nach der Bestätigung mit [enter] öffnet sich ein Dialogfenster, das dir ermöglicht, einen Schieberegler einzufügen.

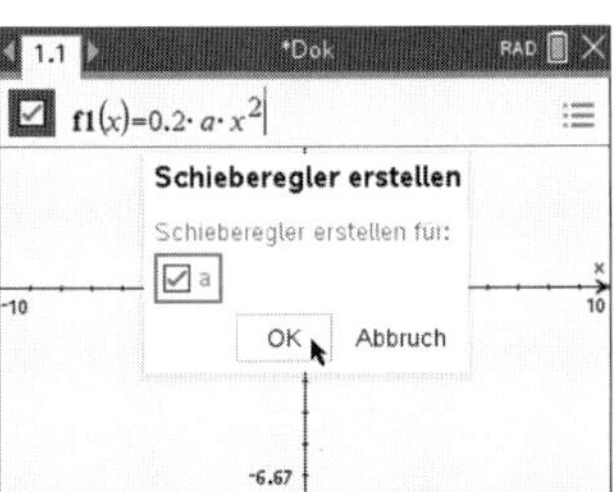

Nach dem Bestätigen wird der Schieberegler automatisch eingefügt.

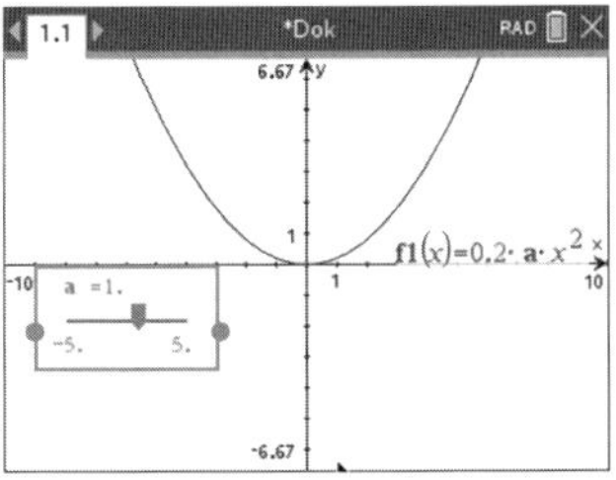

Jetzt kannst du den Schieberegler mit ctrl[ ] greifen und bewegen, entsprechend ändert sich auch der Funktionsgraph. Anstelle des Touchpads kannst du die Pfeiltasten benutzen.

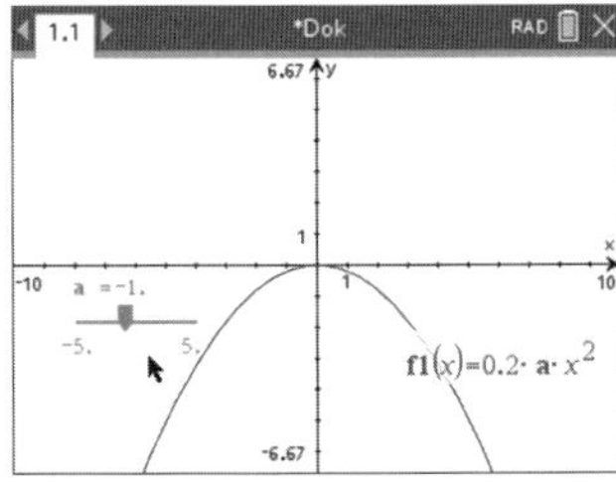

- Wenn du einen Punkt auf dem Funktionsgraphen markierst, z.B. einen Tiefpunkt, und die Spur mit [menu] → Spur → Grafikspur anzeigen lässt, kannst du den geometrischen Ort dieses Punkts anzeigen lassen.

- Wenn du mit ctrl[ ] auf den Schieberegler klickst und Einstellungen wählst, kannst du den Anfangs- und den Endwert sowie die Schrittweite einstellen.

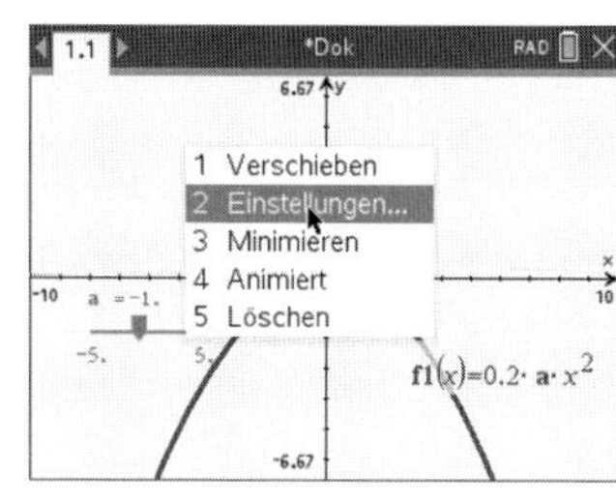

- Mit [menu] → Aktionen → Schieberegler einfügen kannst du einen Schieberegler in verschiedenen Anwendungen einfügen

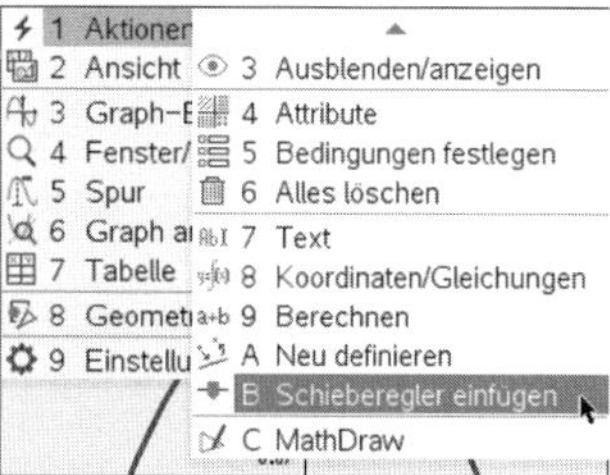

Übungen

a) Zeichne die Kurven der Funktionenschar $f_t(x) = t \cdot x^2 + t + 1$ für $t = -1$; $t = 0$; $t = 1$. Benutze Klammern.

b) Zeichne die Kurven der Funktionenschar $f_a(x) = \sqrt{a} \cdot x^2 - 2ax - a$ für $a = 1$; $a = 2$; $a = 3$. Benutze einen Schieberegler.

6.7 Tangenten

Mit dem TI-Nspire™ CX CAS ist es mit Hilfe des Tangentenbefehls möglich, die Gleichung einer Tangente an einen Funktionsgraphen in einem bestimmten Punkt zu bestimmen. Dazu wird der Befehl tangentLine benutzt, der in einer Calculator-Seite mit [menu] → Analysis → Tangententerm eingefügt werden kann.

Beispiel

Es soll die Gleichung der Tangente an den Funktionsgraphen von $f(x) = 0,2 \cdot x^2 + 1$ im Punkt $(3 \mid 2,8)$ bestimmt und anschließend der Funktionsgraph und die Tangente gezeichnet werden.

Du definierst zuerst eine Funktion $f1(x)$ in einer Calculator-Seite. Da der Funktionsgraph und die Tangente im nächsten Schritt gezeichnet werden sollen, ist es sinnvoll, gleich $f2(x)$ als die Tangente zu definieren.

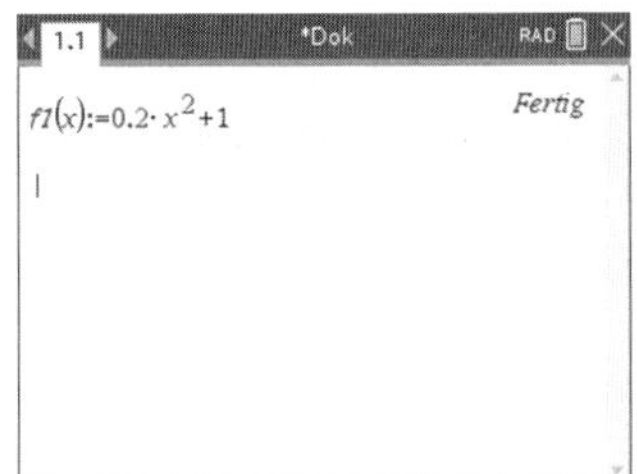

Anschließend rufst du daher den Tangentenbefehl mit [menu] → Analysis → Tangententerm auf. Nun fügst du die Funktion und, durch ein Komma getrennt, $x = 3$ ein. Du schließt die Eingabe mit [enter] ab. Zum Schluss lässt du die Gleichung der Tangente anzeigen. Es ist also $t\colon y = 1,2x - 0,8$.

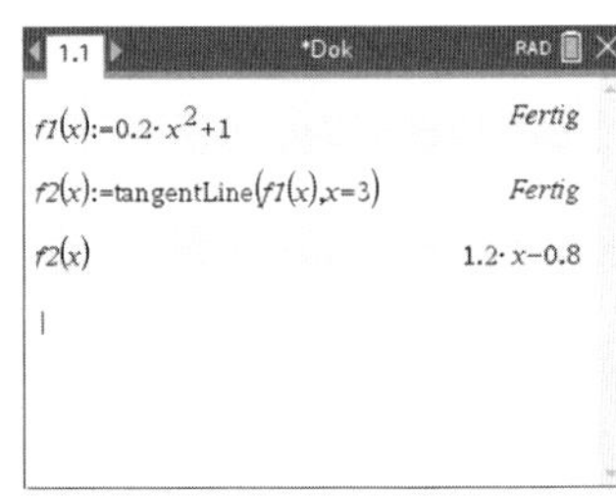

Wenn du nun ein Graph-Fenster z.B. mit ctrl [+page] hinzufügst, werden $f1(x)$ und $f2(x)$ schon in der Eingabezeile angezeigt. Allerdings musst du die beiden Zeilen mit [enter] bestätigen, damit der Funktionsgraph und die Tangente angezeigt werden.

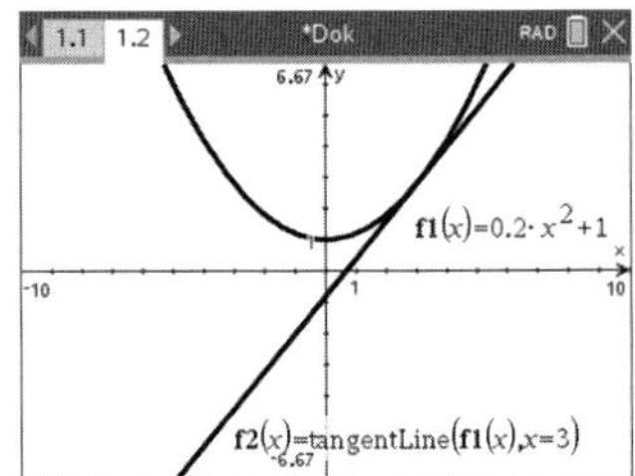

Übungen

a) Bestimme die Gleichung der Tangente im Punkt $(-4 \mid 4,2)$ an den Funktionsgraphen von $f(x) = 0,2 \cdot x^2 + 1$.

b) Bestimme die Gleichung der Wendetangente des Graphen zur Funktion $f(x) = -x^3 + 2x^2 + 4$.

Lösungen

6.1 Lösungen – Extrempunkte bestimmen

a) Zuerst gibst du den Funktionsterm in der Eingabezeile ein, dann rufst du mit [menu] → Graph analysieren → Minimum die Minimumsberechnung auf.

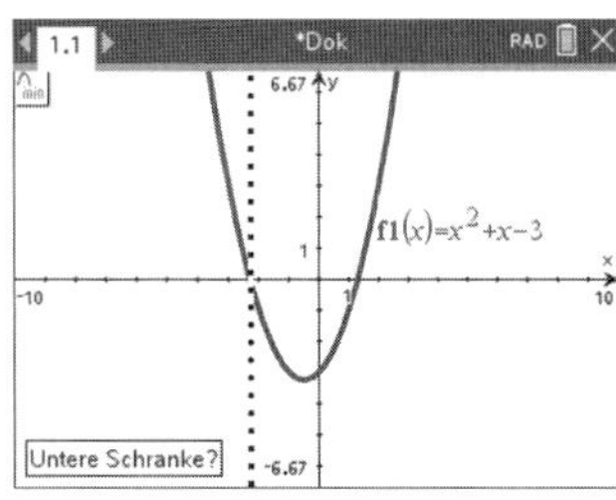

Eine untere Schranke kannst du mit dem Cursor wählen, du bestätigst mit [enter], danach wählst du die obere Schranke auf die gleiche Weise. Der Tiefpunkt $T(-0,5 \mid -3,25)$ wird angezeigt. Da es sich um eine quadratische Funktion handelt, gibt es nur einen Extrempunkt.

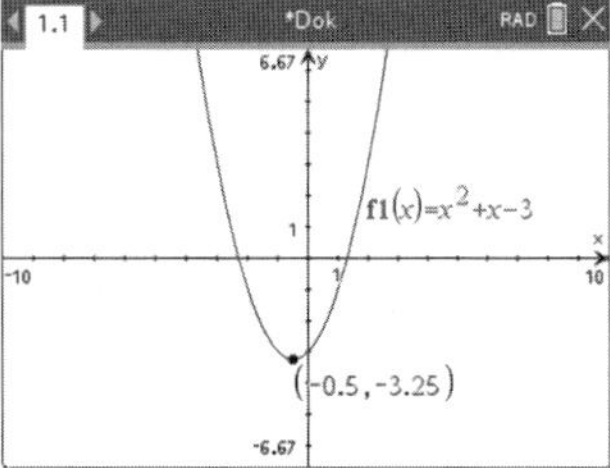

b) Zuerst gibst du den Funktionsterm in der Eingabezeile ein und lässt die Funktion zeichnen. Da die Funktion nur teilweise sichtbar ist, kannst du das Fenster mit [menu] → Fenster/Zoom → Zoom Anpassung automatisch anpassen lassen.

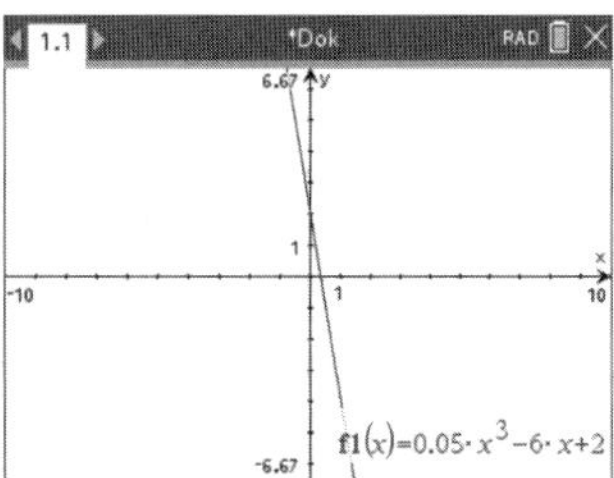

Nun rufst du mit [menu] → Graph analysieren → Maximum die Maximumsberechnung auf, wählst die Grenzen entsprechend und bestätigst jeweils mit [enter]. Der Hochpunkt $H(-6,32 \mid 27,30)$ wird angezeigt.

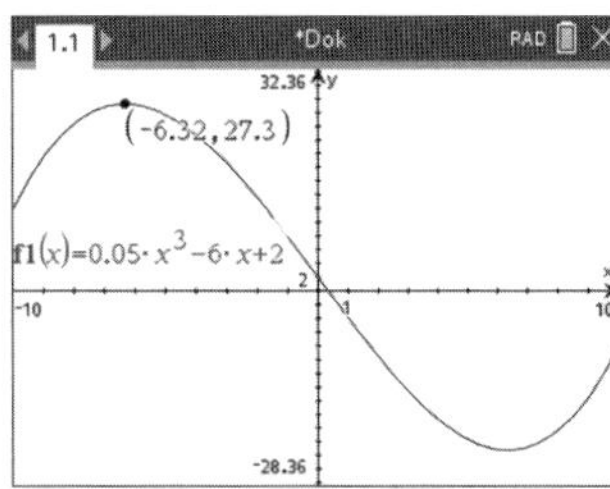

Den Tiefpunkt berechnest du analog. Er hat die Koordinaten $T(6,32 \mid -23,30)$.

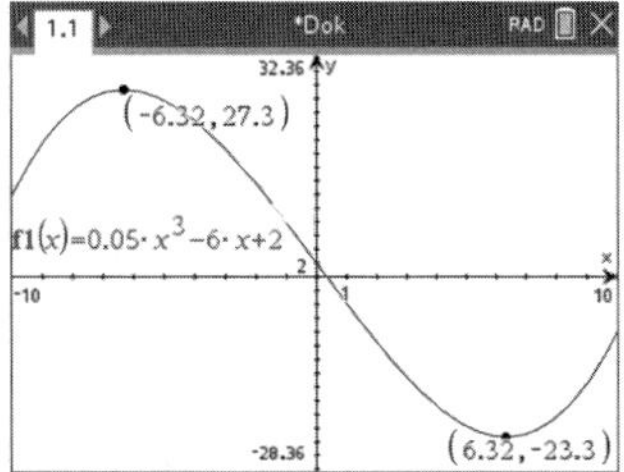

6.2 Lösungen – Die Ableitung

a) Du definierst zuerst die Funktion $f1(x)$ und bestätigst mit [enter].
Nun definierst du $f2(x)$ mit Hilfe des Ableitungsbefehls $\frac{\mathrm{d}}{\mathrm{d}\square}\square$ und bestätigst mit [enter].

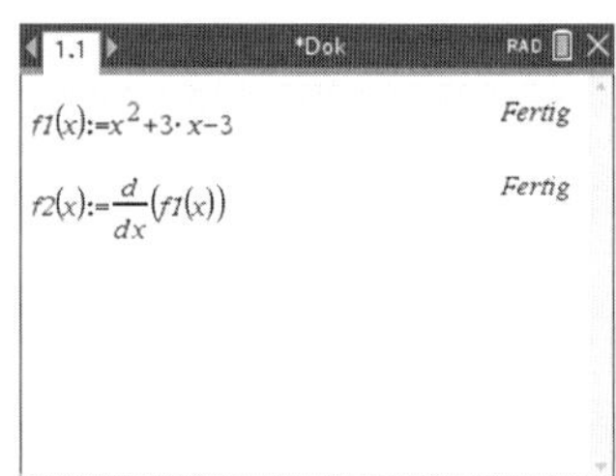

Wenn du nun ein Graph-Fenster z.B. mit ctrl [+page] hinzufügst, werden $f1(x)$ und $f2(x)$ schon in der Eingabezeile angezeigt. Allerdings musst du die beiden Zeilen mit [enter] bestätigen, damit die Graphen gezeichnet werden.

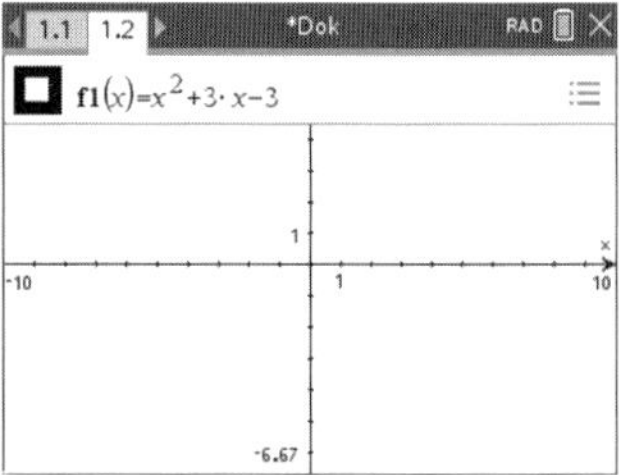

Der Funktionsgraph und der Graph der Ableitung werden nun angezeigt.

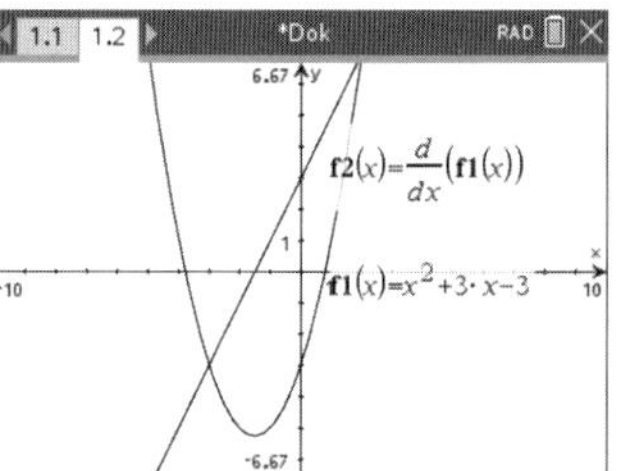

b) Du definierst zuerst die Funktion $f1(x)$ in der Eingabezeile und bestätigst mit [enter].
Nun fügst du bei $f2(x)$ den Ableitungsbefehl $\frac{\mathrm{d}}{\mathrm{d}\square}\square$ mit [⊞] ein, gibst $f1(x)$ ein und bestätigst mit [enter]. Der Funktionsgraph und der Graph der Ableitung werden nun angezeigt.

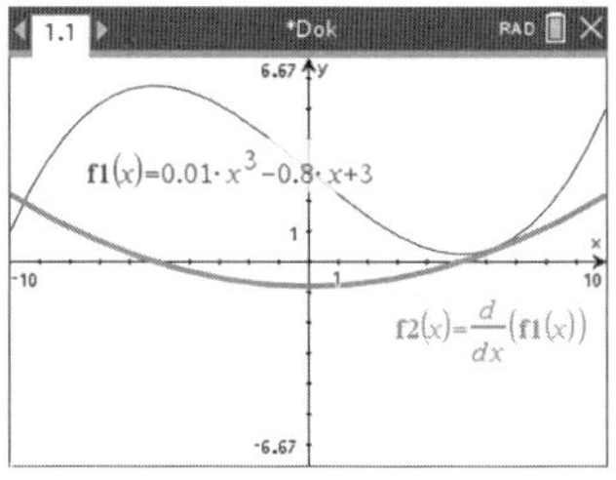

6.3 Lösungen – Wendepunkte bestimmen

a) Du definierst zuerst die Funktion $f1(x)$. Mit [menu] → Graph analysieren → Wendepunkt rufst du die Funktion zur Bestimmung des Wendepunkts auf, wählst eine untere und eine obere Schranke und bestätigst jeweils mit [enter]. Die Koordinaten des Wendepunkts werden angezeigt, es ist $W(1{,}33 \mid 1{,}93)$.

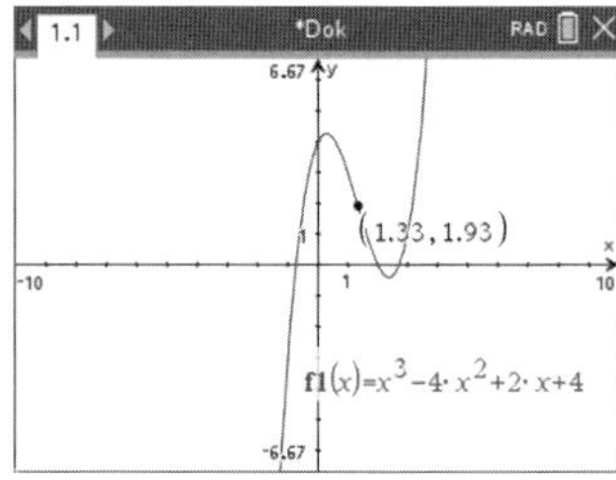

b) Du definierst zuerst die Funktion $f1(x)$ in der Eingabezeile und bestätigst mit [enter]. Da der Funktionsgraph nicht komplett sichtbar ist, passt du das Fenster mit (mehrmals) [menu] → Fenster/Zoom → Verkleinern an.

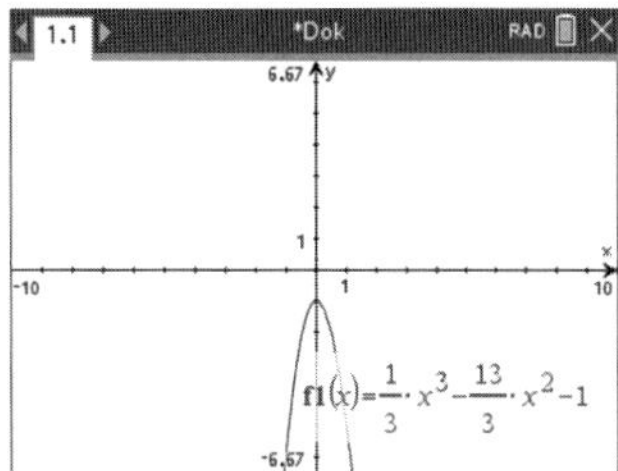

Um das Fenster noch etwas besser anzupassen, benutzt du [menu] → Fenster/Zoom → Zoom-Rahmen.

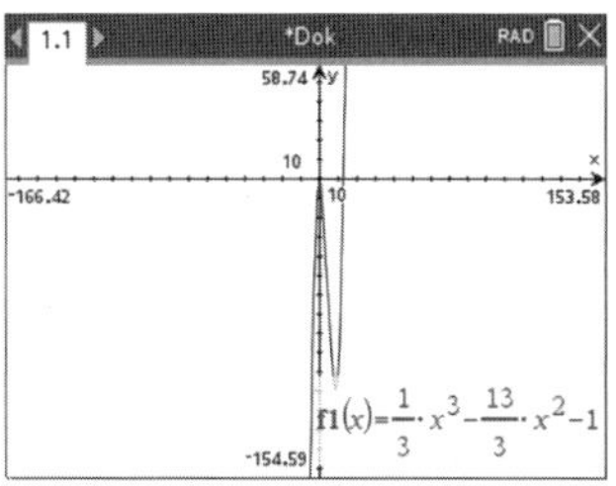

Mit [menu] → Graph analysieren → Wendepunkt rufst du die Funktion zur Bestimmung des Wendepunkts auf, wählst eine untere und eine obere Schranke und bestätigst jeweils mit [enter]. Die Koordinaten des Wendepunkts werden angezeigt, es ist W (4,33 | -55,2).

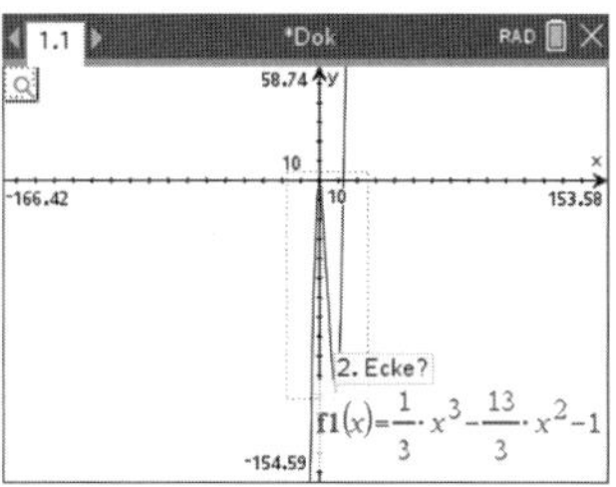

6.4 Lösungen – Stammfunktionen

a) Zuerst definierst du die Funktion $f1(x)$ im Calculator-Fenster, anschließend definierst du $f2(x)$ als Stammfunktion von $f1(x)$.
Um $f2(x)$ anzeigen zu lassen, rufst du diese Funktion auf und schließt die Eingabe mit [enter] ab.

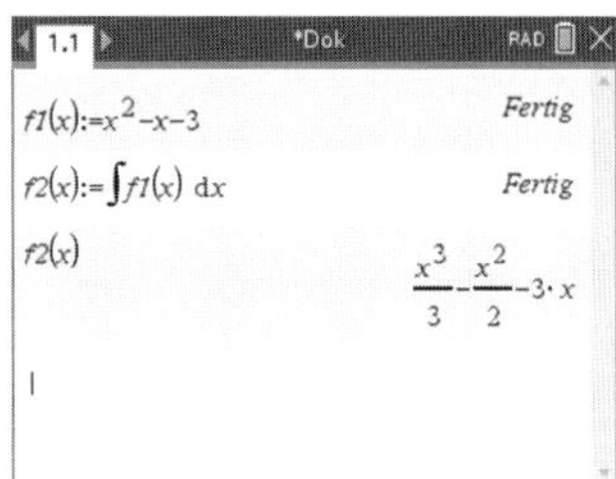

Wenn du nun ein Graph-Fenster z.B. mit ctrl [+page] hinzufügst, werden $f1(x)$ und $f2(x)$ schon in der Eingabezeile angezeigt. Allerdings musst du die beiden Zeilen mit [enter] bestätigen, damit die Graphen angezeigt werden.

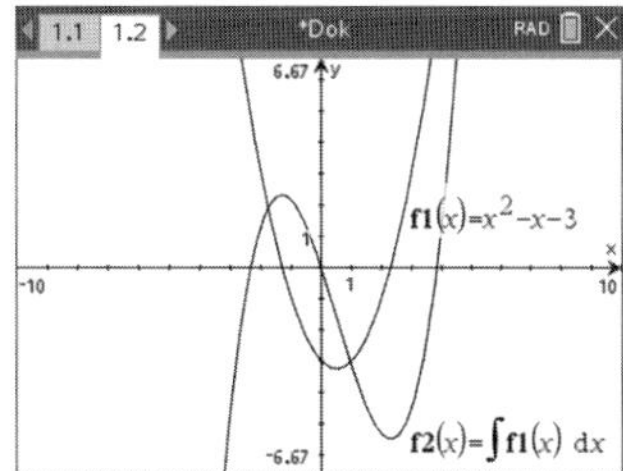

b) Zuerst gibst du die Funktion in einem Graph-Fenster ein, anschließend rufst du die Eingabezeile erneut auf und gibst den Integralbefehl bei $f2(x)$ ein.

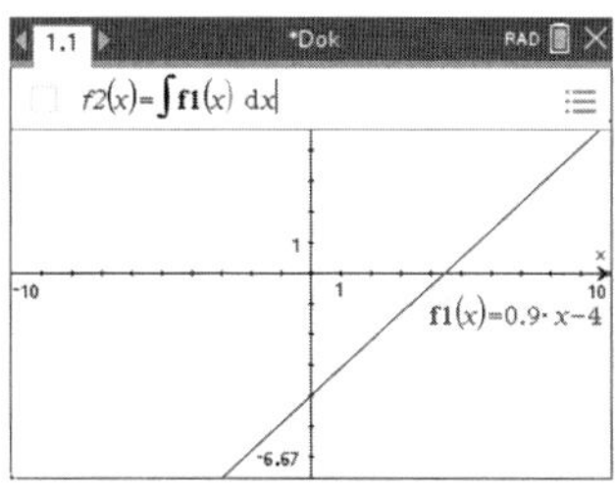

Nachdem du mit [enter] bestätigt hast, wird der zugehörige Funktionsgraph gezeichnet.

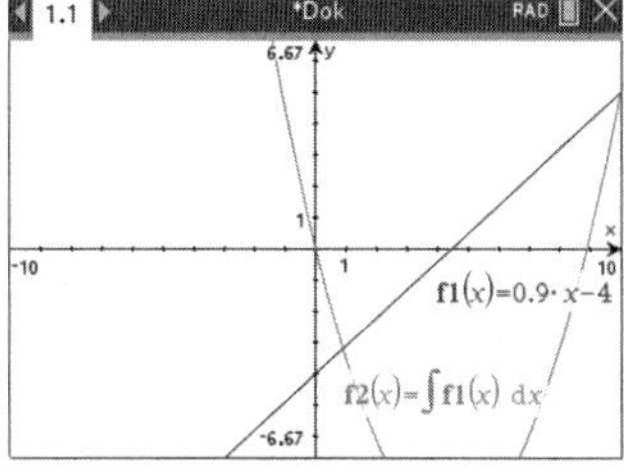

Um den Graph besser darzustellen, benutzt du [menu] → Fenster → Verkleinern.

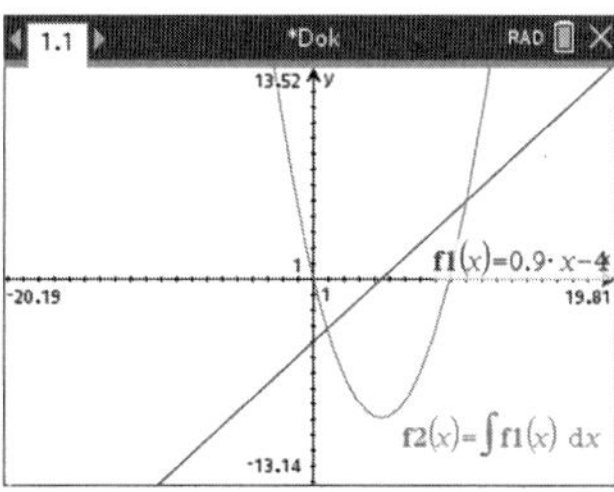

6.5 Lösungen – Bestimmte Integrale und Flächenberechnungen

a) Gesucht ist der Wert des Integrals der Funktion $f(x) = \frac{1}{2}x^2 + x + 2$ über dem Intervall [-3; 0]. Du kannst diese Berechnung komplett im Calculator-Fenster durchführen.
Du wählst den Integral-Befehl mit [⊡{⊟] aus und fügst ihn ein. Anschließend kannst du den Funktionsterm eingeben und die Berechnung starten.

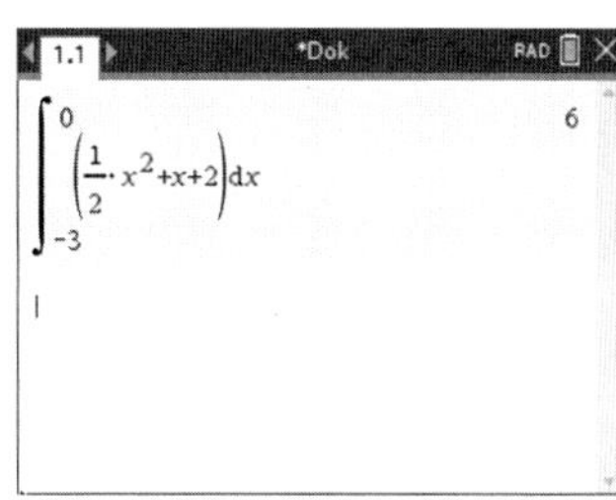

b) Zuerst gibst du die Funktionen in einer Graph-Seite in die Eingabezeile ein. Als nächstes wählst du mit [menu] → Graph analysieren → Begrenzter Bereich die Schnittpunkte.

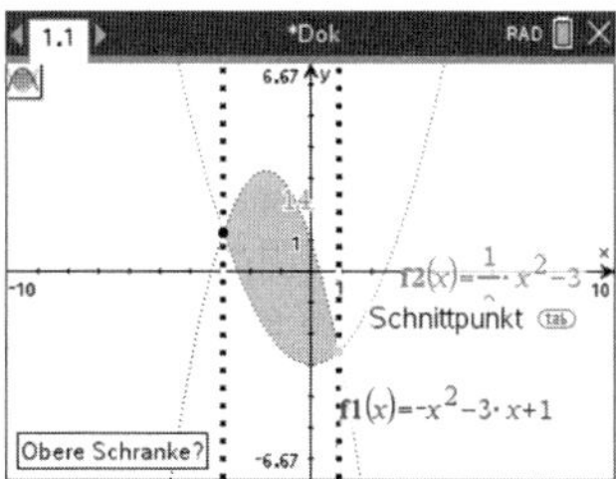

Der Flächeninhalt beträgt also 14 FE.

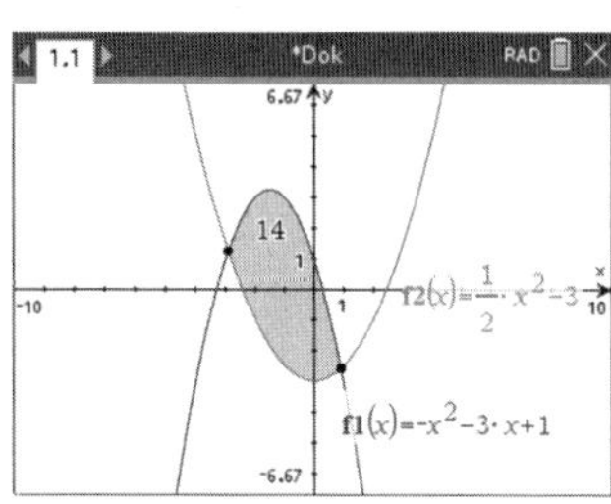

6.6 Lösungen – Kurvenscharen

a) Du gibst die Funktion in die Eingabezeile ein. An der Stelle des Parameters t fügst du eine geschweifte Klammer ein, in die du die Werte des Parameters durch Kommas getrennt einfügst.

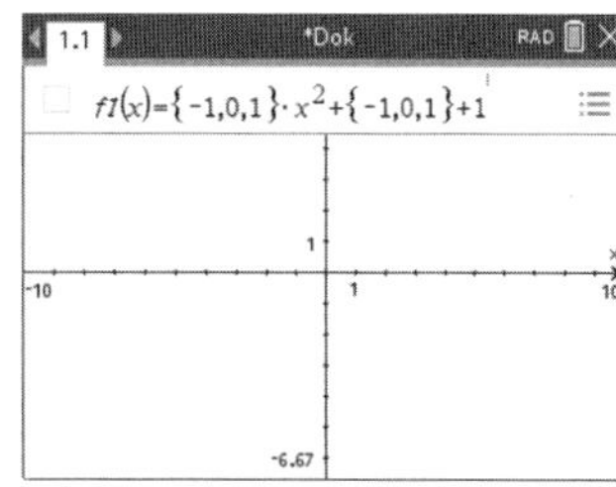

Nachdem du mit [enter] bestätigt hast, werden die zugehörigen Funktionsgraphen gezeichnet.

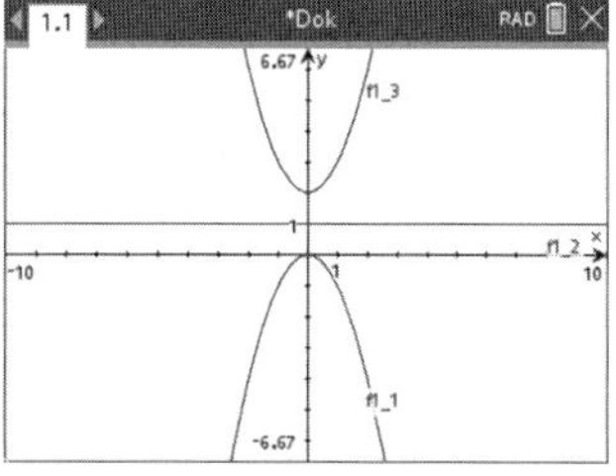

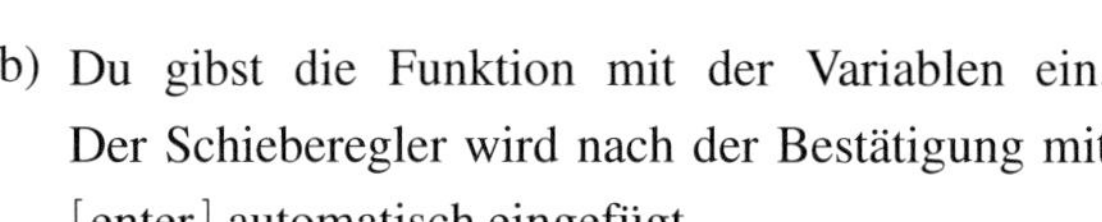

b) Du gibst die Funktion mit der Variablen ein. Der Schieberegler wird nach der Bestätigung mit [enter] automatisch eingefügt.

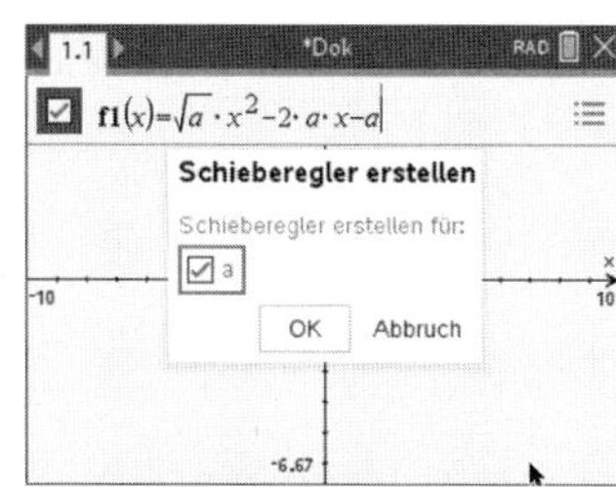

Nach einer erneuten Bestätigung wird die Funktion mit dem Schieberegler angezeigt.

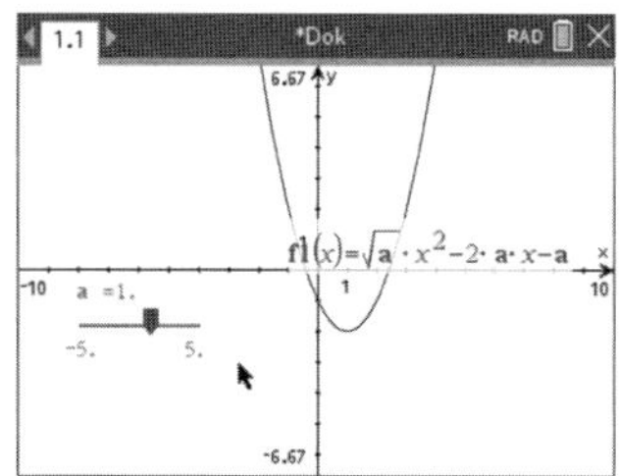

6.7 Lösungen – Tangenten

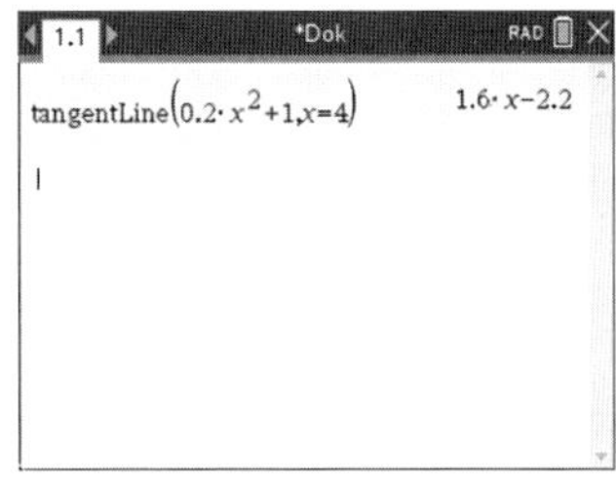

a) Da keine Funktionsgraphen gezeichnet werden sollen, kannst du den Funktionsterm direkt in den Tangentenbefehl eingeben, den du mit [menu] → Analysis → Tangententerm aufrufst. Die Gleichung der Tangente im Punkt (-4 | 4,2) ist damit $t\colon y = -1{,}6x - 2{,}2$.

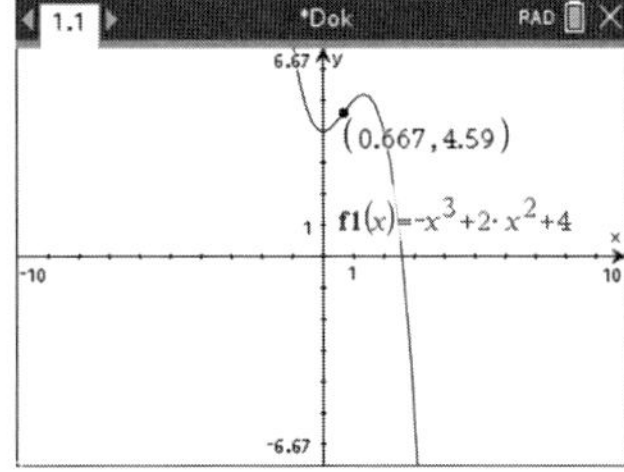

b) Du gibst den Funktionsterm in die Eingabezeile ein. Mit [menu] → Graph analysieren → Wendepunkt rufst du die Funktion zur Bestimmung des Wendepunkts auf, wählst eine untere und eine obere Schranke und bestätigst jeweils mit [enter]. Die Koordinaten des Wendepunkts werden angezeigt: W $(0{,}67 \mid 4{,}59)$.

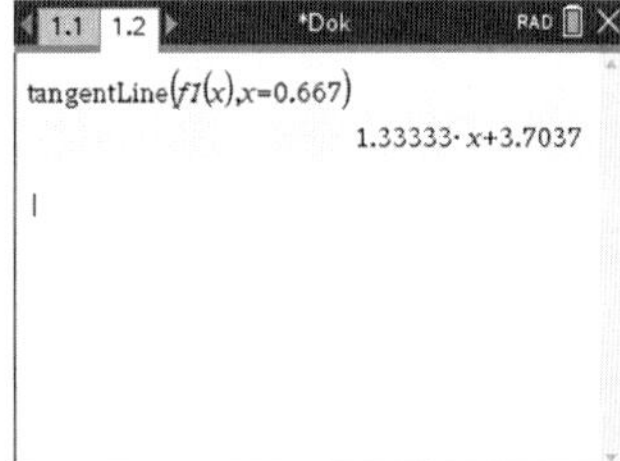

Nun fügst du ein Calc-Fenster hinzu, rufst den Tangentenbefehl mit [menu] → Analysis → Tangententerm auf und gibst $f1(x)$ und $x = 0{,}667$ ein. Die Wendetangente hat also die Gleichung $t\colon y = 1{,}33x + 3{,}7$.

7 Vektoren

Um mit Vektoren zu rechnen, rufst du zunächst eine Calculator-Seite auf. In dieser kannst du die Vektoren eingeben.

Es gibt verschiedene Möglichkeiten, einen Vektor einzugeben. Ein Weg ist mit ctrl [[ ]]. Anschließend benutzt du [↵], um weitere Koeffizienten hinzuzufügen.
Für einen dreidimensionalen Vektor musst du also zwei mal [↵] drücken.

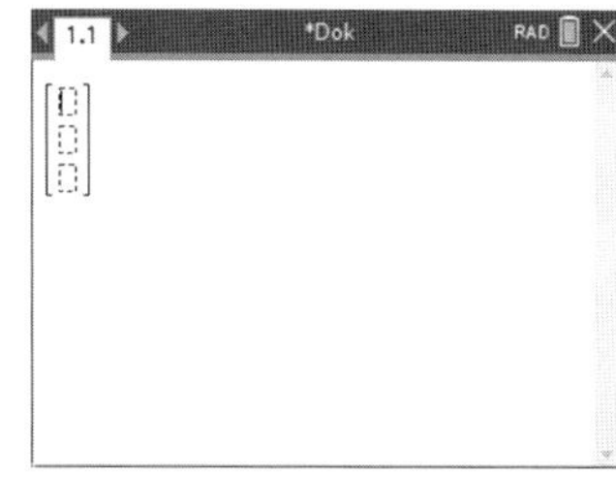

Die zweite Möglichkeit besteht darin, mit Hilfe von [|▫|{▫] eine Vektorvorlage auszuwählen. Es wird ein zweidimensionaler Vektor eingefügt, den du mit [↵] noch erweitern kannst.

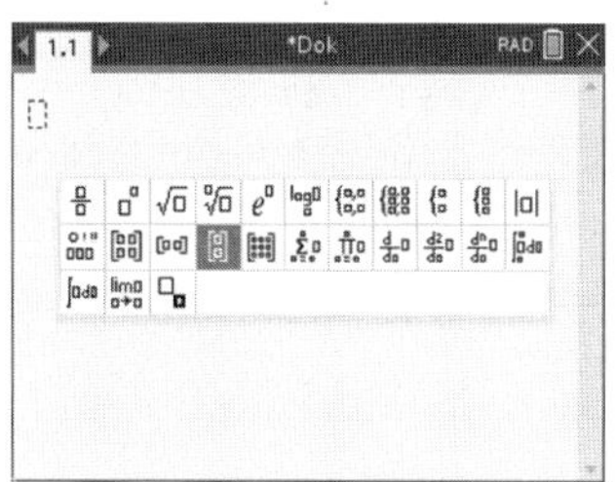

Um einen Vektor $\vec{a}$ zu definieren, gehst du vor wie bei der Definition von Variablen (vgl. Seite 17). Du kannst also z.B. ctrl [:=] benutzen.

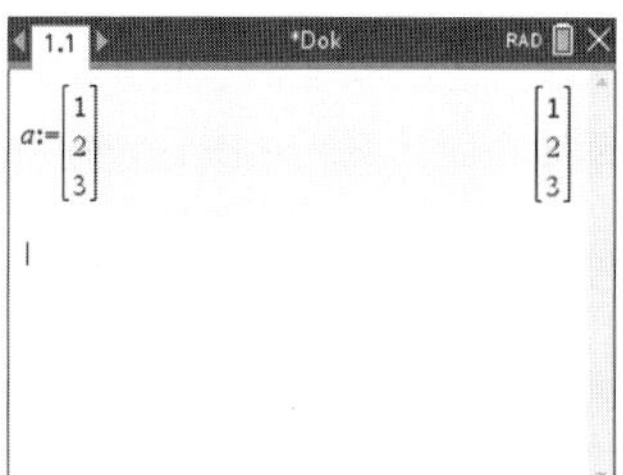

- Du kannst mit den Vektoren auch «direkt» rechnen, ohne diesen vorher eine Variable zuzuweisen.
- Es gibt verschiedene Vektorformate, die du bei den Dokumenteinstellungen (siehe Seite 171) auswählen kannst. Das übliche Vektorformat ist «kartesisch».

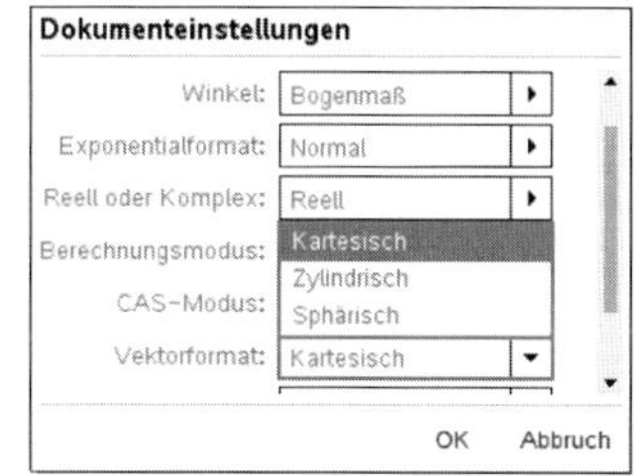

7.1 Addition, Subtraktion, Betrag, Normieren

Prinzipiell ist es möglich, alle Rechnungen direkt mit den Vektoren auszuführen. In der Regel lohnt es sich aber, zuerst die Vektoren als Variablen zu speichern, da man sie dann nicht bei jeder Rechenoperation neu eingeben muss.

Beispiele

Es sind die beiden Vektoren $\vec{a} = \begin{pmatrix} 1 \\ 2 \\ -3 \end{pmatrix}$ und $\vec{b} = \begin{pmatrix} 0 \\ 1 \\ 2 \end{pmatrix}$ gegeben.

Gesucht sind die Summe $\vec{a}+\vec{b}$, die Differenz $\vec{a}-\vec{b}$ sowie der Betrag von $\vec{a}$.

Zuerst definierst du die beiden Vektoren $\vec{a}$ und $\vec{b}$, da mehrere Berechnungen durchgeführt werden sollen.

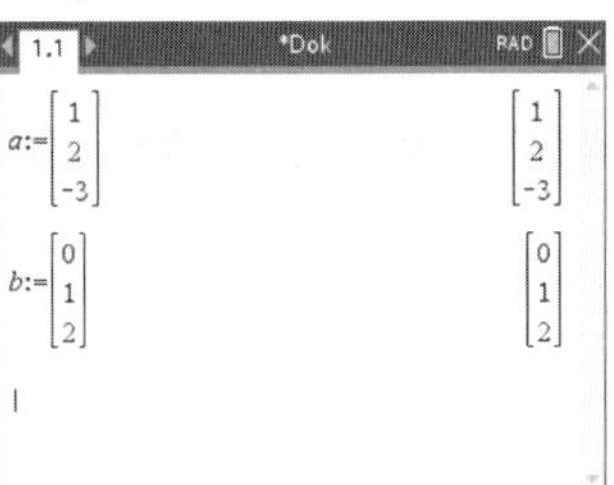

Anschließend kannst du $\vec{a}$ und $\vec{b}$ direkt addieren, das Ergebnis wird rechts angezeigt. Die Differenz $\vec{a}-\vec{b}$ wird genauso berechnet.

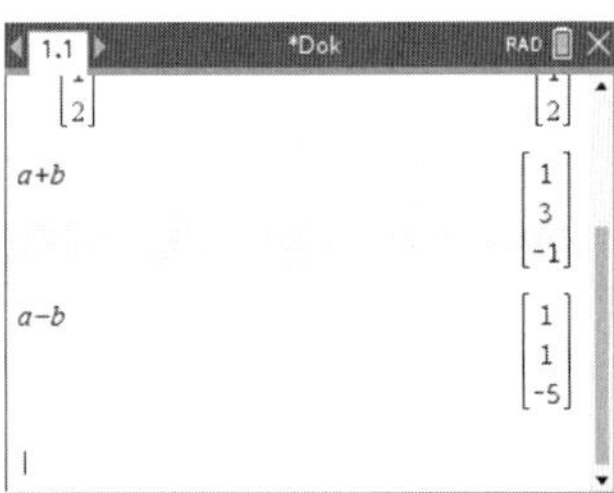

Der Betrag des Vektors wird mit dem Befehl norm berechnet. Diesen erhältst du mit [menu] → Matrix und Vektor → Normen → Norm. Der Betrag des Vektors $\vec{a}$ ist also $|\vec{a}| = \sqrt{14} \approx 3{,}74$ (die dezimale Lösung wurde mit [≈] eingefügt).

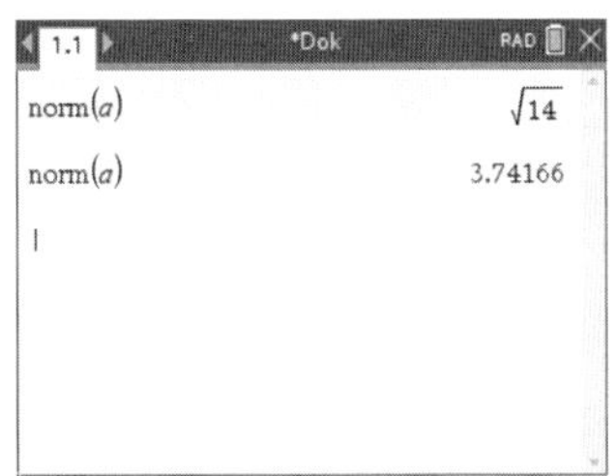

Um den Vektor $\vec{a}$ auf die Länge 1 zu normieren, verwendest du [menu] → Matrix und Vektor → Vektor → Einheitsvektor.

Damit erhältst du $\frac{\vec{a}}{|\vec{a}|} \approx \begin{pmatrix} 0{,}27 \\ 0{,}53 \\ -0{,}80 \end{pmatrix}$.

Übungen

Gegeben sind: $\vec{a} = \begin{pmatrix} 1 \\ 1 \\ -3 \end{pmatrix}$ und $\vec{b} = \begin{pmatrix} 7 \\ 1 \\ 3 \end{pmatrix}$. Berechne

a) $\vec{a}+\vec{b}$ b) $\vec{a}-\vec{b}$ c) $2\vec{a}+3\vec{b}$ d) $|\vec{a}|$ e) $|\vec{a}+\vec{b}|$ f) $\frac{\vec{a}}{|\vec{a}|}$.

7.2 Skalarprodukt, Kreuzprodukt, Winkelberechnungen

Es ist auch möglich, das Skalarprodukt und das Kreuzprodukt von zwei Vektoren zu berechnen. Diese Rechenoperationen findest du unter [menu] → Matrix und Vektor → Vektor.

frv.tv/ti

Beispiele

Es sind die beiden Vektoren $\vec{a} = \begin{pmatrix} 1 \\ 2 \\ -3 \end{pmatrix}$ und $\vec{b} = \begin{pmatrix} 0 \\ 1 \\ 2 \end{pmatrix}$ gegeben. Diese werden wie im vorangegangenen Kapitel eingegeben.

Um das Skalarprodukt zu berechnen, fügst du den Befehl dotP ein mit [menu] → Matrix und Vektor → Vektor → Skalarprodukt, anschließend die beiden Vektoren $\vec{a}$ und $\vec{b}$, getrennt durch ein Komma. Du bestätigst zum Schluss mit [enter].

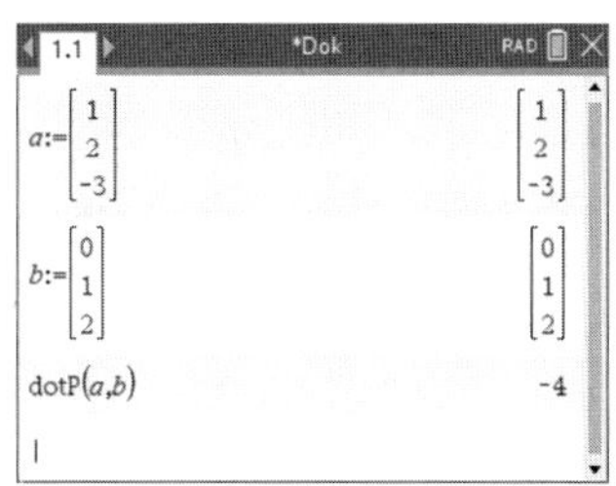

Um das Kreuzprodukt zu berechnen, fügst du den Befehl crossP ein mit [menu] → Matrix und Vektor → Vektor → Kreuzprodukt, anschließend die beiden Vektoren $\vec{a}$ und $\vec{b}$, getrennt durch ein Komma. Du bestätigst zum Schluss mit [enter].

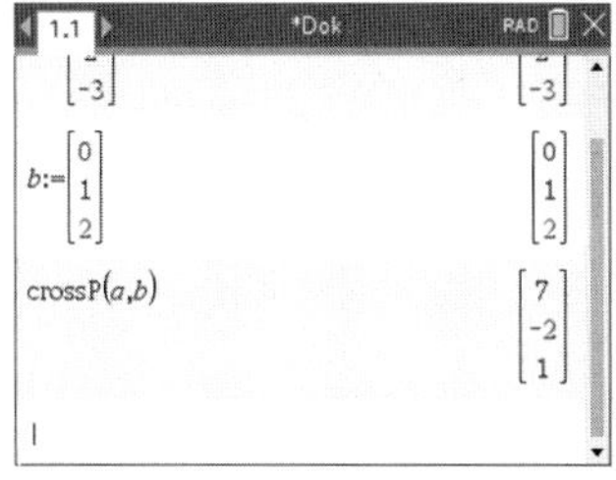

Auch der Winkel zwischen den beiden Vektoren $\vec{a}$ und $\vec{b}$ kann ausgerechnet werden: Für den Winkel α zwischen den Vektoren $\vec{a}$ und $\vec{b}$ gilt:

$$\cos\alpha = \frac{\vec{a}\cdot\vec{b}}{|\,\vec{a}\,|\cdot|\,\vec{b}\,|}$$

Du kannst die Winkelberechnung komplett eingeben und bestätigst mit [enter]. (Achte darauf, dass das Dokument auf Grad und nicht auf Bogenmaß eingestellt ist, siehe Seite 171.) Die Funktion $\cos^{-1}$ befindet sich bei [trig].

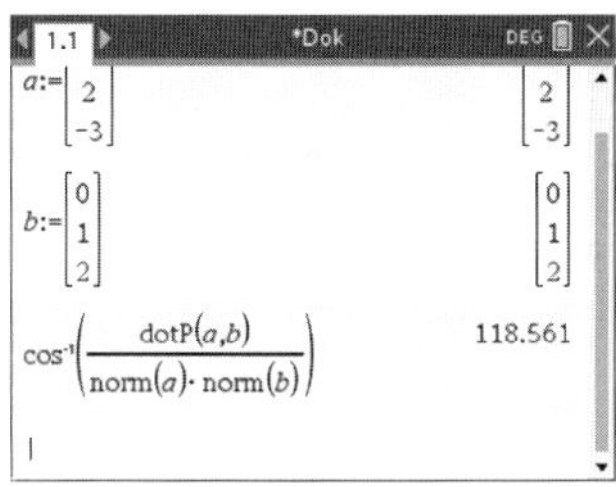

Übungen

Gegeben sind: $\vec{a} = \begin{pmatrix} 1 \\ 1 \\ -3 \end{pmatrix}$ und $\vec{b} = \begin{pmatrix} 7 \\ 1 \\ 3 \end{pmatrix}$.

Berechne:

a) $\vec{a} \cdot \vec{b}$ b) $\vec{a} \times \vec{b}$ c) den Winkel zwischen $\vec{a}$ und $\vec{b}$.

7.3 Geradengleichung, Punktprobe

frv.tv/ti

Es ist möglich, mit dem TI-Nspire™ CX CAS Geradengleichungen darzustellen und entsprechende Berechnungen durchzuführen. Wenn nicht anders angegeben, gilt in den folgenden Aufgaben für alle Parameter: $r, s, t, \ldots \in \mathbb{R}$.

Beispiele

Es ist die Gerade g: $\vec{x} = \begin{pmatrix} 1 \\ 2 \\ 3 \end{pmatrix} + s \cdot \begin{pmatrix} 1 \\ 1 \\ 2 \end{pmatrix}$ gegeben.

Berechne den Punkt auf der Geraden für den Wert des Parameters $s = 2$. Prüfe, ob die Punkte $\mathrm{P}(2 \mid 7 \mid 0)$ und $\mathrm{Q}(3{,}5 \mid 4{,}5 \mid 8)$ auf der Geraden liegen.

Zuerst gibst du die Geradengleichung ein. Dazu benutzt du z.B. die Vektorvorlage unter [ ] und [↵], um die dritte Zeile hinzuzufügen.

Um den Punkt auf der Geraden für $s = 2$ zu ermitteln, berechnest du $g(2)$.

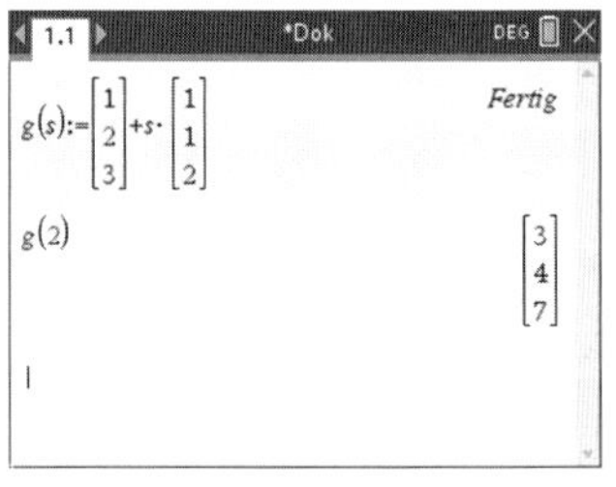

Um zu prüfen, ob der Punkt $\mathrm{P}(2 \mid 7 \mid 0)$ auf der Gerade liegt, löst du die Gleichung $g(s) = \begin{pmatrix} 2 \\ 7 \\ 0 \end{pmatrix}$ nach s auf.

Benutze dazu [menu] → Algebra → Löse.

false bedeutet, dass der Punkt nicht auf der Geraden liegt.

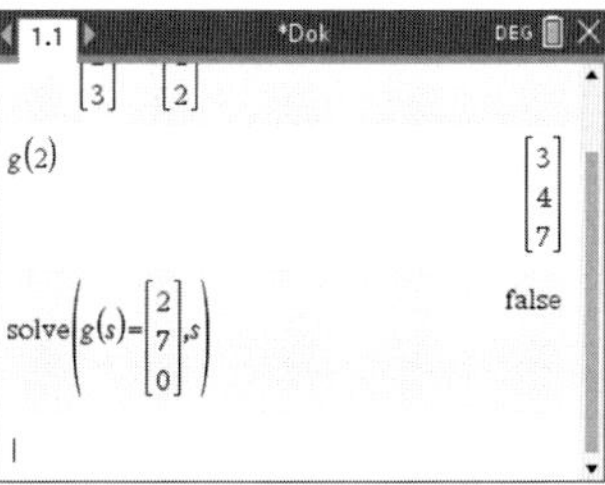

Um zu prüfen, ob der Punkt Q$(3,5 \mid 4,5 \mid 8)$ auf der Geraden liegt, löst du die Gleichung $g(s) = \begin{pmatrix} 3,5 \\ 4,5 \\ 8 \end{pmatrix}$ nach s auf. Das Ergebnis $s = 2,5$ bedeutet, dass der Punkt auf der Geraden liegt.

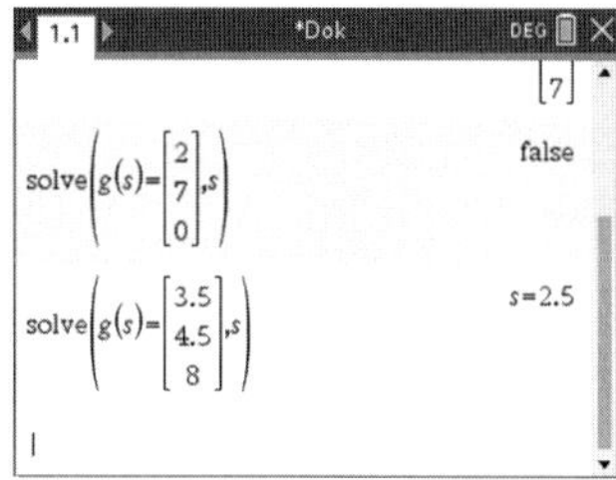

- Um die Gerade als Variable zu speichern, ist es auch möglich, anstatt des Befehls :=, den Befehl sto → zu verwenden.

Übungen

Es ist die Gerade g: $\vec{x} = \begin{pmatrix} 1 \\ 0 \\ 2 \end{pmatrix} + t \cdot \begin{pmatrix} 2 \\ 1 \\ -1 \end{pmatrix}$ gegeben.

Berechne den Geradenpunkt für $t = 3$ und prüfe, ob die Punkte A$(3 \mid 0 \mid 4)$ und B$(-4 \mid -2,5 \mid 4,5)$ auf der Geraden liegen.

7.4 Gegenseitige Lage von zwei Geraden

Mit dem TI-Nspire CX CAS kann die gegenseitige Lage von zwei Geraden bestimmt werden. Dazu werden zuerst die beiden Geradengleichungen eingegeben. Anschließend wird die Gleichung $g_1 = g_2$ nach den beiden Parametern aufgelöst.

frv.tv/ti

Beispiele

Gesucht ist die gegenseitige Lage von g: $\vec{x} = \begin{pmatrix} 1 \\ 2 \\ 3 \end{pmatrix} + s \cdot \begin{pmatrix} 1 \\ 1 \\ 2 \end{pmatrix}$ und

h_1: $\vec{x} = \begin{pmatrix} 4 \\ 3 \\ 7 \end{pmatrix} + t \cdot \begin{pmatrix} 2 \\ 1 \\ 3 \end{pmatrix}$, h_2: $\vec{x} = \begin{pmatrix} 4 \\ 3 \\ 2 \end{pmatrix} + t \cdot \begin{pmatrix} 3 \\ 3 \\ 6 \end{pmatrix}$ und h_3: $\vec{x} = \begin{pmatrix} 4 \\ 5 \\ 9 \end{pmatrix} + t \cdot \begin{pmatrix} 3 \\ 3 \\ 6 \end{pmatrix}$

Zuerst gibst du die beiden Geradengleichungen ein.
Im nächsten Schritt (siehe nächsten Screenshot) wird die Gleichung $g(s) = h1(t)$ mit Hilfe von [menu] →Algebra → Löse gelöst. Du kannst den Befehl solve auch direkt eingeben.
Durch ein Komma getrennt werden die beiden Parameter s und t eingegeben.

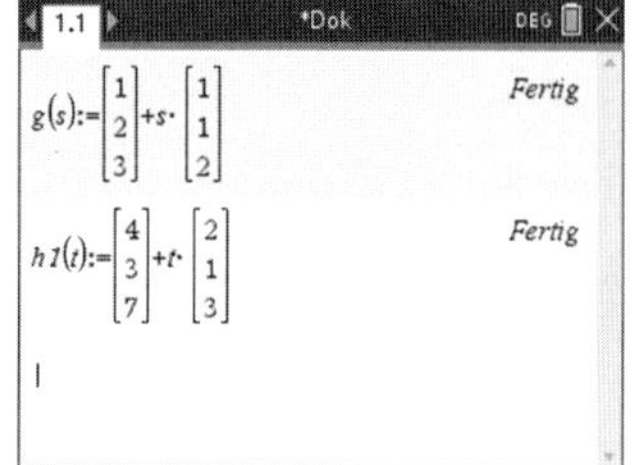

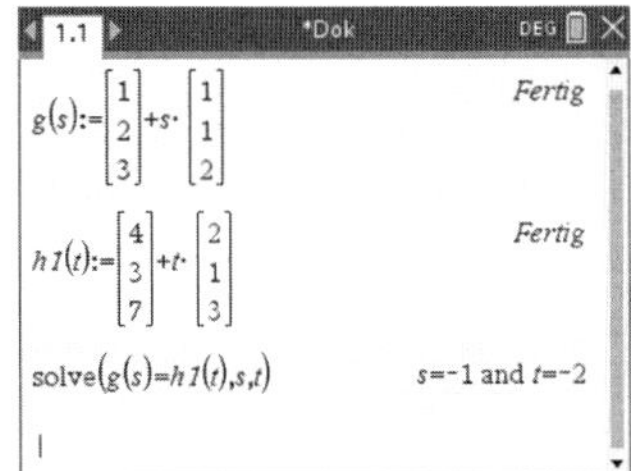

Es werden die Werte der beiden Parameter für den Schnittpunkt angezeigt. Um diesen zu bestimmen, berechnest du noch $g(-1)$. Der Schnittpunkt lautet also $S(0\,|\,1\,|\,1)$.

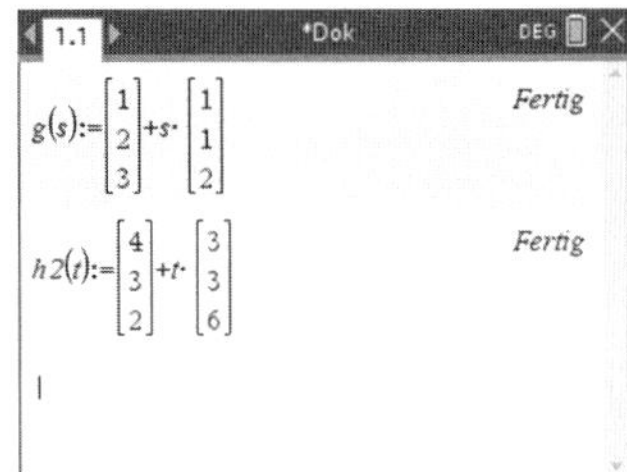

Um die gegenseitige Lage von g und h_2 zu untersuchen, gehst du genau so vor, indem du zunächst die Geradengleichung eingibst (dabei muss g nicht ein weiteres Mal eingegeben werden).

Das Ergebnis false sagt nur aus, dass g und h_2 keine gemeinsamen Punkte besitzen. Um zwischen «parallel» und «windschief» zu unterscheiden, müssen die Richtungsvektoren auf lineare Abhängigkeit geprüft werden. Man kann direkt ablesen, dass der Richtungsvektor von h_2 das dreifache des Richtungsvektors von g ist. Daher sind g und h_2 parallel.

Zum Schluss wird die gegenseitige Lage von g und h_3 auf die gleiche Weise untersucht.
Die Anzeige der Variable **c1** zeigt, dass es unendlich viele Lösungen gibt, also sind die beiden Geraden identisch.

Übungen

Es ist die Gerade $g\colon\ \vec{x} = \begin{pmatrix}1\\0\\2\end{pmatrix} + s\cdot\begin{pmatrix}2\\1\\-1\end{pmatrix}$ gegeben.

Berechne die gegenseitige Lage von g und

a) $h_1\colon\ \vec{x} = \begin{pmatrix}1\\0\\4\end{pmatrix} + t\cdot\begin{pmatrix}-3\\-1,5\\-1,5\end{pmatrix}$, b) $h_2\colon\ \vec{x} = \begin{pmatrix}2\\1\\3\end{pmatrix} + t\cdot\begin{pmatrix}-3\\-1,5\\1,5\end{pmatrix}$,

c) $h_3\colon\ \vec{x} = \begin{pmatrix}4\\2\\1\end{pmatrix} + t\cdot\begin{pmatrix}1\\0\\2\end{pmatrix}$, d) $h_4\colon\ \vec{x} = \begin{pmatrix}5\\2\\0\end{pmatrix} + t\cdot\begin{pmatrix}4\\2\\-2\end{pmatrix}$.

7.5 Ebenengleichung, Punktprobe

Mit dem TI-Nspire CX CAS können Ebenengleichungen dargestellt und Berechnungen durchgeführt werden, wie z.B. Punktproben, die gegenseitige Lage von Geraden und Ebenen oder die gegenseitige Lage von zwei Ebenen. Dabei bietet sich die Parameterform an, es ist aber auch möglich, mit der Punkt-Normalenform oder der Koordinatenform zu arbeiten.

Beispiele

Es ist die Ebene E: $\vec{x} = \begin{pmatrix} 1 \\ 2 \\ 3 \end{pmatrix} + r \cdot \begin{pmatrix} 2 \\ 1 \\ -1 \end{pmatrix} + s \cdot \begin{pmatrix} 3 \\ 2 \\ 3 \end{pmatrix}$ gegeben.

Berechne den Punkt in der Ebene für $r = 1$ und $s = -2$ und prüfe, ob die Punkte P (2 | 7 | 0) und Q (8 | 7 | 13) in der Ebene liegen.

Zuerst gibst du die Ebenengleichung ein. Dazu benutzt du z.B. die Vektorvorlage unter [⊞{⊟] und [↵], um die dritte Zeile hinzuzufügen.
Die Ebene wird in Abhängigkeit von r und s eingegeben, daher gibst du $e(r, s)$ ^{ctrl} [:=] ein.

Um den Punkt in der Ebene für $r = 1$, $s = -2$ zu ermitteln, berechnest du $e(1, -2)$. Der Punkt ist also P (-3 | -1 | -4).

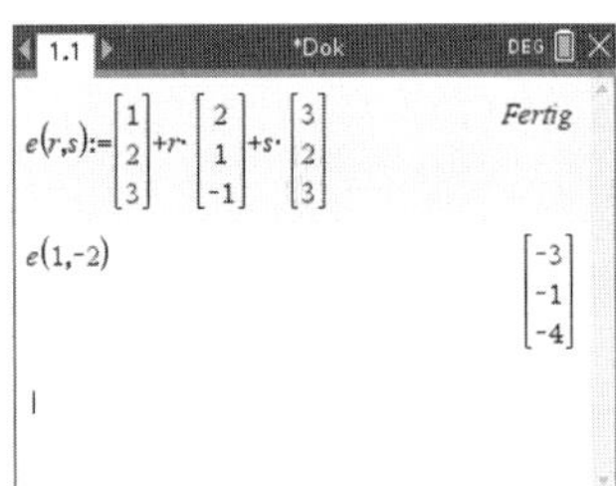

Um zu prüfen, ob der Punkt P (2 | 7 | 0) in der Ebene liegt, löst du die Gleichung $e(r, s) = \begin{pmatrix} 2 \\ 7 \\ 0 \end{pmatrix}$ nach r und s auf. Du benutzt dazu [menu] → Algebra → Löse.
false bedeutet, dass der Punkt nicht in der Ebene liegt.

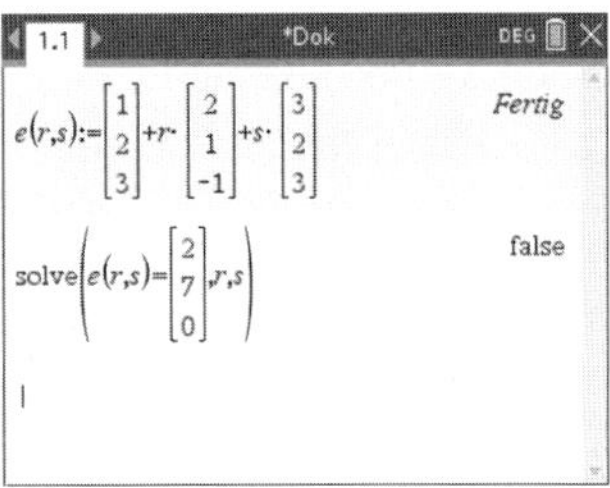

Um zu prüfen, ob der Punkt P (8 | 7 | 13) in der Ebene liegt, löst du die Gleichung $e(r, s) = \begin{pmatrix} 8 \\ 7 \\ 13 \end{pmatrix}$ nach r und s auf. Die angezeigten Parameterwerte bedeuten, dass der Punkt in der Ebene liegt.

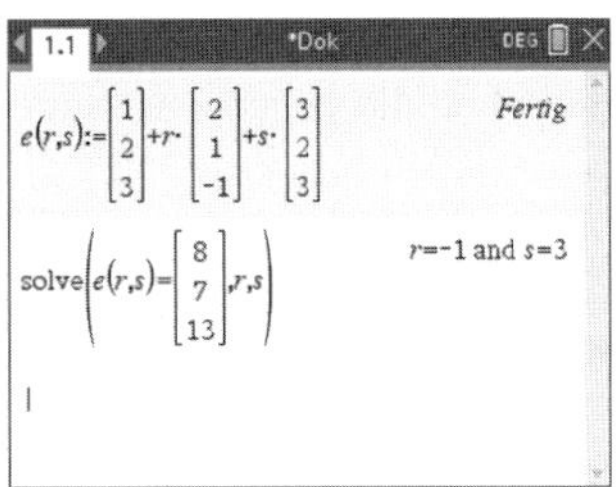

- Um eine Ebene in Normalenform einzugeben, musst du zuerst einen Vektor $\vec{x}$ definieren. Anschließend kannst du den Stützvektor und den Normalenvektor eingeben. Das Skalarprodukt kannst du auch direkt als dotP eingeben.

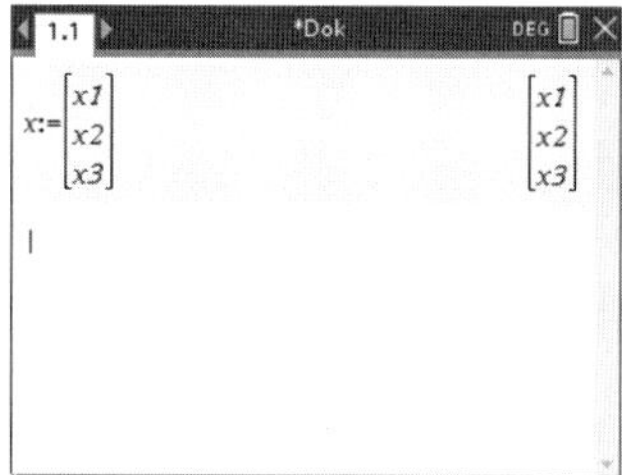

Rechts wurde die Ebene

$$E: \left(\vec{x} - \begin{pmatrix} 1 \\ 1 \\ -3 \end{pmatrix}\right) \cdot \begin{pmatrix} 1 \\ 0 \\ 2 \end{pmatrix} = 0$$

eingegeben.

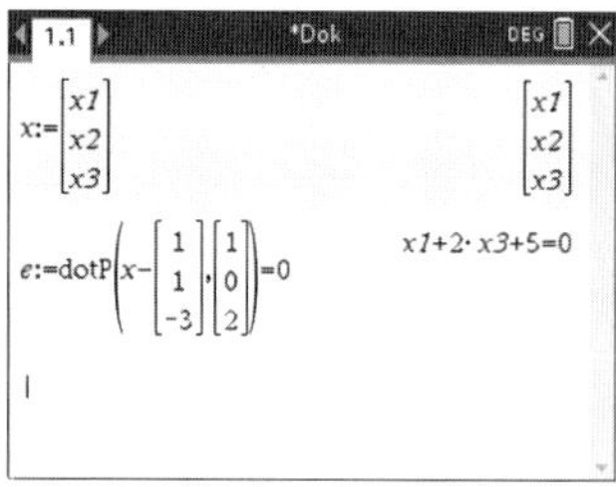

Übungen

Es ist die Ebene E: $\vec{x} = \begin{pmatrix} 2 \\ 0 \\ 3 \end{pmatrix} + r \cdot \begin{pmatrix} -2 \\ 1 \\ 0 \end{pmatrix} + s \cdot \begin{pmatrix} 0 \\ 5 \\ 1 \end{pmatrix}$ gegeben.

Berechne den Punkt in der Ebene für $r = 2$ und $s =$ -2 und prüfe, ob die Punkte A (-2 | -3 | 2) und B (1 | 2 | 0) in der Ebene liegen.

7.6 Gegenseitige Lage von Gerade und Ebene

frv.tv/ti

Um die gegenseitige Lage einer Geraden und einer Ebene in Parameterform zu berechnen, werden diese zunächst eingegeben. Anschließend setzt man sie gleich und löst die Gleichung nach den drei Parametern auf. Je nach gegenseitiger Lage erhält man ein eindeutiges Ergebnis (Schnittpunkt), keine Lösung (Gerade und Ebene parallel) oder unendlich viele Lösungen (die Gerade liegt in der Ebene).

Beispiele

Es ist die Ebene E_1: $\vec{x} = \begin{pmatrix} 1 \\ 2 \\ 3 \end{pmatrix} + r \cdot \begin{pmatrix} 2 \\ 1 \\ -1 \end{pmatrix} + s \cdot \begin{pmatrix} 3 \\ 2 \\ 3 \end{pmatrix}$ gegeben.

Berechne die gegenseite Lage der Ebene und der Geraden g_1: $\vec{x} = \begin{pmatrix} 1 \\ 4 \\ 5 \end{pmatrix} + t \cdot \begin{pmatrix} 5 \\ 3 \\ 2 \end{pmatrix}$,

g_2: $\vec{x} = \begin{pmatrix} 3 \\ 4 \\ 3 \end{pmatrix} + t \cdot \begin{pmatrix} 1 \\ 1 \\ -4 \end{pmatrix}$ und g_3: $\vec{x} = \begin{pmatrix} 0 \\ 2 \\ 8 \end{pmatrix} + t \cdot \begin{pmatrix} 1 \\ 0 \\ -5 \end{pmatrix}$.

Zuerst gibst du die Ebenen- und die Geradengleichung ein. Dazu benutzt du z.B. die Vektorvorlage unter [▫{▫] und [↵], um die dritte Zeile hinzuzufügen.

```
e(r,s):=[1;2;3]+r·[2;1;-1]+s·[3;2;3]     Fertig
g1(t):=[1;4;5]+t·[5;3;2]                 Fertig
```

Nun setzt du die Ebene und die Gerade gleich und löst die Gleichung nach den Parametern *r*, *s*, *t* auf.
Das Ergebnis false bedeutet, dass es keine gemeinsamen Punkte von E und g_1 gibt, daher ist g_1 parallel zu E.

```
e(r,s):=[1;2;3]+r·[2;1;-1]+s·[3;2;3]     Fertig
g1(t):=[1;4;5]+t·[5;3;2]                 Fertig
solve(e(r,s)=g1(t),r,s,t)                false
```

Du verfährst mit g_2 analog. Als Ergebnis werden eindeutige Werte für die drei Parameter angezeigt; das heißt, E und g_2 schneiden sich.

```
solve(e(r,s)=g1(t),r,s,t)                false
g2(t):=[3;4;3]+t·[1;1;-4]                Fertig
solve(e(r,s)=g2(t),r,s,t)
                          r=-1 and s=1 and t=-1
```

Um die Koordinaten des Schnittpunkts zu bestimmen, berechnest du $g_2(-1)$ oder $e(-1, 1)$. Der Schnittpunkt ist damit S (2 | 3 | 7).

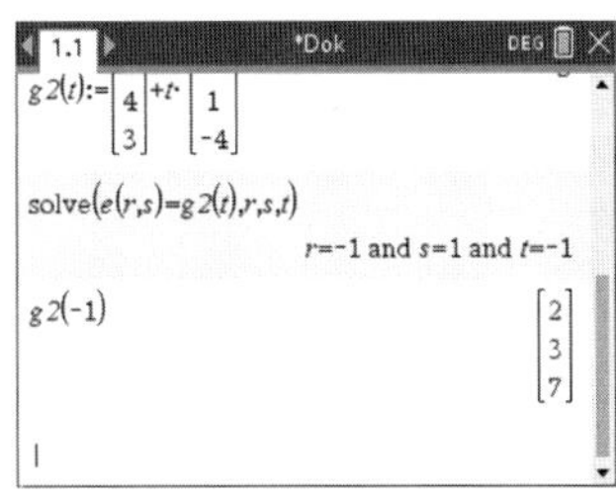

Wenn du g_3 und die Ebene E gleichsetzt, wird rechts in der Lösung die Variable **c1** angezeigt; das heißt, es gibt unendlich viele Lösungen. Also liegt die Gerade g_3 in der Ebene E.

```
e(r,s):=[2;3]+r·[1;-1]+s·[2;3]
g3(t):=[0;2;8]+t·[1;0;-5]                Fertig
solve(e(r,s)=g3(t),r,s,t)
        r=2·(c1-1) and s=-(c1-1) and t=c1
```

Übungen

Es ist die Ebene E: $\vec{x} = \begin{pmatrix} 2 \\ 0 \\ 3 \end{pmatrix} + r \cdot \begin{pmatrix} -2 \\ 1 \\ 0 \end{pmatrix} + s \cdot \begin{pmatrix} 0 \\ 5 \\ 1 \end{pmatrix}$ gegeben.

Berechne die gegenseite Lage der Ebene und der Geraden

a) $g_1\colon\ \vec{x} = \begin{pmatrix} 4 \\ 2 \\ 5 \end{pmatrix} + t \cdot \begin{pmatrix} 1 \\ 0 \\ 1 \end{pmatrix}$ b) $g_2\colon\ \vec{x} = \begin{pmatrix} 11 \\ 0 \\ 2 \end{pmatrix} + t \cdot \begin{pmatrix} 4 \\ 3 \\ 1 \end{pmatrix}$

c) $g_3\colon\ \vec{x} = \begin{pmatrix} 0 \\ 6 \\ 4 \end{pmatrix} + t \cdot \begin{pmatrix} 2 \\ -6 \\ -1 \end{pmatrix}$

7.7 Gegenseitige Lage zweier Ebenen

frv.tv/ti

Um die gegenseitige Lage von zwei Ebenen in Parameterform zu berechnen, werden diese zunächst eingegeben. Anschließend setzt man sie gleich und löst die Gleichung nach den Parametern der einen Ebene. Je nach gegenseitiger Lage erhält man ein Ergebnis (Schnittgerade), ein Ergebnis mit einem Parameter wie **c1** oder **c2** (beide Ebenen identisch) oder keine Lösung (beide Ebenen parallel).

Beispiele

Gesucht ist die gegenseitige Lage der Ebene E_1 und den Ebenen E_2, E_3 und E_4.

$$E_1\colon\ \vec{x} = \begin{pmatrix} -4 \\ 1 \\ 6 \end{pmatrix} + r \cdot \begin{pmatrix} 5 \\ -3 \\ -2 \end{pmatrix} + s \cdot \begin{pmatrix} 2 \\ 2 \\ -1 \end{pmatrix},\quad E_2\colon\ \vec{x} = \begin{pmatrix} 4 \\ 5 \\ -3 \end{pmatrix} + t \cdot \begin{pmatrix} 0 \\ -2 \\ 1 \end{pmatrix} + u \cdot \begin{pmatrix} -3 \\ 1 \\ 3 \end{pmatrix},$$

$$E_3\colon\ \vec{x} = \begin{pmatrix} 3 \\ 0 \\ 3 \end{pmatrix} + t \cdot \begin{pmatrix} 4 \\ 4 \\ -2 \end{pmatrix} + u \cdot \begin{pmatrix} 3 \\ -5 \\ -1 \end{pmatrix},\quad E_4\colon\ \vec{x} = \begin{pmatrix} 5 \\ 3 \\ 1 \end{pmatrix} + t \cdot \begin{pmatrix} 4 \\ 4 \\ -2 \end{pmatrix} + u \cdot \begin{pmatrix} 3 \\ -5 \\ -1 \end{pmatrix},$$

Zuerst gibst du die beiden Ebenengleichungen ein.

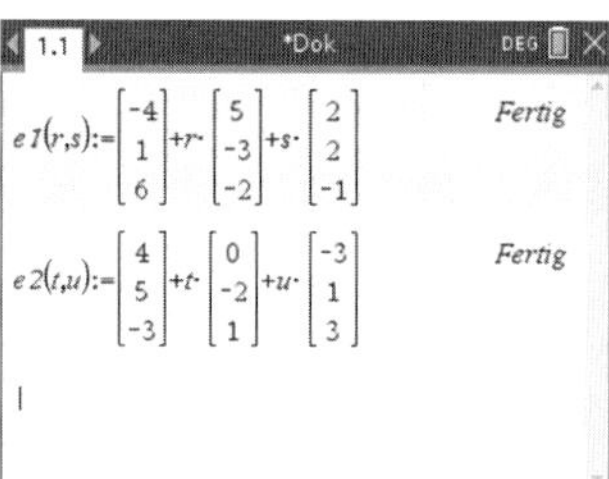

Nun setzt du die beiden Ebenenausdrücke gleich und löst die Gleichung mit solve nach den Parametern r, s und t auf.

1.1 *Dok DEG

$e1(r,s):=\begin{bmatrix} 1 \\ 6 \end{bmatrix}+r\cdot\begin{bmatrix} -3 \\ -2 \end{bmatrix}+s\cdot\begin{bmatrix} 2 \\ -1 \end{bmatrix}$

$e2(t,u):=\begin{bmatrix} 4 \\ 5 \\ -3 \end{bmatrix}+t\cdot\begin{bmatrix} 0 \\ -2 \\ 1 \end{bmatrix}+u\cdot\begin{bmatrix} -3 \\ 1 \\ 3 \end{bmatrix}$ Fertig

solve(e1(r,s)=e2(t,u),r,s,t)

$r=-(u-2)$ and $s=u-1$ and $t=-2\cdot(u-3)$

Nun verwendest du die eben berechneten Werte für die Parameter r und s und gibst sie als Argumente in E_1 ein. Die Gleichung der Schnittgeraden ist damit

$$g:\ \vec{x} = \begin{pmatrix} 4 \\ -7 \\ 3 \end{pmatrix} + v \cdot \begin{pmatrix} -3 \\ 5 \\ 1 \end{pmatrix}$$

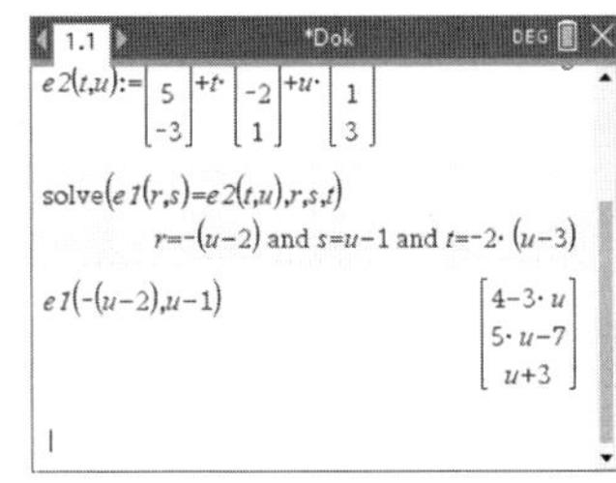

Sind die beiden Ebenen identisch, dann wird eine Lösung mit einem Parameter wie **c1** oder **c2** angezeigt.

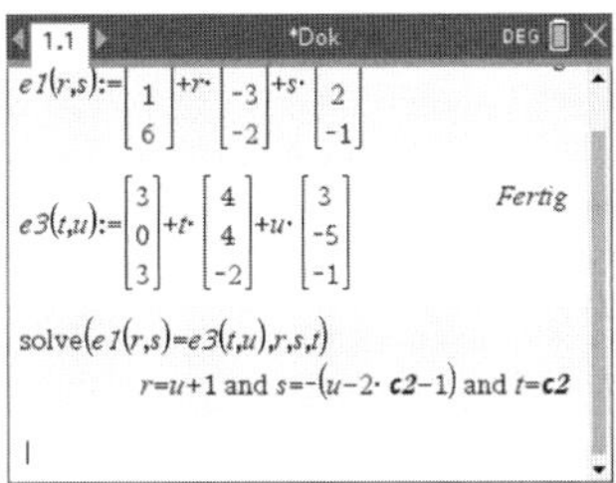

Wenn die beiden Ebenen parallel sind, gibt es keine gemeinsamen Punkte, daher wird als Ergebnis false angezeigt.

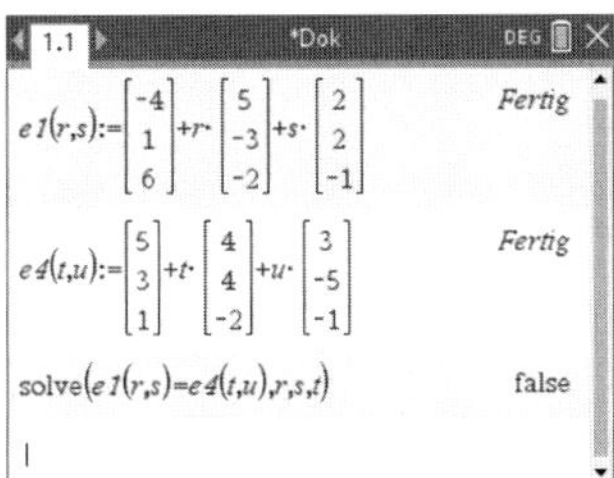

Übungen

Gesucht ist die gegenseitige Lage der Ebene E_1 und den Ebenen E_2, E_3 und E_4.

$$E_1:\ \vec{x} = \begin{pmatrix} 4 \\ 5 \\ 7 \end{pmatrix} + r \cdot \begin{pmatrix} 1 \\ 1 \\ 2 \end{pmatrix} + s \cdot \begin{pmatrix} 2 \\ 3 \\ 6 \end{pmatrix},\ E_2:\ \vec{x} = \begin{pmatrix} 2 \\ 5 \\ 9 \end{pmatrix} + t \cdot \begin{pmatrix} 2 \\ 0 \\ 2 \end{pmatrix} + u \cdot \begin{pmatrix} 0 \\ 3 \\ 6 \end{pmatrix}.$$

$$E_3:\ \vec{x} = \begin{pmatrix} 5 \\ 1 \\ 3 \end{pmatrix} + t \cdot \begin{pmatrix} 3 \\ 4 \\ 8 \end{pmatrix} + u \cdot \begin{pmatrix} 1 \\ 2 \\ 4 \end{pmatrix},\ E_4:\ \vec{x} = \begin{pmatrix} 7 \\ 9 \\ 15 \end{pmatrix} + t \cdot \begin{pmatrix} 2 \\ 4 \\ 8 \end{pmatrix} + u \cdot \begin{pmatrix} 4 \\ 5 \\ 10 \end{pmatrix}.$$

Lösungen

7.1 Lösungen – Addition, Subtraktion, Betrag, Normieren

Zuerst definierst du die beiden Vektoren $\vec{a}$ und $\vec{b}$.

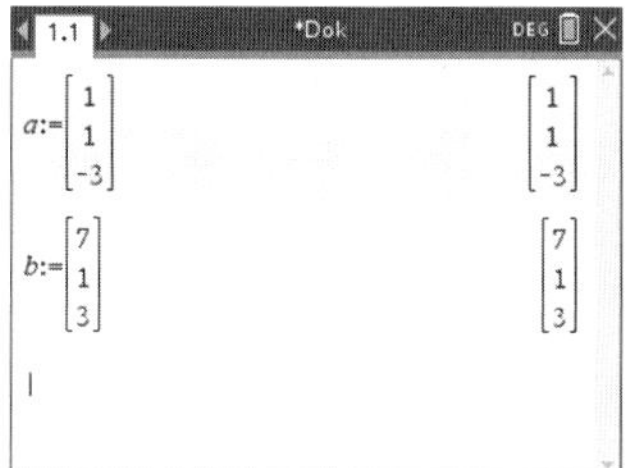

a) Du führst die Addition aus, der Ergebnisvektor wird direkt angezeigt.

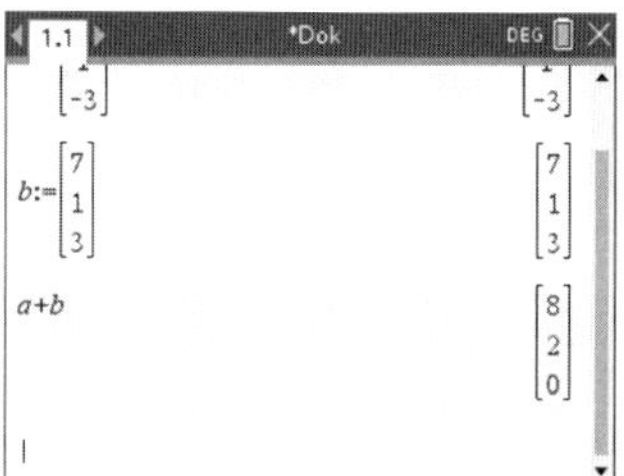

b) Du führst die Subtraktion aus, der Ergebnisvektor wird auch hier direkt angezeigt.

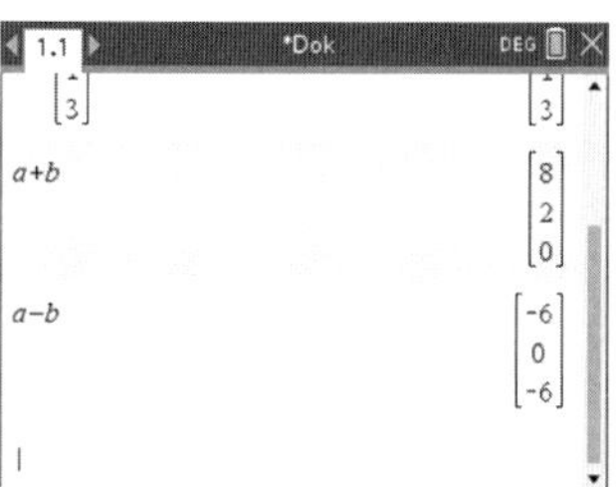

c) Auch bei der Multiplikation der Vektoren mit Zahlen sind keine Besonderheiten zu beachten.

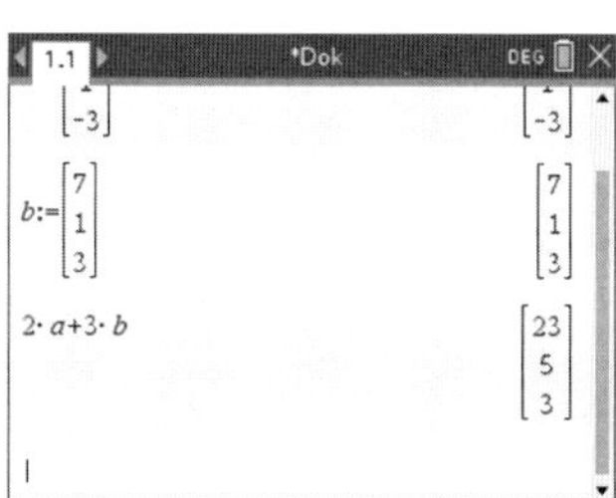

d) Um den Betrag zu berechnen, rufst du den zugehörigen Befehl auf mit [menu] → Matrix und Vektor → Normen → Norm (die dezimale Lösung wurde mit [≈] eingefügt).

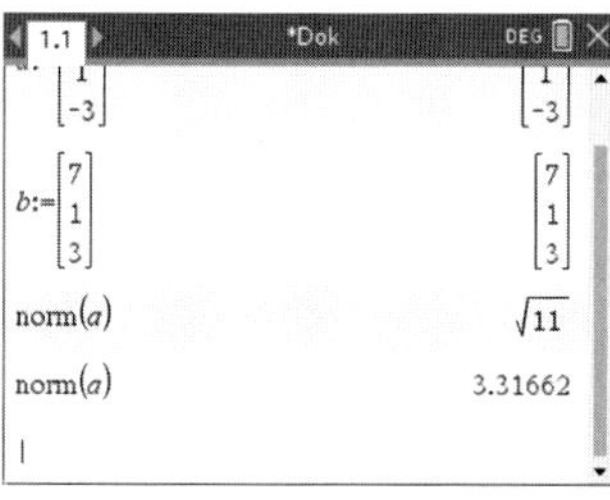

e) Auch bei der Berechnung des Betrags der Summe sind keine Besonderheiten zu beachten (die dezimale Lösung wurde mit [≈] eingefügt).

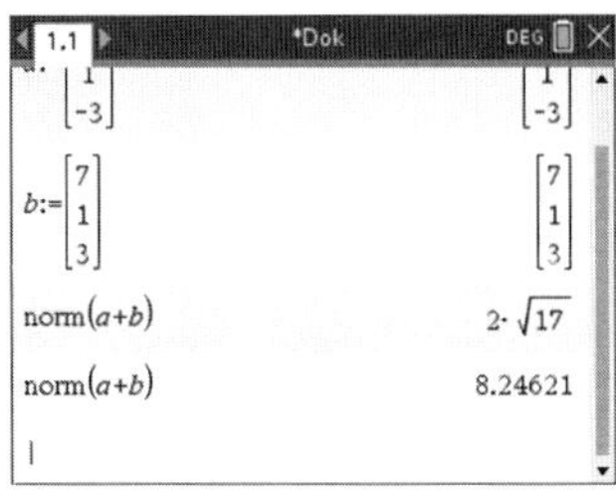

f) Um den Vektor $\vec{a}$ auf die Länge 1 zu normieren, verwendest du [menu] → Matrix und Vektor → Vektor → Einheitsvektor (die dezimale Lösung wurde mit [≈] eingefügt).

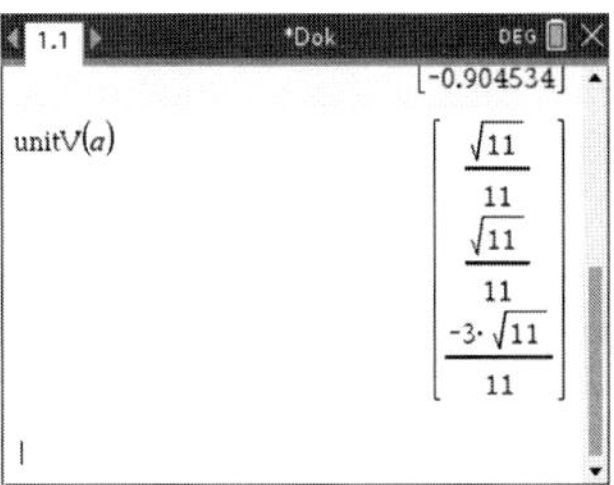

7.2 Lösungen – Skalarprod., Kreuzprod., Winkelberechnungen

a) Du definierst zuerst die beiden Vektoren $\vec{a}$ und $\vec{b}$. Nun benutzt du [menu] → Matrix und Vektor → Vektor → Skalarprodukt und gibst $\vec{a}$ und $\vec{b}$, getrennt durch ein Komma, ein.

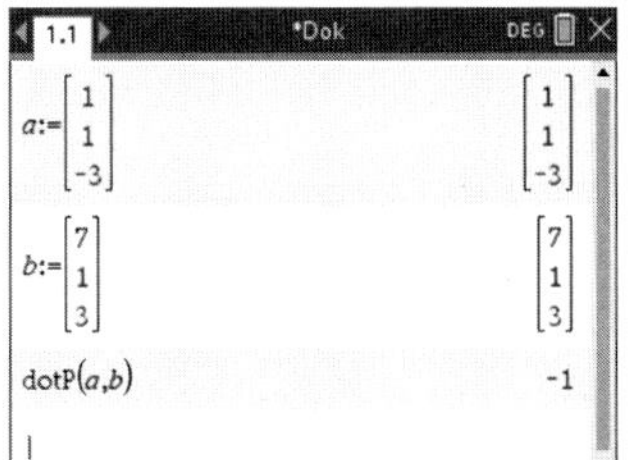

b) Du fügst den Befehl für das Kreuzprodukt mit [menu] → Matrix und Vektor → Vektor → Kreuzprodukt und anschließend die beiden Vektoren $\vec{a}$ und $\vec{b}$, getrennt durch ein Komma, ein.

c) Du kannst die Winkelberechnung komplett eingeben (achte darauf, dass das Dokument auf Grad und nicht auf Bogenmaß eingestellt ist).

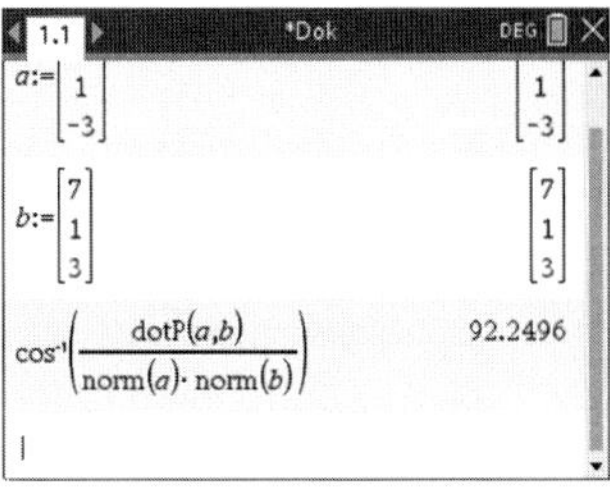

7.3 Lösungen – Geradengleichung, Punktprobe

Zuerst gibst du die Geradengleichung ein, dazu benutzt du z.B. die Vektorvorlage unter [▫{▫] und [↵], um die dritte Zeile hinzuzufügen.
Um den Punkt auf der Geraden für $t = 3$ zu ermitteln, berechnest du $g(3)$. Der gesuchte Punkt ist P (7 | 3 | -1).

Um zu prüfen, ob der Punkt A (3 | 0 | 4) auf der Geraden liegt, löst du die Gleichung $g(t) = \begin{pmatrix} 3 \\ 0 \\ 4 \end{pmatrix}$ nach t auf (mit [menu] →Algebra → Löse oder durch Eingeben von solve). Die Ausgabe von false bedeutet, dass der Punkt nicht auf der Geraden liegt.

Um zu prüfen, ob der Punkt B (-4 | -2,5 | 4,5) auf der Geraden liegt, löst du die Gleichung $g(t) = \begin{pmatrix} -4 \\ -2{,}5 \\ 4{,}5 \end{pmatrix}$ nach t auf (mit [menu] →Algebra → Löse oder durch eingeben von solve). Das Ergebnis $t =$ -2,5 bedeutet, dass der Punkt auf der Geraden liegt.

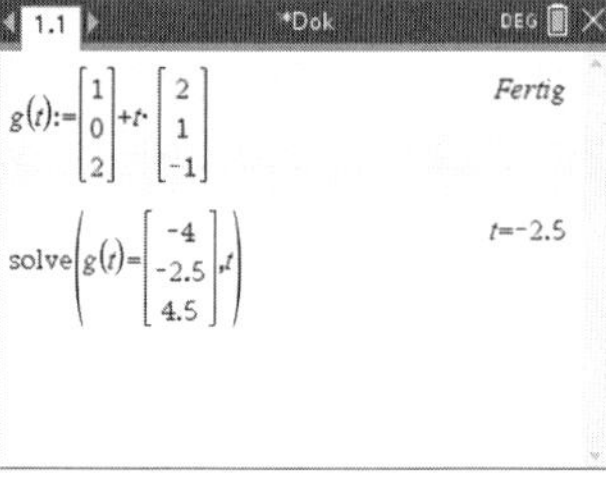

7.4 Lösungen – Gegenseitige Lage von zwei Geraden

Zuerst gibst du die Geradengleichung von g als $g(s)$ ein.

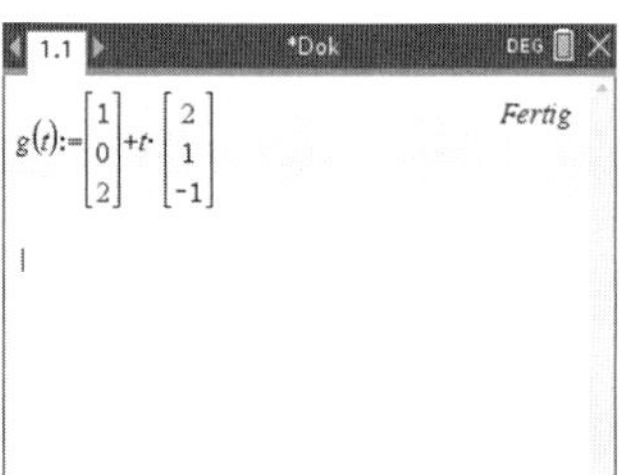

a) Im nächsten Schritt gibst du die Gleichung von h_1 ein. Anschließend wird die Gleichung $g(s) = h_1(t)$ mit Hilfe des solve-Befehls gelöst.

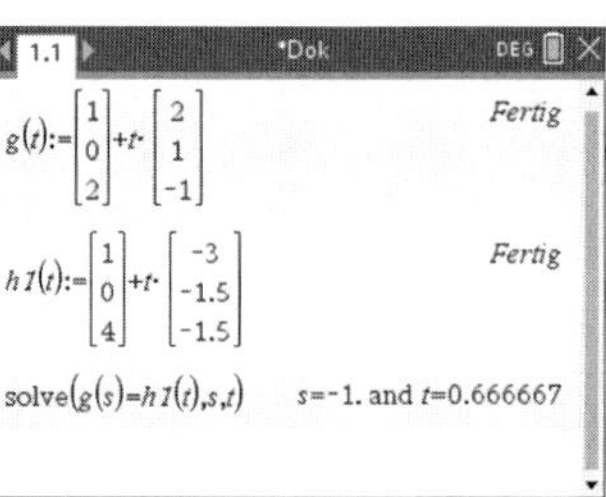

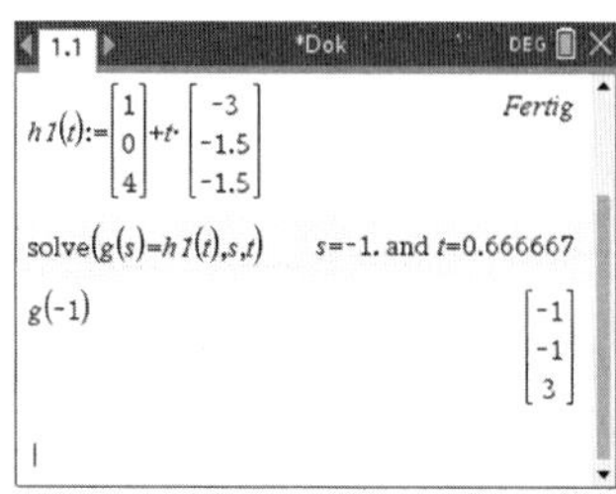

Es werden die Werte der beiden Parameter für den Schnittpunkt angezeigt. Um diesen zu bestimmen, berechnest du noch $g(-1)$. Der Schnittpunkt lautet also $S(-1 \mid -1 \mid 3)$.

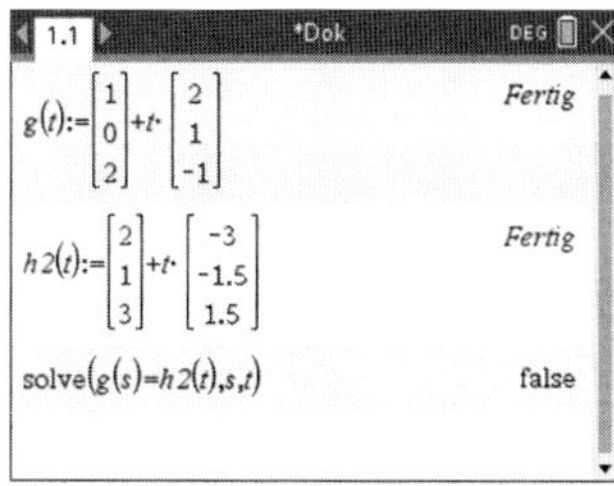

b) Du gibst die Gleichung von h_2 ein. Dann wird die Gleichung $g(s) = h_2(t)$ mit Hilfe des solve-Befehls gelöst. Das Ergebnis false sagt nur aus, dass g und h_2 keine gemeinsamen Punkte besitzen. Um zwischen «parallel» und «windschief» zu unterscheiden, müssen die Richtungsvektoren auf lineare Abhängigkeit geprüft werden.

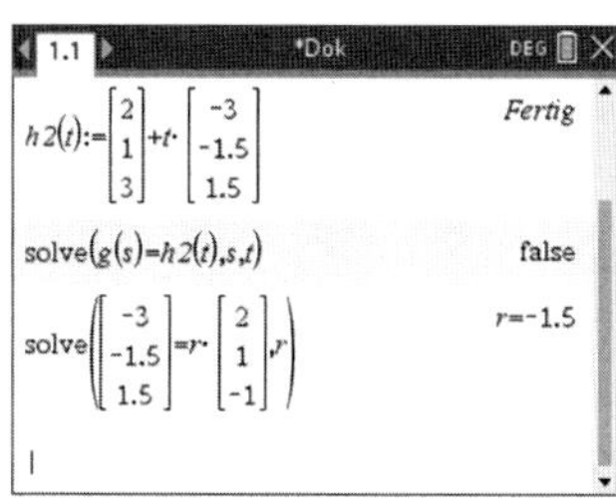

Dazu löst du die Gleichung

$$\begin{pmatrix} -3 \\ -1,5 \\ 1,5 \end{pmatrix} = r \cdot \begin{pmatrix} 2 \\ 1 \\ -1 \end{pmatrix}$$

nach r auf. Da es eine eindeutige Lösung gibt, sind die beiden Vektoren linear abhängig. Also sind g und h_2 parallel.

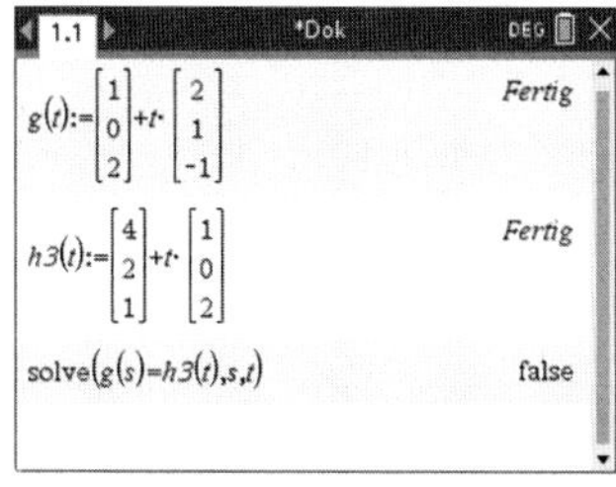

c) Du gibst die Gleichung von h_3 ein. Anschließend wird die Gleichung $g(s) = h_3(t)$ mit Hilfe des solve-Befehls gelöst. Das Ergebnis false sagt nur aus, dass g und h_3 keine gemeinsamen Punkte besitzen. Um zwischen «parallel» und «windschief» zu unterscheiden, müssen die Richtungsvektoren auf lineare Abhängigkeit geprüft werden.

Dies ist in diesem Beispiel ohne den Rechner direkt möglich: Da der Richtungsvektor von h_3 eine Null in der zweiten Komponente besitzt aber der Richtungsvektor von g nicht, können die beiden Vektoren nicht linear abhängig sein. Also sind die beiden Geraden windschief. (Sollte die lineare Abhängigkeit nicht direkt erkennbar sein, löst du die Gleichung wie bei b).

d) Du gibst die Gleichung von h_4 ein. Anschließend wird die Gleichung $g(s) = h_4(t)$ mit Hilfe des solve-Befehls gelöst.
Die Anzeige einer Variable wie z.B. **c1** zeigt, dass es unendlich viele Lösungen gibt, also sind die beiden Geraden identisch.

1.1 *Dok DEG

$g(t):=\begin{bmatrix}1\\0\\2\end{bmatrix}+t\cdot\begin{bmatrix}2\\1\\-1\end{bmatrix}$ Fertig

$h4(t):=\begin{bmatrix}5\\2\\0\end{bmatrix}+t\cdot\begin{bmatrix}4\\2\\-2\end{bmatrix}$ Fertig

solve(g(s)=h4(t),s,t) s=2·(c1+1) and t=c1

7.5 Lösungen – Ebenengleichung, Punktprobe

Zuerst gibst du die Ebenengleichung ein, dazu nutzt du z.B. die Vektorvorlage unter [⊞{⊟] und [↵] um die dritte Zeile hinzuzufügen. Um den Punkt in der Ebene für $r = 2$, $s = -2$ zu ermitteln, berechnest du $e(2, -2)$. Der Punkt ist also P (-2 | -8 | 1).

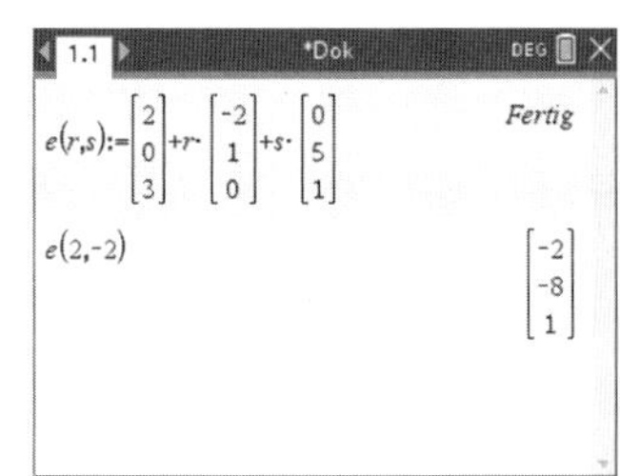

Um zu prüfen, ob der Punkt A (-2 | -3 | 2) in der Ebene liegt, löst du die Gleichung $e(r, s) = \begin{pmatrix} -2 \\ -3 \\ 2 \end{pmatrix}$ nach r und s auf. Du benutzt dazu [menu] → Algebra → Löse.
Die angezeigten Parameterwerte bedeuten, dass der Punkt in der Ebene liegt.

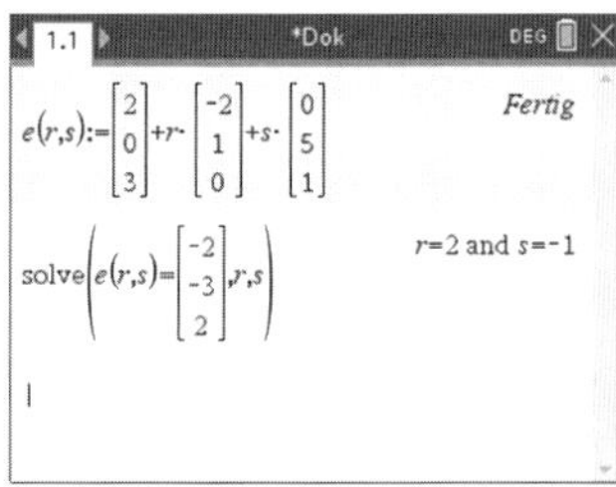

Um zu prüfen, ob der Punkt B (1 | 2 | 0) in der Ebene liegt, löst du die Gleichung $e(r, s) = \begin{pmatrix} 1 \\ 2 \\ 0 \end{pmatrix}$ nach r und s auf. false bedeutet, dass der Punkt nicht in der Ebene liegt.

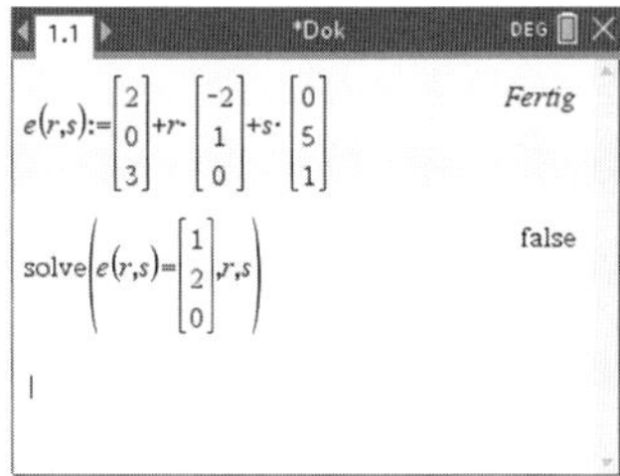

7.6 Lösungen – Gegenseitige Lage von Gerade und Ebene

Zuerst gibst du die Ebenengleichung ein, dazu nutzt du z.B. die Vektorvorlage unter [⊞{⊟] und [↵], um die dritte Zeile hinzuzufügen.

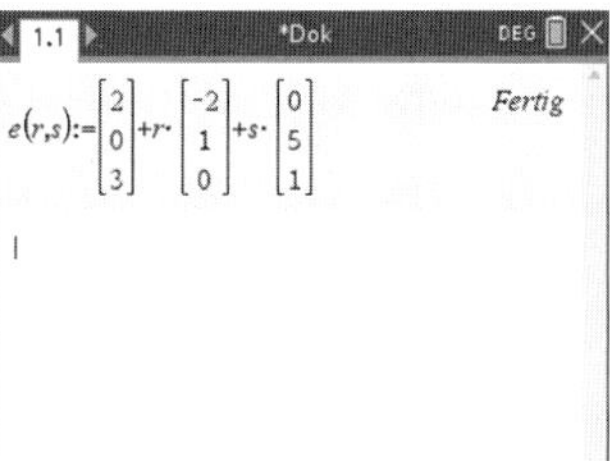

a) Du gibst die Gerade g_1 ein und setzt die Ebene und die Gerade gleich. Mit solve löst du die Gleichung nach den Parametern r, s, t auf.
Als Ergebnis werden eindeutige Werte für die drei Parameter angezeigt; das heißt, E und g_1 schneiden sich.

Um die Koordinaten des Schnittpunkts zu bestimmen, berechnest du $g_1(-\frac{14}{9})$. Der Schnittpunkt ist damit S $\left(\frac{22}{9} \mid 2 \mid \frac{31}{9}\right)$.

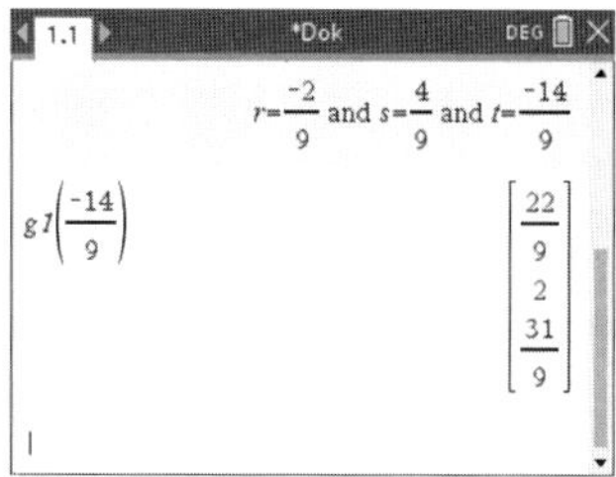

Alternativ kannst du auch den Bedingungsoperator | benutzen, dann kannst du die Ergebnisse mit [▲] und [enter] direkt einfügen.

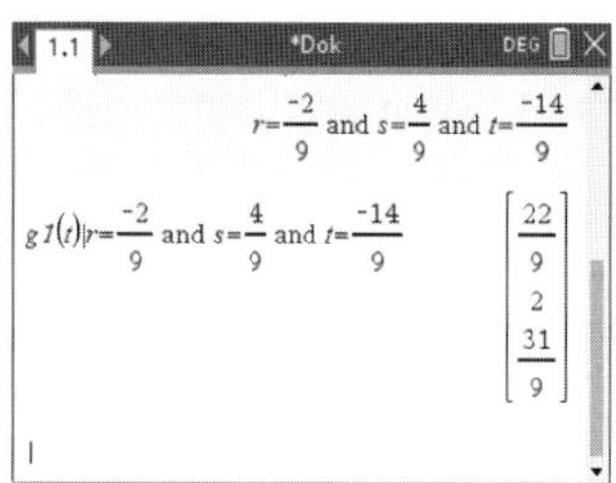

b) Du gibst die Gerade g_2 ein und setzt die Ebene und die Gerade gleich. Mit solve löst du die Gleichung nach den Parametern r, s, t auf.
Das Ergebnis false bedeutet, dass es keine gemeinsamen Punkte von E und g_2 gibt. Die Gerade g_2 ist also parallel zu E.

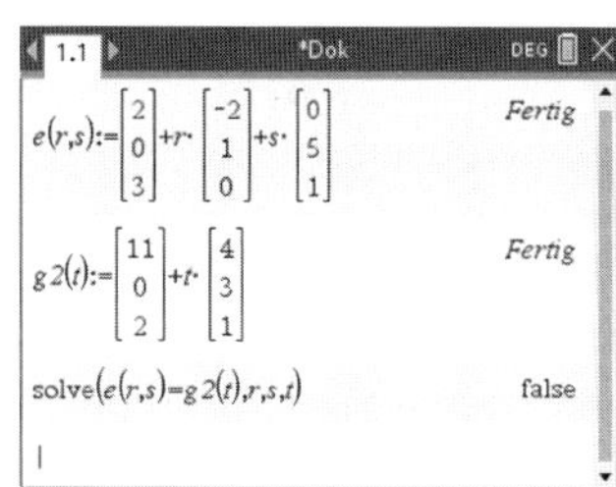

c) Du gibst die Gerade g_3 ein und setzt die Ebene und die Gerade gleich. Mit solve löst du die Gleichung nach den Parametern r, s, t auf.
Es wird eine Lösung angezeigt, die die Variable **c1** enthält. Das heißt, dass es unendlich viele Lösungen gibt. Also liegt g_3 in der Ebene E.

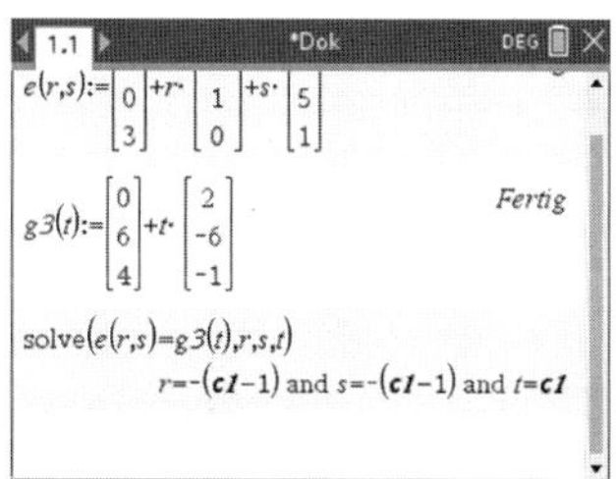

7.7 Lösungen – Gegenseitige Lage zweier Ebenen

Zuerst gibst du die beiden Ebenengleichungen ein.

1.1 *Dok DEG
$e1(r,s):=\begin{bmatrix}4\\5\\7\end{bmatrix}+r\cdot\begin{bmatrix}1\\1\\2\end{bmatrix}+s\cdot\begin{bmatrix}2\\3\\6\end{bmatrix}$ Fertig
$e2(t,u):=\begin{bmatrix}2\\5\\9\end{bmatrix}+t\cdot\begin{bmatrix}2\\0\\2\end{bmatrix}+u\cdot\begin{bmatrix}0\\3\\6\end{bmatrix}$ Fertig

Nun setzt du die beiden Ebenenausdrücke gleich und löst die Gleichung mit solve in Abhängigkeit von einem Parameter auf.

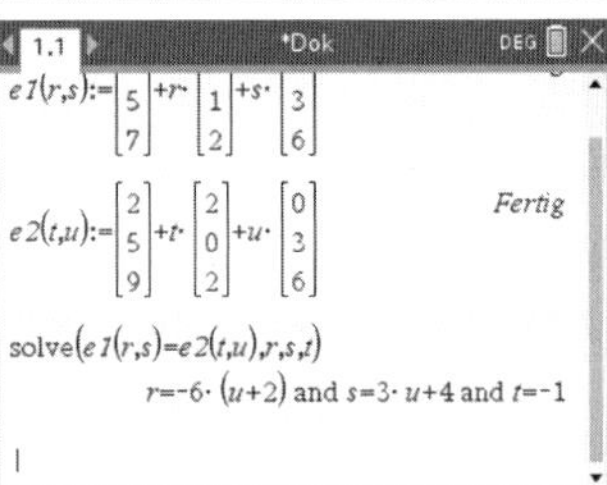

Du verwendest die eben berechneten Werte für die Parameter *r* und *s* und gibst sie als Argumente in E_1 ein. Die Gleichung der Schnittgeraden ist damit

$$g:\ \vec{x}=\begin{pmatrix}0\\5\\7\end{pmatrix}+v\cdot\begin{pmatrix}0\\3\\6\end{pmatrix}$$

1.1 *Dok DEG
solve(e1(r,s)=e2(t,u),r,s,t)
r=-6·(u+2) and s=3·u+4 and t=-1
e1(-6·(u+2),3·u+4) $\begin{bmatrix}0\\3\cdot u+5\\6\cdot u+7\end{bmatrix}$

Sind die beiden Ebenen identisch, dann wird eine Lösung mit einem Parameter wie **c1** oder **c2** angezeigt.

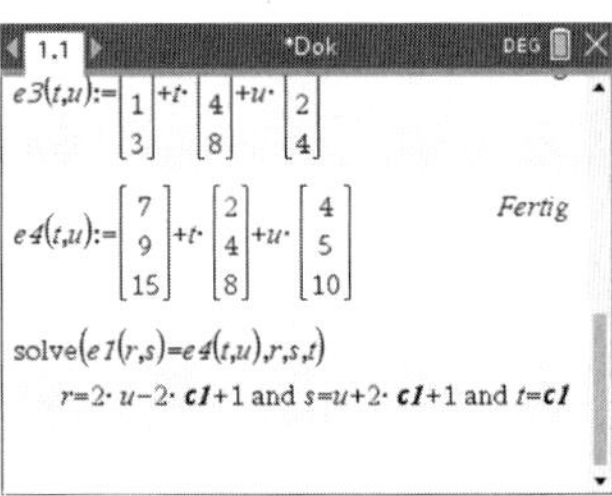

Wenn die beiden Ebenen parallel sind, gibt es keine gemeinsamen Punkte, daher wird als Ergebnis false angezeigt.

1.1 *Dok DEG
$e4(t,u):=\begin{bmatrix}7\\9\\15\end{bmatrix}+t\cdot\begin{bmatrix}2\\4\\8\end{bmatrix}+u\cdot\begin{bmatrix}4\\5\\10\end{bmatrix}$ Fertig
solve(e1(r,s)=e4(t,u),r,s,t)
r=2·u−2·**c1**+1 and s=u+2·**c1**+1 and t=**c1**
solve(e1(r,s)=e3(t,u),r,s,t) false

8 Matrizen

Es gibt verschiedene Möglichkeiten eine Matrix in der Calculator-Anwendung einzugeben.
Du kannst [⊟{⁝] benutzen und dann die entsprechende Matrixvorlage auswählen.

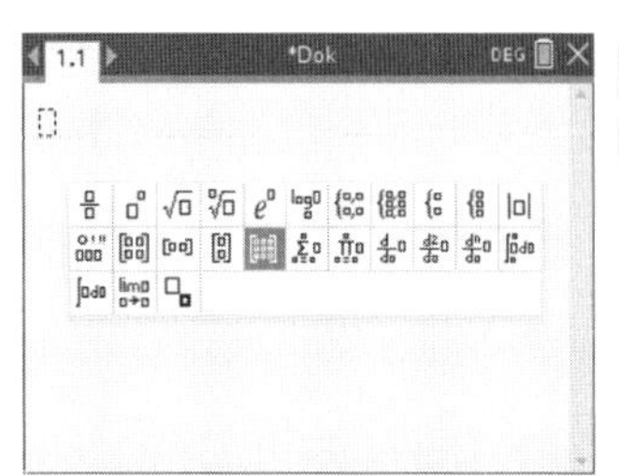

frv.tv/ti

Alternativ kannst du [menu] → Matrix und Vektor → Erstellen → Matrix benutzen.

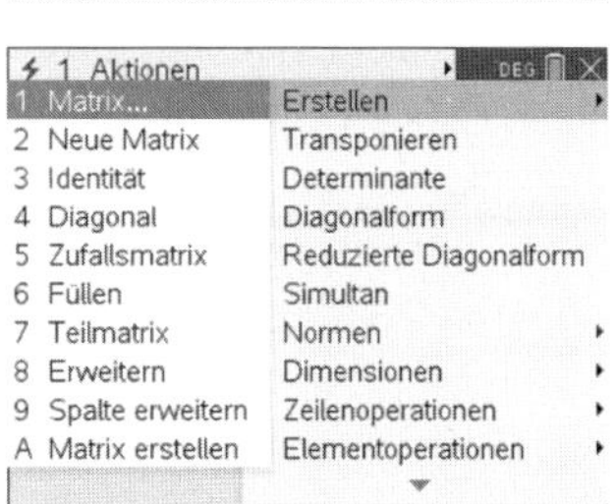

Beispiel

Es soll das Produkt der beiden Matrizen $A = \begin{pmatrix} 2 & 0 & 1 \\ 1 & 1 & 3 \\ 5 & 2 & 0 \end{pmatrix}$ und $B = \begin{pmatrix} 1 & 0 & 1 \\ 0 & 2 & 4 \\ 0 & 1 & 1 \end{pmatrix}$ berechnet werden.

Du fügst die Matrix A mit [⊟{⁝] ein. Da es sich um eine 3×3 Matrix handelt, bestätigst du, dass sie 3 Zeilen und 3 Spalten besitzt.

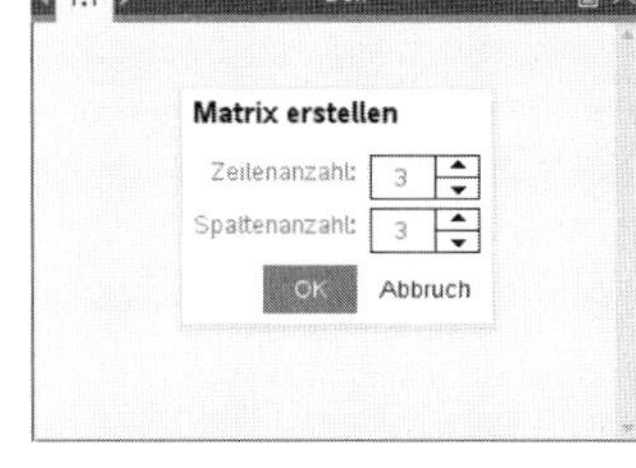

Nun kannst du die einzelnen Werte eingeben. Innerhalb der Matrix navigierst du am einfachsten mit [tab]. Du bestätigst auch hier mit [enter]. Matrix B wird auf die gleiche Weise eingefügt.
Die weiteren Berechnungen werden übersichtlicher, wenn du den Matrizen jeweils Variablen zuweist.

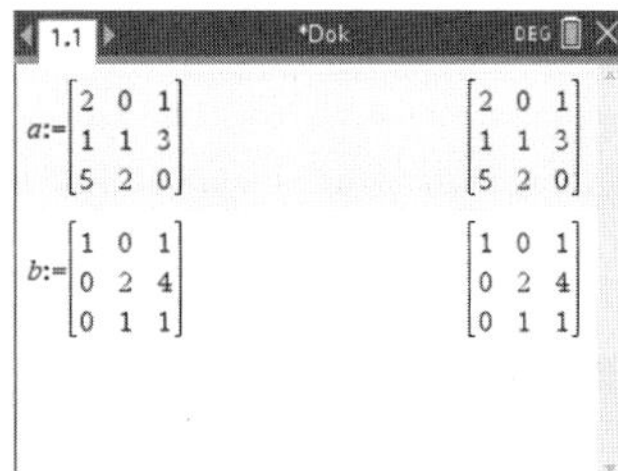

Um die beiden Matrizen zu multiplizieren, gibst du einfach $a \cdot b$ ein und bestätigst mit [enter].

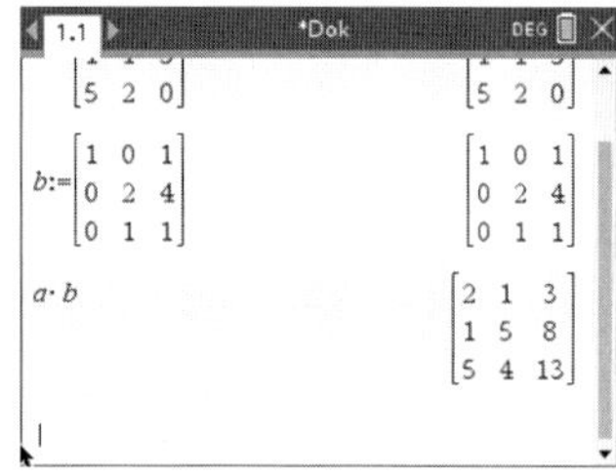

- Um eine Matrix mit einem Vektor zu multiplizieren, gibst du den Vektor als einspaltige Matrix ein. Dazu gibst du am Anfang der Eingabe 3×1 für eine Matrix mit drei Zeilen und einer Spalte ein.
- Um die Inverse der Matrix b zu berechnen, gibst du b^{-1} ein und bestätigst mit [enter] (benutze dafür die Taste [∧]).

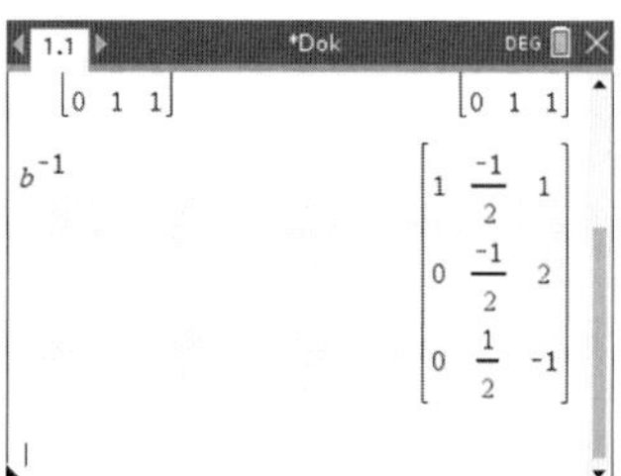

- Du kannst auch mit den Matrizen «direkt» rechnen, ohne diesen vorher eine Variable zuzuweisen.

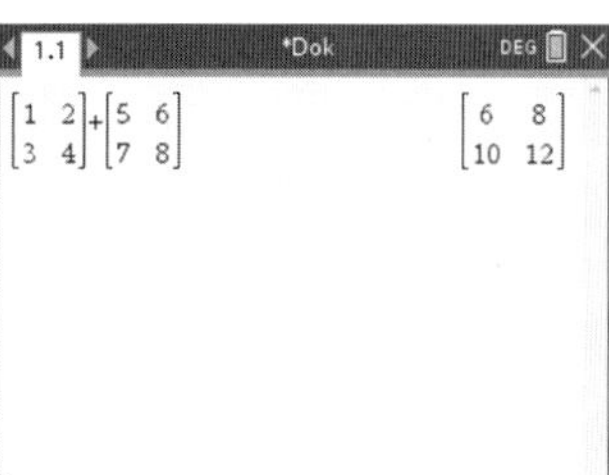

Übungen

a) Berechne das Produkt aus $A = \begin{pmatrix} 1 & 1 \\ 0 & 1 \end{pmatrix}$ und $B = \begin{pmatrix} 1 & 2 \\ 3 & 4 \end{pmatrix}$.

b) Berechne die inverse Matrix zu $A = \begin{pmatrix} 1 & 1 \\ 0 & 1 \end{pmatrix}$.

c) Berechne das Produkt aus $A = \begin{pmatrix} 1 & 0 & 1 \\ 0 & 1 & 3 \\ 0 & 2 & 2 \end{pmatrix}$ und $B = \begin{pmatrix} 1 & 0 & 1 \\ 1 & 2 & 0 \\ 2 & 0 & 1 \end{pmatrix}$.

Lösungen

a) Du gibst zuerst die Matrizen ein. Für die 2×2-Matrizen gibt es unter [|▫|{▫] eine Vorlage.

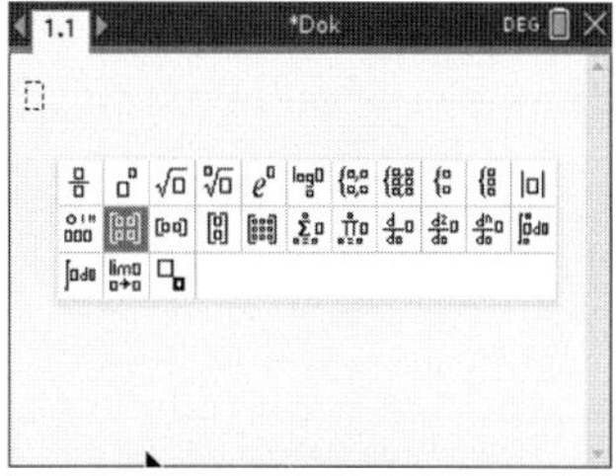

Nun führst du die eigentliche Multiplikation aus, das Ergebnis wird rechts angezeigt.

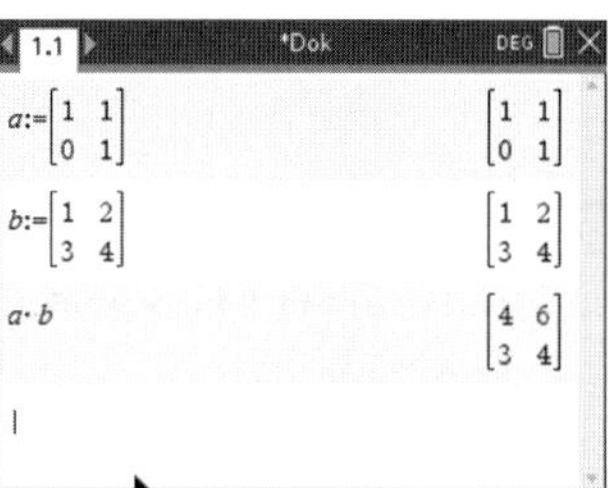

b) Um die inverse Matrix von A zu berechnen, gibst du a^{-1} ein und bestätigst mit [enter].

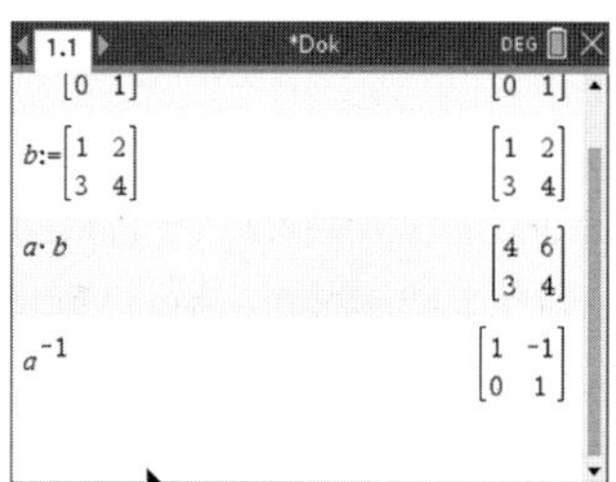

c) Du gibst zuerst die beiden Matrizen ein, anschließend führst du die Multiplikation aus. Das Ergebnis wird wieder rechts angezeigt.

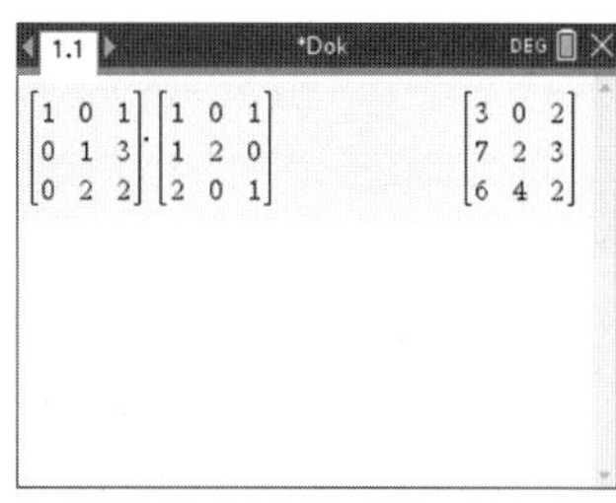

9 Die Tabellenkalkulation

frv.tv/ti

Der TI-Nspire™ CX CAS besitzt eine Tabellenkalkulation. Ein neues Tabellenblatt legst du im Hauptbildschirm an mit Neues → Lists & Spreadsheet hinzufügen.

In ein existierendes Dokument fügst du es ein mit ctrl [+page] →Lists & Spreadsheet hinzufügen.

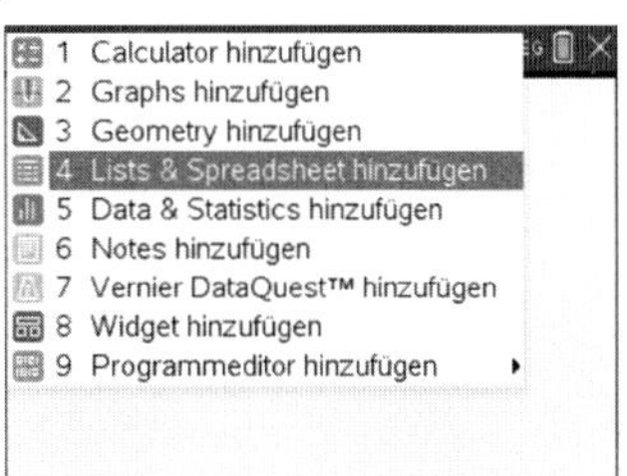

In der obersten Zeile kannst du die Spalten mit Bezeichnungen versehen. Diese wird gleichzeitig als Variable gespeichert.

In der grau unterlegten Zeile kannst du eine Formel eingeben, nach der die Werte in dieser Spalte berechnet werden sollen.
Wenn mit den Werten der Spalte «stunden» gerechnet werden soll, gibst du als Variable «stunden» ein. Hier wurde z.B. *stunden*^{2} eingegeben. Das Definitionszeichen := wird automatisch eingefügt.

- Um die Breite einer Spalte zu ändern, navigierst du mit dem Cursorpfeil oben im Spaltenkopf auf die Kante zwischen den Spalten, bis ein Doppelpfeil angezeigt wird. Dann drückst du ctrl[ ].

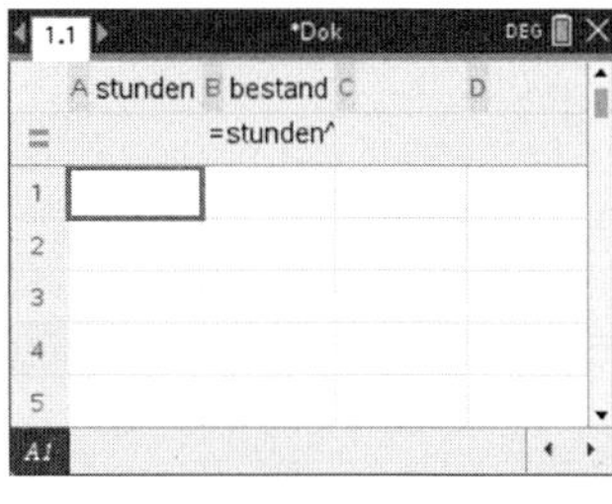

Der Cursorpfeil ist nun zu einer geschlossenen Hand geworden und du kannst die Breite der Spalte mit dem Touchpad verändern. Du verlässt diesen Modus mit [esc].

- Da Variablen im TI-Nspire CAS immer klein geschrieben werden, werden Großbuchstaben bei Spaltentiteln automatisch in Kleinbuchstaben umgewandelt.
- Du kannst die Spaltenbreite auch ändern über [menu] → Aktionen → Größe ändern.
- Um den Inhalt einer Spalte zu löschen, navigierst du mit dem Cursor in die oberste Zelle und drückst dann ein weiteres Mal [▲], so dass nun die gesamte Spalte blau unterlegt ist. Mit [del] wird der Inhalt der Spalte gelöscht.

- Du kannst die Einträge einer Spalte automatisch fortsetzen lassen, indem du zuerst zwei oder mehr Zellen markierst (mit [shift] und [▼]) und dann mit ctrl[ ] auswählst oder indem du lange auf die Touchpad-Mitte drückst.

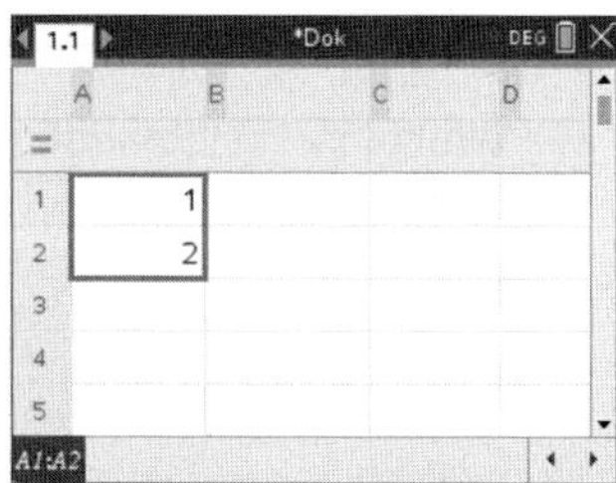

Nun benutzt du [▼], um weitere Zellen in der gewünschten Richtung zu markieren.

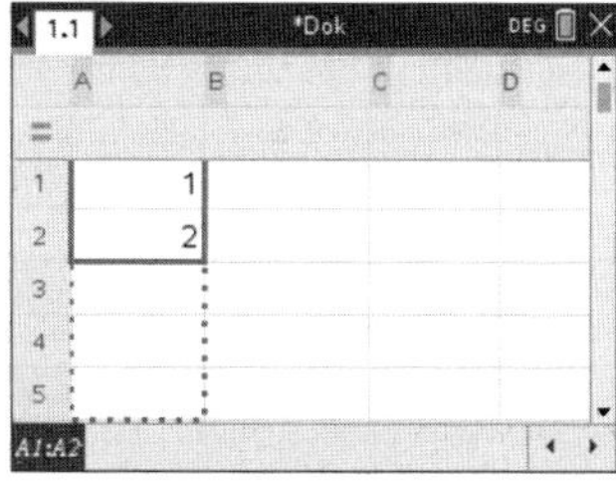

Du bestätigst mit [enter], die Zelleneinträge werden automatisch ausgefüllt.

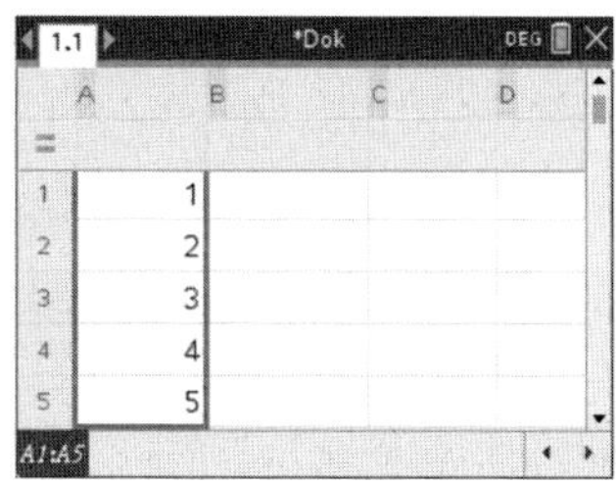

Übungen

a) Lege eine Tabelle an, füge in der ersten Spalte die Zahlen von 0 bis 10 ein, füge in der zweiten Spalte eine Formel ein, die die Werte so berechnet, dass die Werte der ersten Spalte erst quadriert und dann zwei dazu addiert werden.

b) Füge den Titel «Rechenergebnis» zur zweiten Spalte hinzu und passe die Breite der zweiten Spalte entsprechend an.

Lösungen

a) Du legst ein Tabellenblatt an und gibst in die erste Spalte die Zahlen von 0 bis 10 ein. Dazu kannst du auch 1 und 2 in die oberen Zellen eingeben, diese markieren und dann mit dem Mauszeiger nach unten ziehen, die Zahlen werden dann automatisch ergänzt.

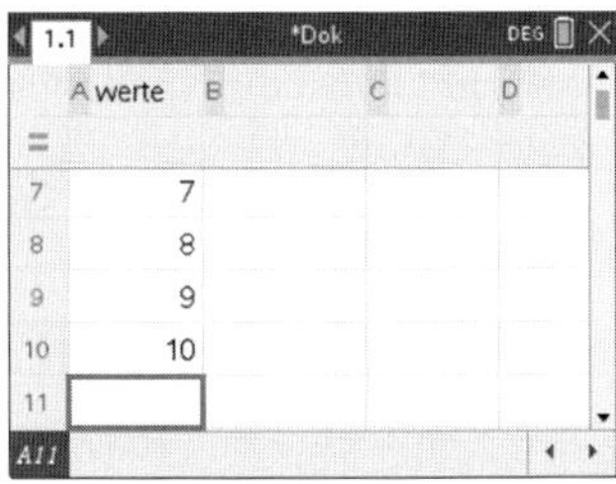

In der grau unterlegten Zeile kannst du eine Formel eingeben, nach der die Werte in dieser Spalte berechnet werden. Das «Definitionszeichen» = wird automatisch eingefügt. Für die Werte von Spalte A gibst du «a» ein.

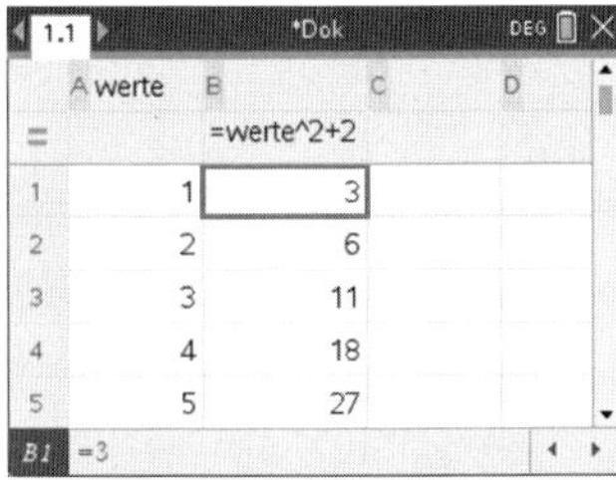

b) Um den Titel hinzuzufügen, wählst du die oberste Zelle in der zweiten Spalte aus und klickst einmal. Nun kannst du den Titel eintragen. Du bestätigst mit [enter].

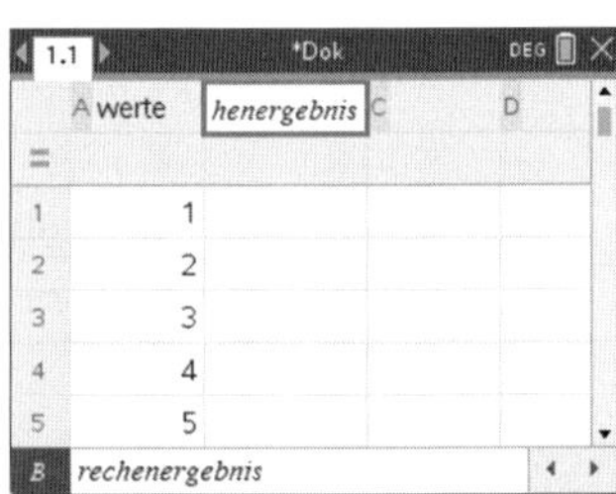

Um eine Spalte breiter zu ziehen, navigierst du mit dem Cursorpfeil oben im Spaltenkopf auf die Kante zwischen den Spalten, bis ein Doppelpfeil angezeigt wird. Dann drückst du ctrl[ ].
Nun kannst du die Breite der Spalte mit dem Touchpad verändern. Du bestätigst mit [enter].

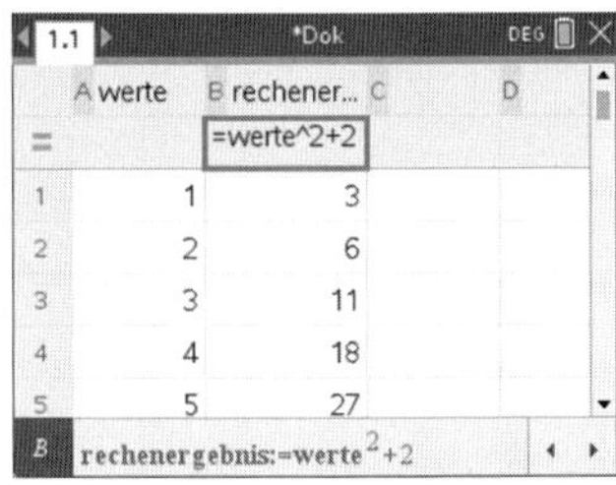

10 Programmieren mit Python

Es ist seit der Softwareversion 5.2 möglich, mit Python Programme zu schreiben und auszuführen.
Dabei wird eine Python-Seite eingefügt mit ctrl [+page]

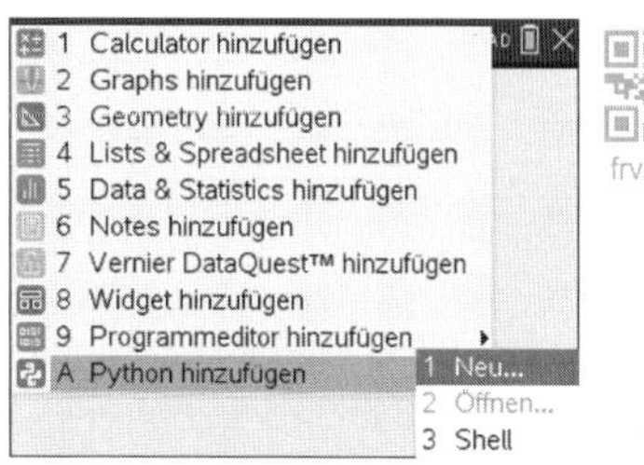

frv.tv/ti

Die Python-Shell erkennt man den drei >>>-Zeichen links.

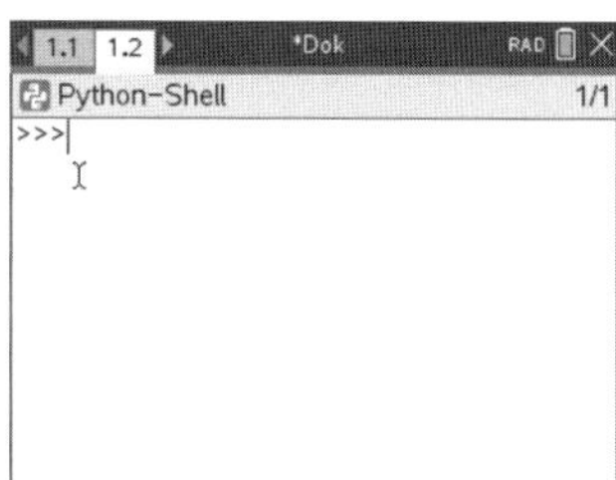

Beispiel 1

Es sollen die x-Werte und die Funktionswerte der Funktion $f(x) = x^2 - 1$ von 0 bis 3 angezeigt werden.

Der Schleifen-Befehl kann über [menu]→ Eingebaute→ Steuerung eingefügt werden.

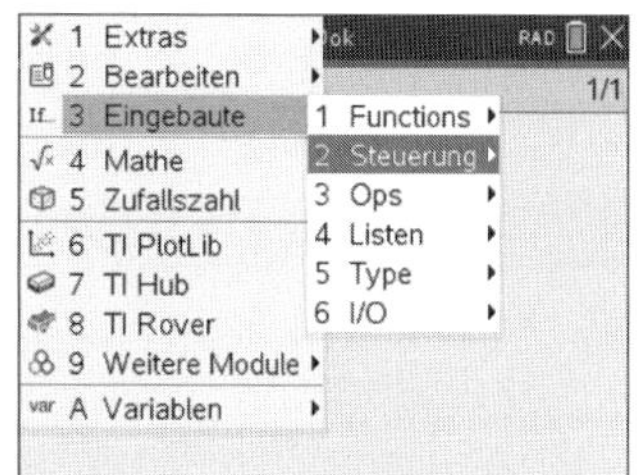

Es gibt verschiedene Schleifen, die gewählt werden können. Für diesen Fall wird die Schleife «for index in range (Start, Stop)» gewählt

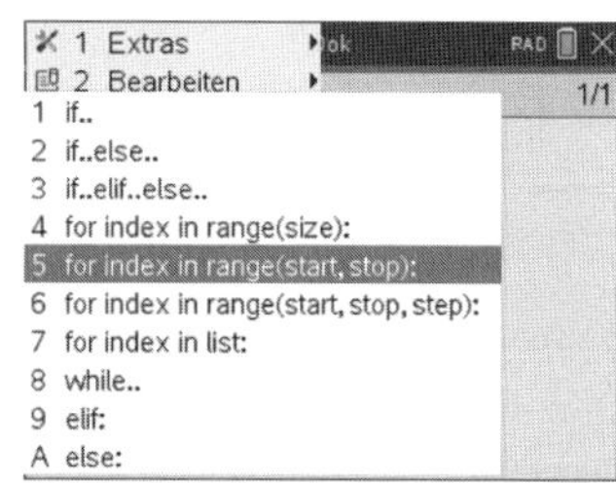

Mit [enter] wird die Vorlage eingefügt.

In der zweiten Zeile befinden sich schon Tabulatoren, um den Befehl einzurücken. Hier wird der print-Befehl verwendet, um zuerst den Wert der Variable und dann den Funktionswert anzuzeigen.

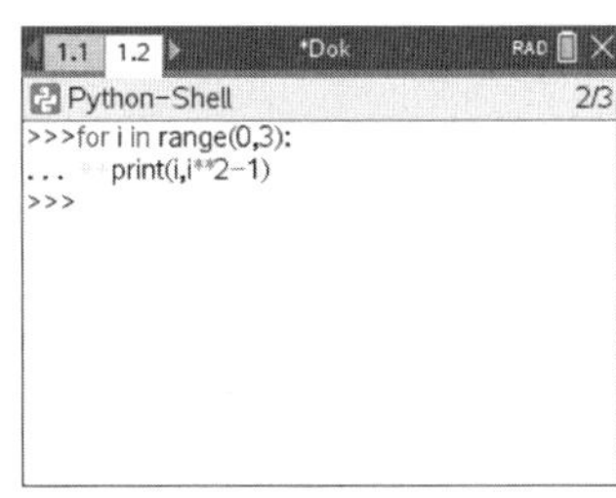

Um das Skript auszuführen wird dreimal [enter] gedrückt. Die Werte werden anzegzeit.

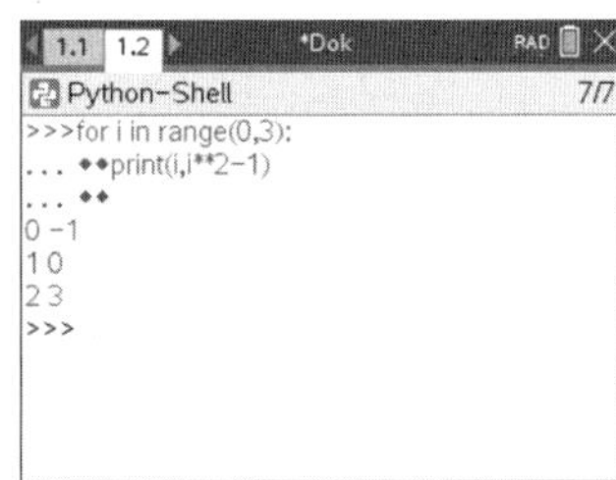

Beispiel 2

Es ist auch möglich, Listen anzulegen und mit diesen Berechnungen durchzuführen.

Eine Liste wird in eckigen Klammern eingegeben und die Eingabe mit [enter] abgeschlossen.

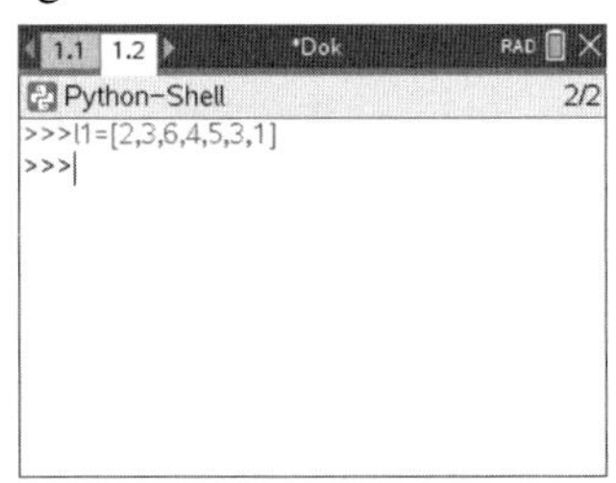

Unter [menu]→ Eingebaute → Listen finden sich listenspezifische Befehle wie Minimum, Maximum, etc.

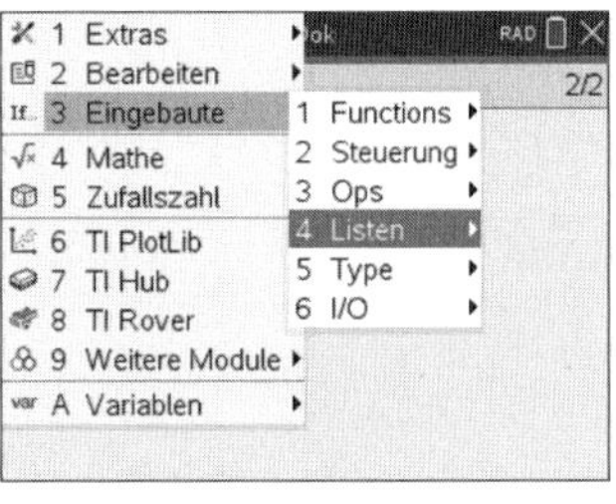

Unter [menu]→ Eingebaute → Listen finden sich listenspezifische Befehle

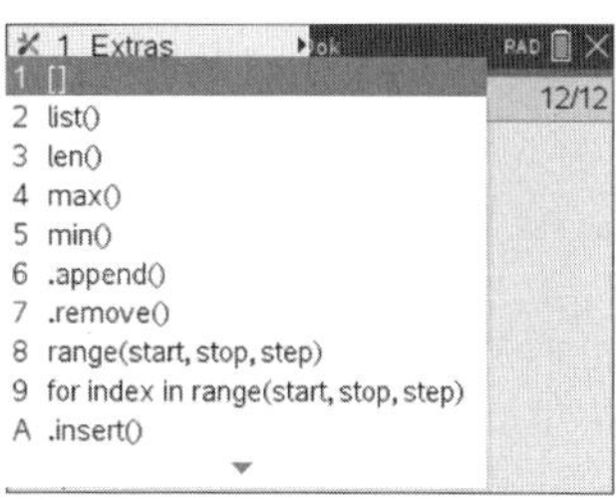

Rechts wurden das Maximum und das Minimum bestimmt und anschließend die Liste mithilfe des Befehls sorted () sortiert.

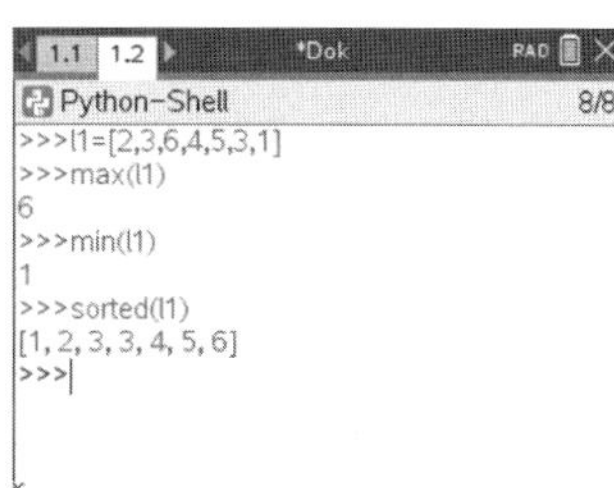

Übungen

a) Ergänzen Sie die Ausgabe aus dem ersten Beispiel um ein x:... und f(x):... Setzen Sie dazu den Text in Anführungsstriche

b) Es sollen zwei Listen l1 mit den Werten 1, 3, 7, 2 und l2 mit den Werten 3, 1, 8, 6 angelegt werden. Anschließend soll l2 sortiert werden. Zum Schluss soll l3 definert werden als Kombination aus l1 mit der sortierten Liste l2.

Lösungen

a) Der print-Befehl wird ergänzt. Dabei wird der Text, der ausgegeben werden soll, in Anführungsstrichen geschrieben.
Zwischen den einzelnen Elementen wird jeweils ein Komma gesetzt:print $('x =', i,' f(x) =', i**2-1)$

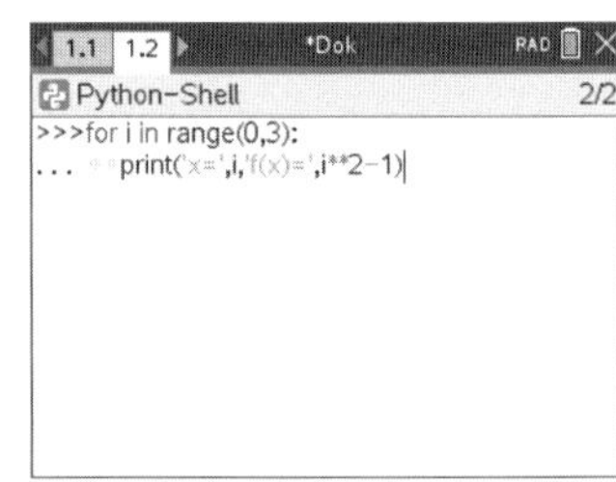

Um den Befehl auszuführen, muss drei Mal [enter] getippt werden.
Anschließend werden die Werte in mehreren Zeilen ausgegeben.

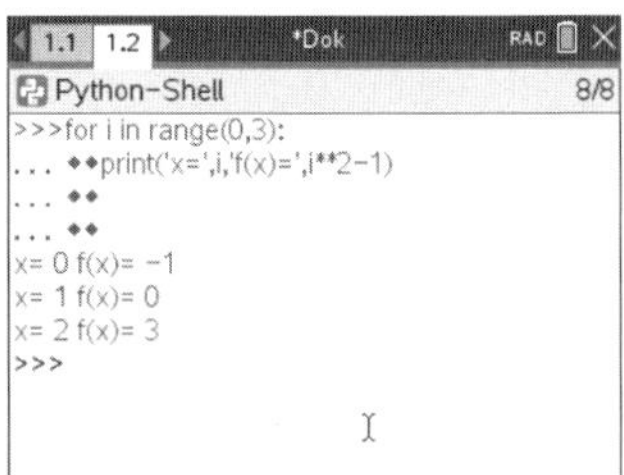

b) Die beiden Listen werden angelegt und die Eingabe wird jeweils mit [enter] abgeschlossen.

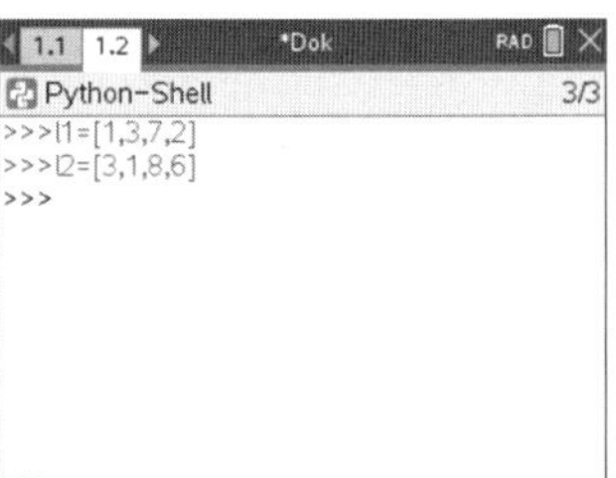

Um die Liste l2 zu sortieren, wird der Befehl sorted benutzt.
Die Eingabe wird mit [enter] abgeschlossen.

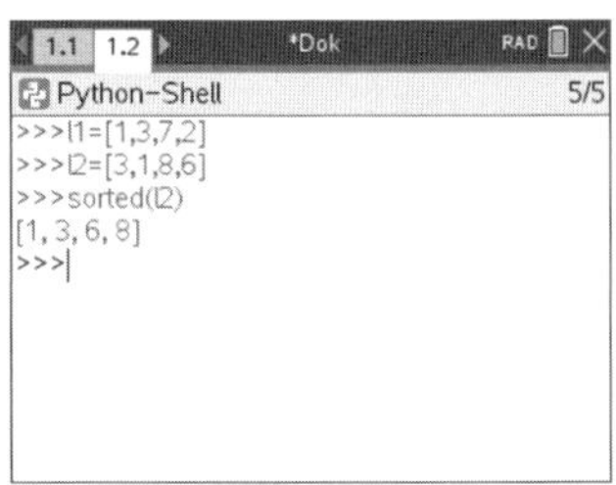

Um die Liste l1 mit der sortierten Liste l2 zu kombinieren, wird eine Liste l3 definiert als Kombination der Liste l1 und der sortierten Liste l2. Um l3 anzuzeigen wird l3 eingetippt un die Eingabe mit [enter] abgeschlossen.

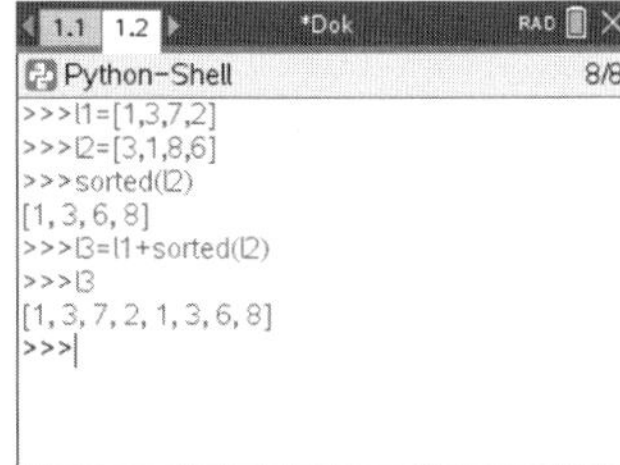

Falls man nur l2 ohne den Sortierbefehl einfügt, wird l2 zwar angehängt, aber in der ursprünglichen Form, also nicht sortiert. Dies wird an einer Liste l4 rechts demonstriert.

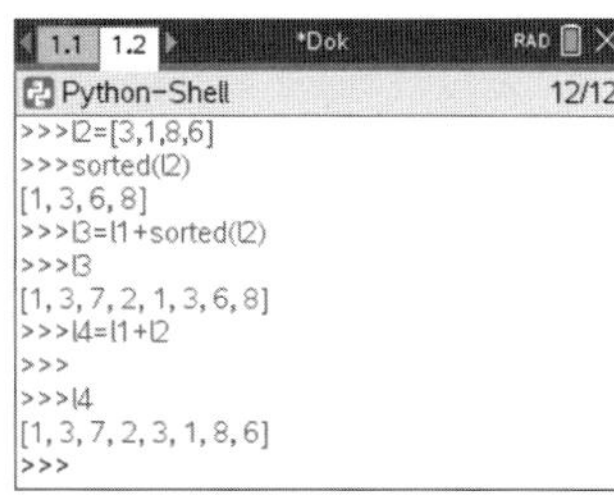

11 Daten und Zufall

11.1 Eindimensionale Statistik

Stichproben können entweder in der Tabellenkalkulation Lists & Spreadsheet oder in eine Liste eingegeben werden. In der Regel wird die Tabellenkalkulation verwendet.

Beispiel

Es soll die Stichprobe mit folgenden Werten ausgewertet werden: 1, 5, 7, 3, 6, 2, 2

Du fügst eine neue Tabellenseite hinzu mit Neues → Lists & Spreadsheet hinzufügen und gibst die Daten in die erste Spalte ein. Jede Eingabe wird dabei mit [enter] abgeschlossen.

Um die erste Spalte komplett zu markieren gehst du in die oberste graue Titelzelle und klickst ein weiteres Mal auf [▲], nun ist die komplette Spalte markiert.

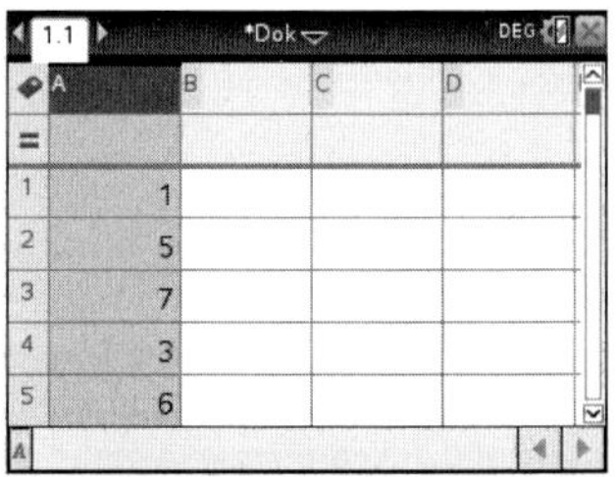

Mit ctrl[ ] rufst du nun das Kontextmenü auf und wählst Daten → Sortiere. Es öffnet sich ein Dialogfenster.

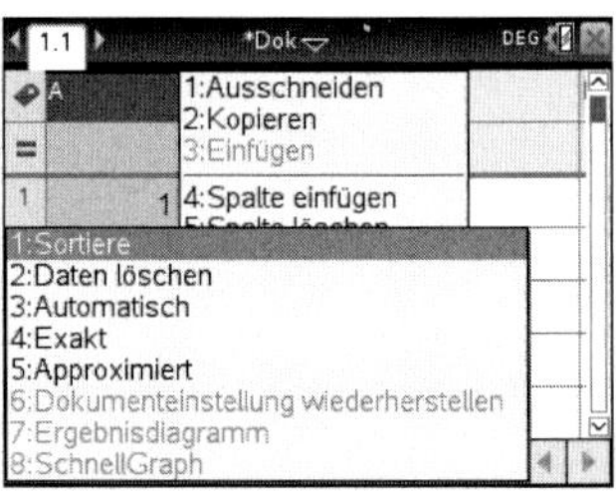

In diesem Fenster kannst du die Sortieroptionen wählen. Du übernimmst die vorgegebenen Option und bestätigst mit [enter].

Die Liste wird jetzt sortiert angezeigt.

Um die wichtigsten statistischen Kennwerte dieser Liste anzeigen zu lassen, wählst du [menu] → Statistik → Statistische Berechnungen. Dort wählst du Statistik mit einer Variable... aus.
Im nun angezeigten Fenster bestätigst du, dass es nur eine Liste gibt.

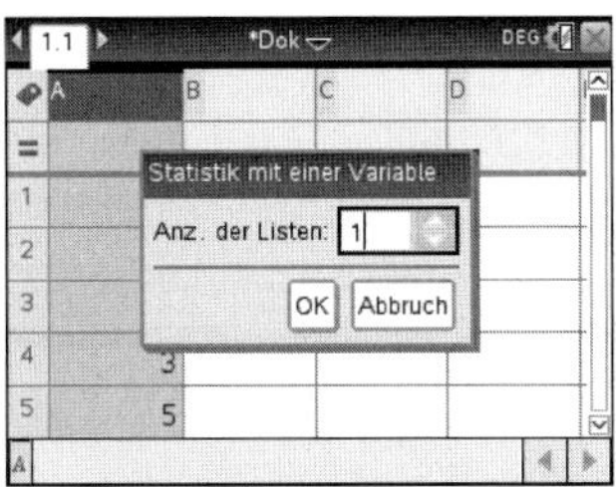

Nun musst du noch die Liste eintragen, dazu kannst du auch [►] benutzen. Die angezeigten Einträge können in diesem Beispiel aber übernommen werden. Du bestätigst mit [enter] oder klickst auf [OK].

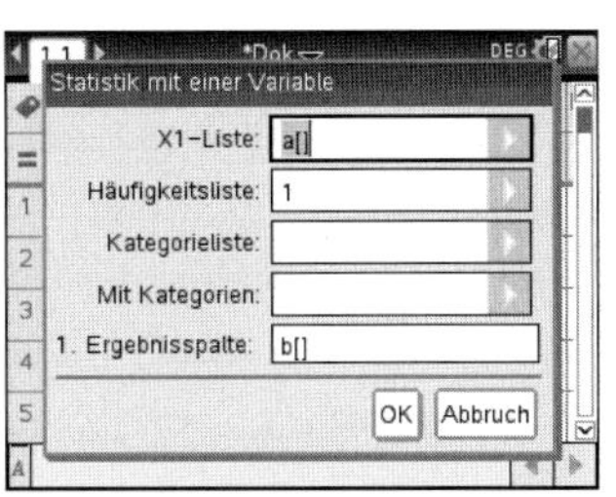

Es werden nun die wichtigsten statistischen Daten zu dieser Liste angezeigt.

Übungen

a) Gib die Stichprobenwerte 1, 3, 5, 8, 3, 3, 4 in eine Tabelle ein und lasse sie absteigend sortieren

b) Lasse die wichtigsten statistischen Kennwerte dieser Stichprobe anzeigen.

11.2 Daten und Zufall mit Listen

Um eine Stichprobe als Liste einzugeben, benutzt du die Calc-Anwendung. Die Werte einer Liste werden in geschweiften Klammern eingegeben.

Du gibst zuerst den Namen der Liste ein, anschließend ctrl [:=] und ctrl [{ }], dann kannst du die Listenwerte, getrennt durch [,] eingeben.

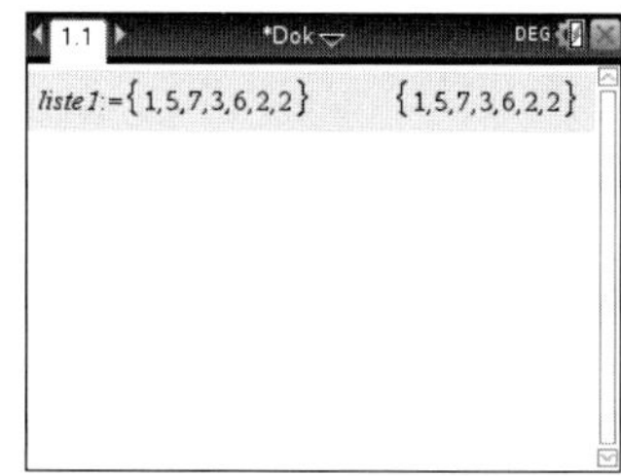

Um die Listenwerte aufsteigend zu sortieren, benutzt du den Befehl SortA. Diesen kannst du direkt eintippen, bzw. unter [menu] → Statistik → Listenoperationen → Listenoperationen in aufsteigender Reihenfolge sortieren aufrufen.

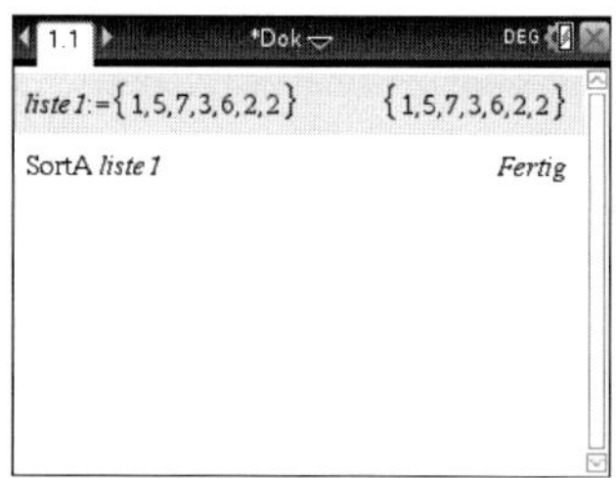

Wenn du nun die Liste ein weiteres Mal mit liste1 aufrufst, werden die sortierten Werte angezeigt.

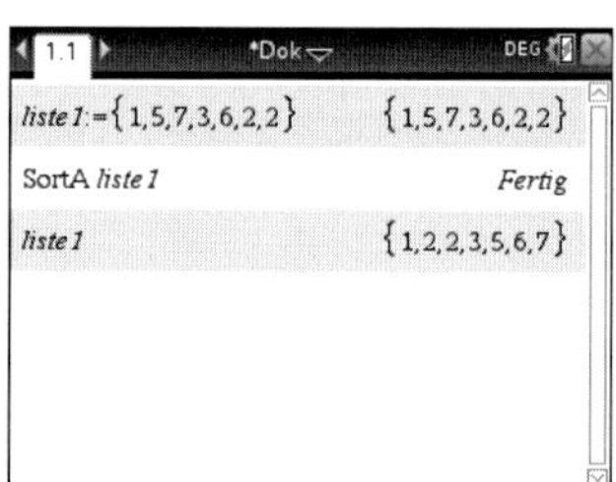

Um die statistischen Kennwerte der Liste anzeigen zu lassen, nutzt du [menu] → Statistik → Statistische Berechnungen. Dort wählst du Statistik mit einer Variable... aus.
Im nun angezeigten Fenster wählst du die Liste und bestätigst mit [enter] oder klickst auf [OK].

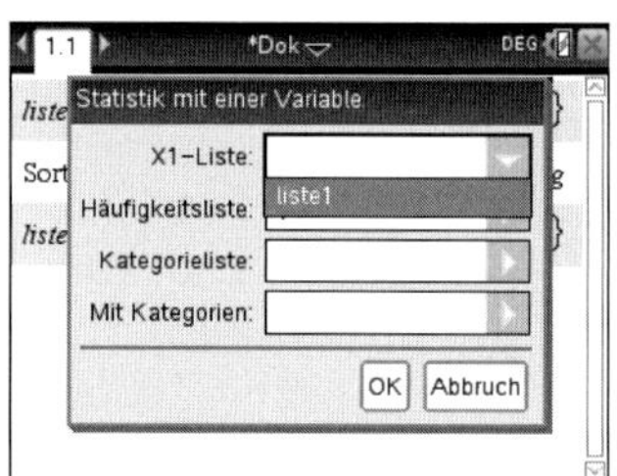

Die statistischen Kennwerte der Liste werden nun angezeigt. Scrolle nach unten, um die nicht sichtbaren anzeigen zu lassen.

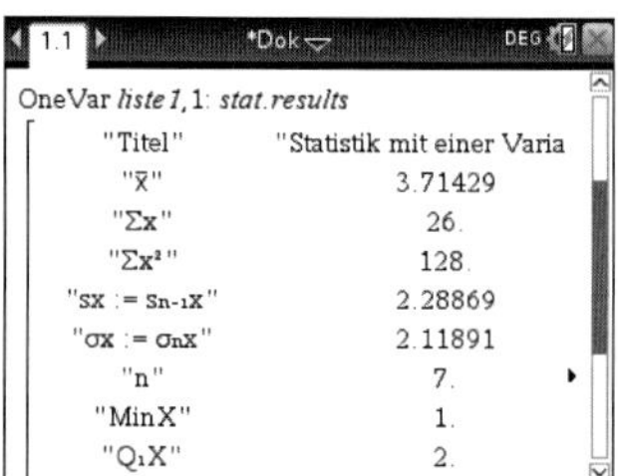

- Um eine Liste in eine Tabelle zu importieren, wechselst du im Tabellenfenster in die zweite graue Zeile und gibst «liste1» ein. Das «=»-Zeichen wird automatisch eingefügt.

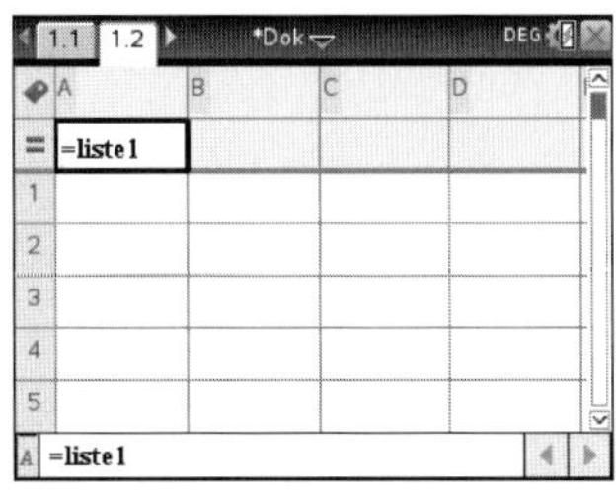

Nach dem Bestätigen mit [enter] werden die Werte in die entsprechende Spalte eingefügt.

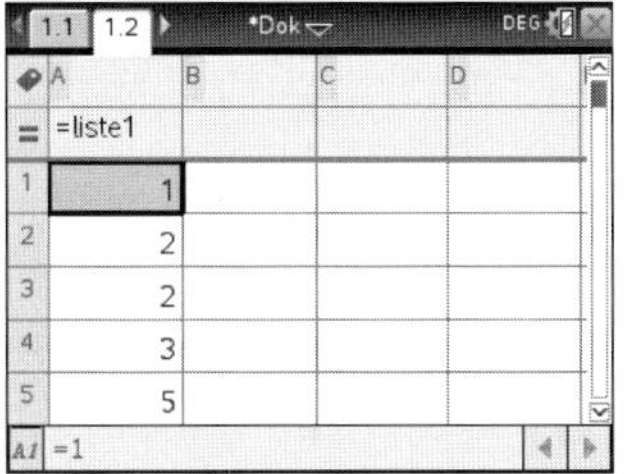

- Wenn du mit Listen arbeitest und planst, die Daten in die Tabellenkalkulation zu importieren, ist es sinnvoll, die Listen nicht «l1», «l2», sondern «liste1» oder «liste2» zu nennen, da dies auch Bezeichnungen für die Zellen in der Tabellenkalkulation sind. In der Lösung zu Aufgabe c) wird dies gezeigt.
- Die Ergebnisse der statistischen Auswertung können aus den einzelnen Zellen ausgelesen und für weitere Berechnungen verwendet werden. Dies ist bei der Arbeit mit Listen nicht möglich.

Übung

a) Gib die Stichprobenwerte 1, 3, 5, 8, 3, 3, 4 in eine Liste ein und lasse sie absteigend sortieren.

b) Lasse die wichtigsten statistischen Kennwerte zu dieser Liste anzeigen.

c) Importiere die Liste in ein Tabellenblatt.

11.3 Diagramme

frv.tv/ti

Um die Werte der Stichprobe in einem Säulendiagramm bzw. als Histogramm darzustellen, fügst du als erstes eine Data & Statistics-Seite ein mit [doc] → Einfügen → Data & Statistics. Es wird ein Punktdiagramm angezeigt.

Als nächstes musst du mit dem Touchpad unten in die horizontale Achse klicken und «liste1» auswählen.

Nun werden die Einträge der liste1 als x-Werte benutzt und die Häufigkeit des Auftretens angezeigt.

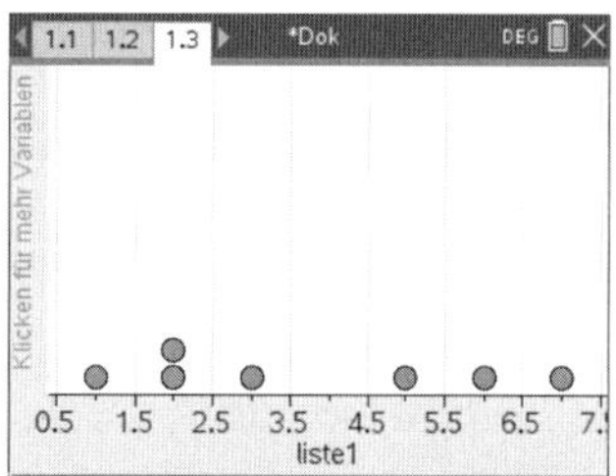

Um die Daten als Histogramm anzeigen zu lassen, benutzt du [menu] → Plot-Typ → Histogramm.
Jetzt werden die Daten als Histogramm angezeigt.

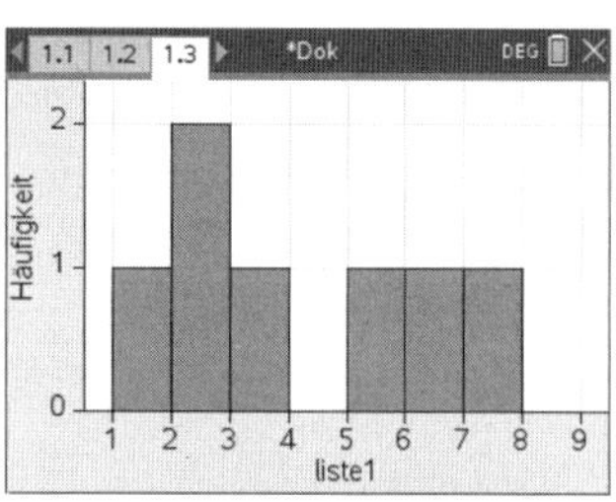

Mit [menu] → Plot-Typ → Box Plot (Kästchengrafik) kannst du die Daten auch als Box-Plot anzeigen.

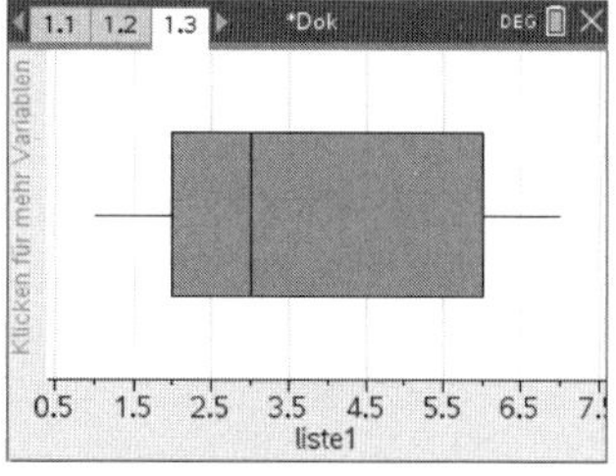

Übungen

a) Lasse die Daten der vorher eingegebenen Liste als Histogramm anzeigen.

b) Lasse die Daten der vorher eingegebenen Liste als Boxplot anzeigen.

11.4 Regression

Um eine Regression durchzuführen, gibst du die Werte in zwei Spalten in der Lists & Spreadsheets-Anwendung ein, anschließend kannst du verschiedene Regressionen durchführen.

Beispiel

Es soll eine quadratische Funktion bestimmt werden, die die Punkte $(-2 \mid 3)$, $(-1 \mid 0,7)$, $(0 \mid 0)$, $(1 \mid 0,5)$ und $(2 \mid 4)$ möglichst gut approximiert (d.h. annähert).

frv.tv/ti

Zuerst gibst du die x- und y-Werte der Punkte in zwei Spalten ein. Benenne diese mit l1 und l2.

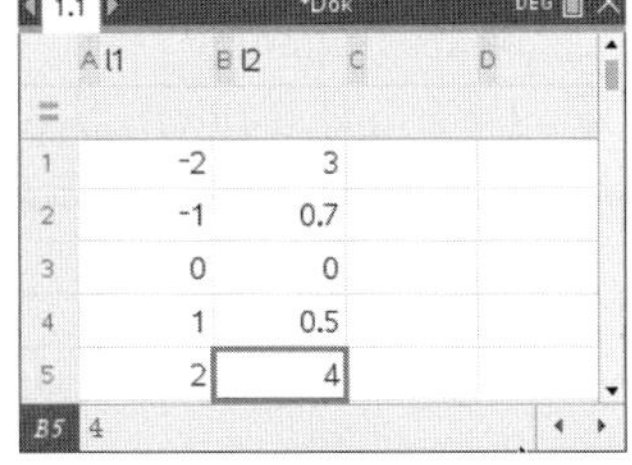

Unter [menu] → Statistik → Statistische Berechnungen findest du verschiedene Regressionsfunktionen. Du wählst Quadratische Regression.

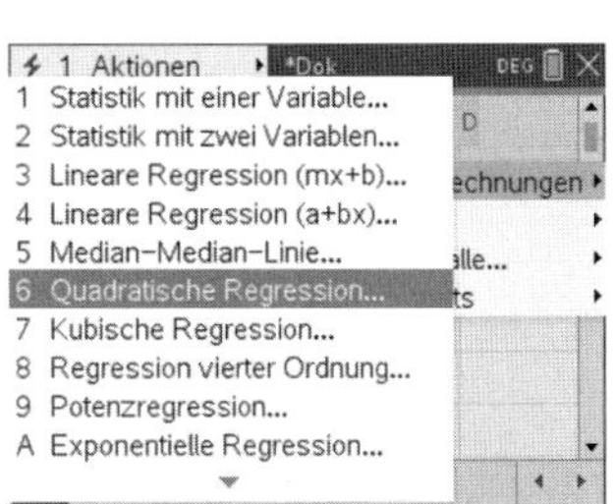

In dem sich öffnenden Fenster wählst du für die X-Liste und die Y-Liste l1 und l2 mit dem Cursor (zuerst [▶] benutzen) aus.

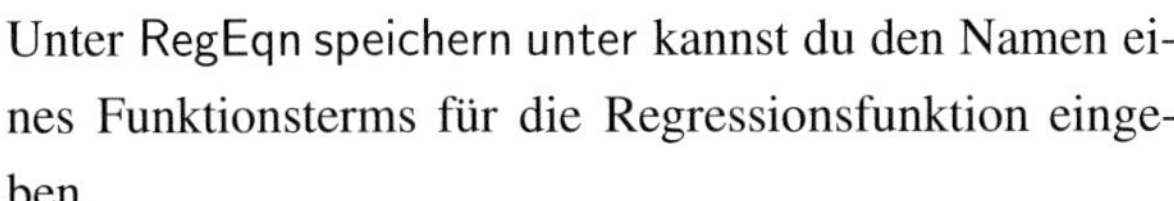
Unter RegEqn speichern unter kannst du den Namen eines Funktionsterms für die Regressionsfunktion eingeben.

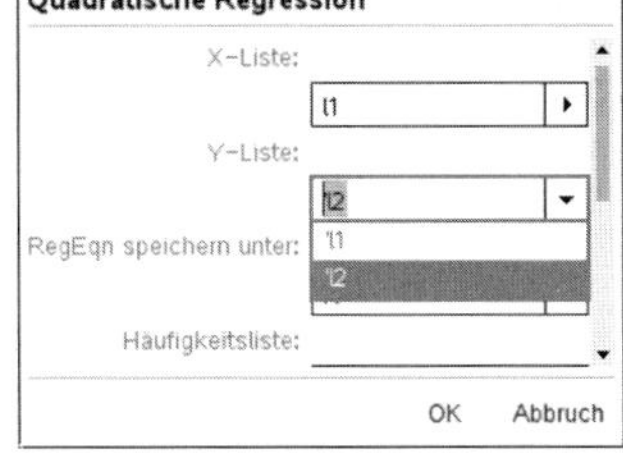

In Spalte D werden die Regressionsfunktion und die entsprechenden Werte angezeigt.

Der Funktionsterm der gesuchten Näherungsfunktion lautet damit: $f(x) = 0,91x^2 + 0,18x - 0,19$.

Um den Regressionsgraph anzeigen zu lassen, fügst du ein Graph-Fenster ein. Die Funktion ist hier bereits als $f1(x)$ hinterlegt.

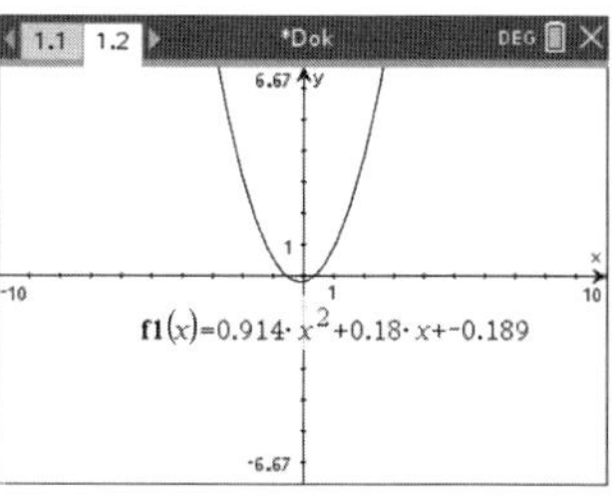

Um auch die Datenpunkte anzeigen zu lassen, wählst du [menu] → Graph – Eingabe/Bearbeitung → Streudiagramm.
Du gibst $l1$ und $l2$ für die x- bzw. die y-Werte ein.

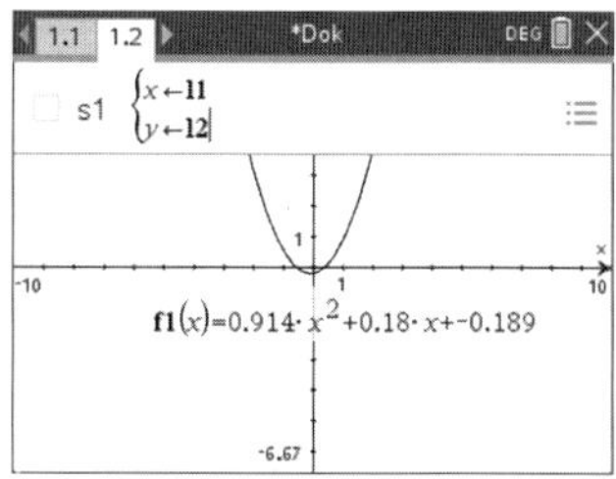

Nachdem du mit [enter] bestätigt hast, werden auch die Datenpunkte angezeigt.

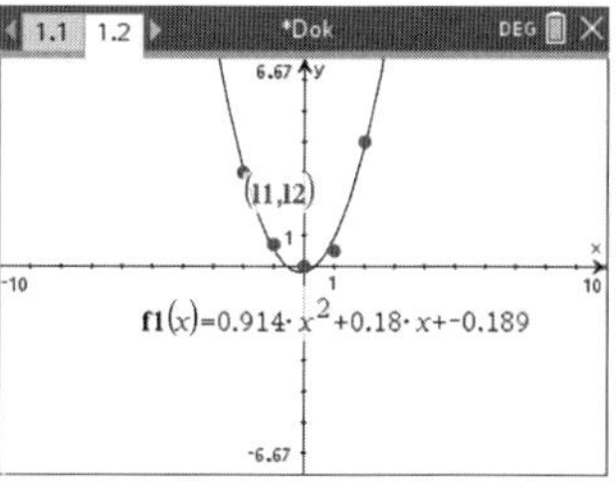

- Ein Ergebnis der Form $y = a \cdot b^x$ kann mit der Formel $b^x = e^{\ln(b) \cdot x}$ in eine e-Funktion umgerechnet werden.
- Es gibt weitere Regressionsfunktionen, wie z.B. Sinuskurven oder logistisches Wachstum.
- Um durch Eingabefelder zu navigieren, benutzt du am besten die [tab]-Taste.
- Es ist auch möglich, die Datenlisten im Calc-Fenster einzugeben.

Übungen

Die folgenden Punkte sind gegeben: $(0 \mid 1)$, $(1 \mid 2)$, $(2 \mid 3)$ und $(4 \mid 6)$.

a) Bestimme eine lineare Regressionsfunktion.

b) Bestimme eine quadratische Regressionsfunktion.

c) Bestimme eine exponentielle Regressionsfunktion.

Lösungen

11.1 Lösungen – Eindimensionale Statistik

a) Du gibst die Zahlen ein und markierst die Zellen, die Einträge enthalten.
Mit ctrl[ ] rufst du nun das Kontextmenü auf und wählst Daten → Sortiere. Es öffnet sich ein Dialogfenster.

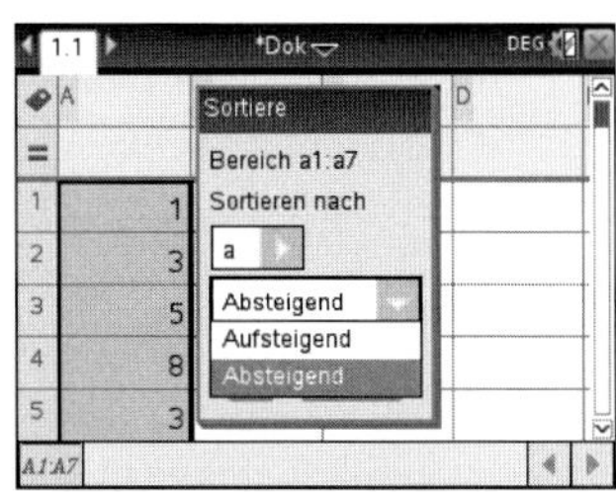

Nachdem du absteigend gewählt hast, bestätigst du mit [enter] oder klickst auf [OK].
Die Zahlen werden nun in absteigender Reihenfolge angezeigt.

b) Um die wichtigsten statistischen Kennwerte dieser Liste anzeigen zu lassen, wählst du [menu] → Statistik → Statistische Berechnungen. Dort wählst du Statistik mit einer Variable... aus.
Im nun angezeigten Fenster bestätigst du, dass es nur eine Liste gibt.

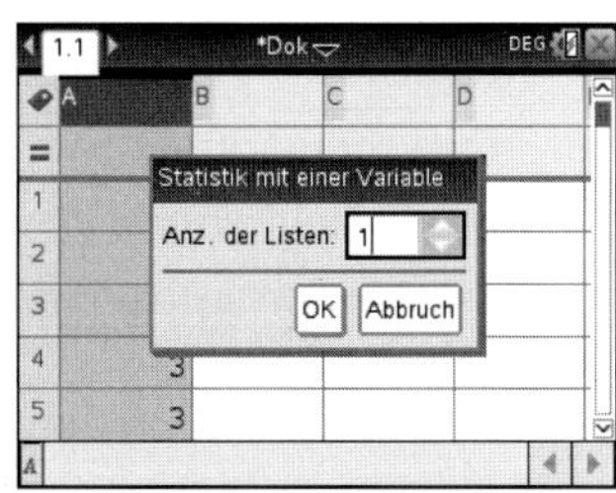

Nun musst du noch die Liste eintragen. Die angezeigten Einträge können in diesem Beispiel übernommen werden. Du bestätigst mit [enter] oder klickst auf [OK].
Es werden nun die wichtigsten statistischen Daten zu dieser Liste angezeigt.

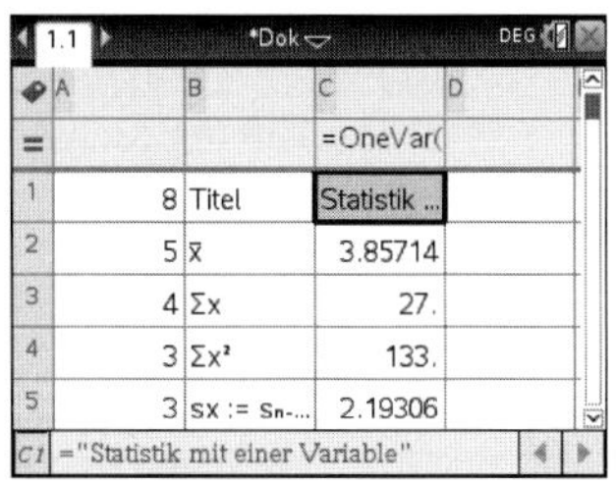

11.2 Lösungen – Daten und Zufall mit Listen

a) Du gibst zuerst den Namen der Liste ein, anschließend ctrl [:=] und ctrl [{ }], dann gibst du die Listenwerte getrennt durch die Komma-Taste [,] ein. Anschließend bestätigst du mit [enter].

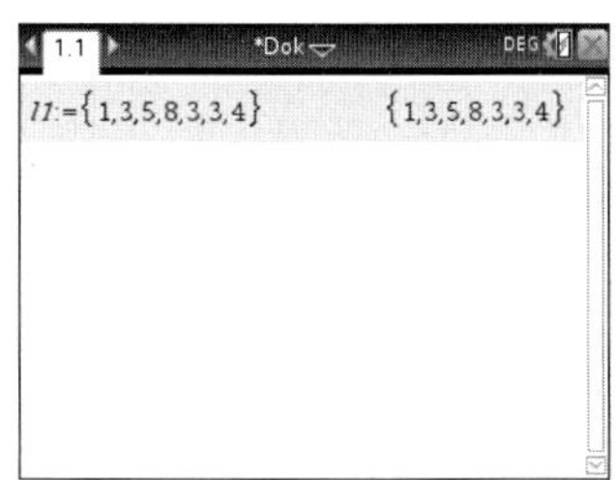

Um die Liste zu sortieren, wählst du [menu] → Statistik → Listenoperationen. Dort wählst du In absteigender Reihenfolge sortieren aus. Anschließend gibst du «l1» ein und bestätigst mit [enter].

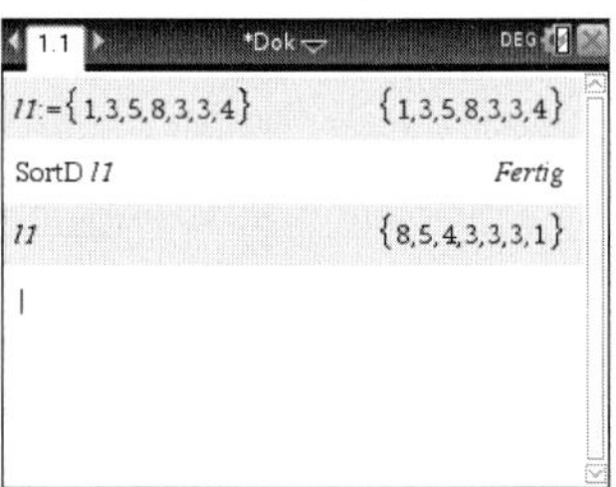

b) Um die wichtigsten statistischen Kennwerte dieser Liste anzeigen zu lassen, wählst du [menu] → Statistik → Statistische Berechnungen. Dort wählst du Statistik mit einer Variablen aus. Im nun angezeigten Fenster wählst du «l1» und bestätigst, dass es nur eine Liste gibt.

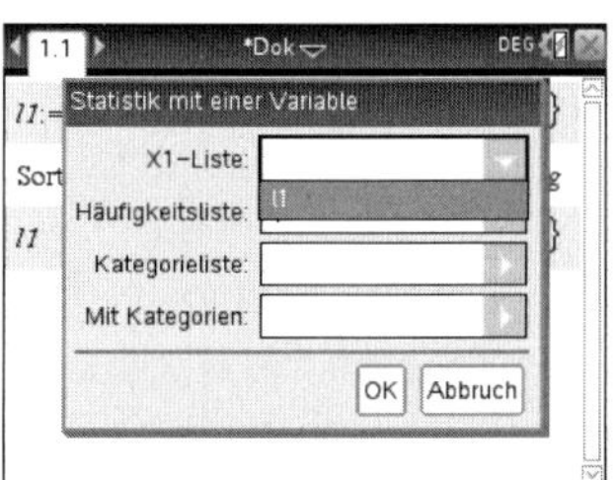

Nun werden die wichtigsten statistischen Daten zu dieser Liste angezeigt. Um den Rest anzeigen zu lassen, benutzt du den Scrollbalken am rechten Bildrand oder [▼].

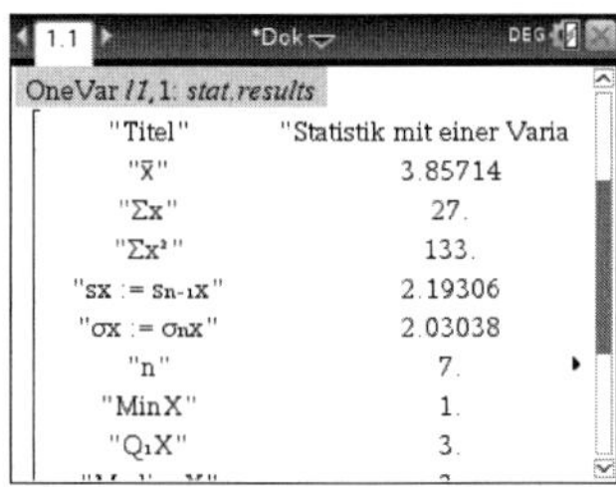

c) Wenn du «l1» in die zweite graue Zelle von oben eingibst und mit [enter] bestätigst, öffnet sich ein Fenster, da «l1» auch eine Zelle in der Tabelle bezeichnet. Hier wählst du daher Variablenverweis aus.

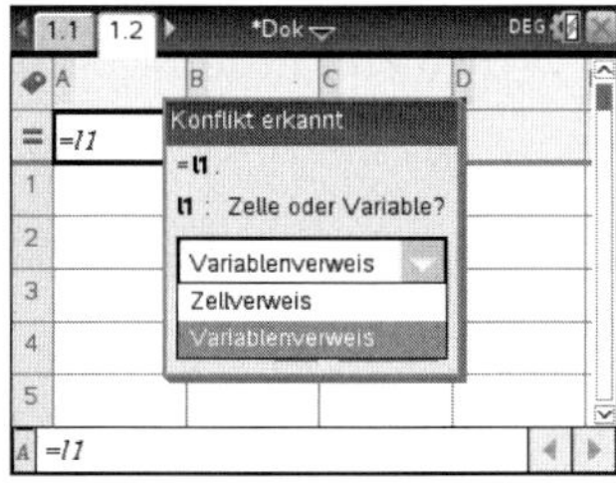

Nach dem Bestätigen werden die Listenwerte in die Spalte eingefügt und angezeigt.

11.3 Lösungen – Diagramme

a) Du fügst als erstes eine Data & Statistics-Seite ein mit ctrl [+page] → Data & Statistics hinzufügen. Es wird ein Punktdiagramm angezeigt.

Als nächstes musst du mit dem Touchpad unten in die horizontale Achse klicken und «liste1» auswählen. Du bestätigst mit [enter].

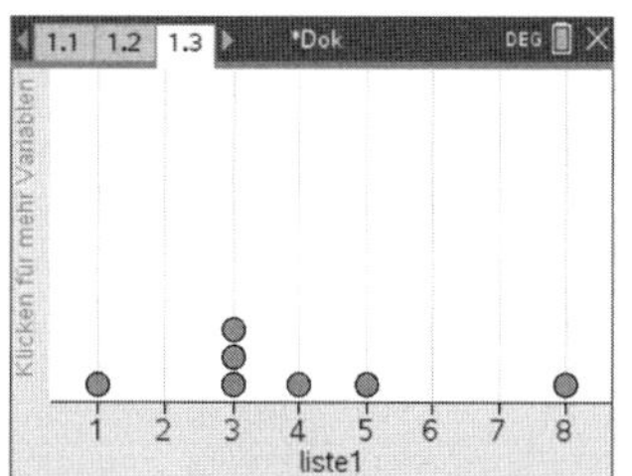

Um die Daten als Histogramm anzeigen zu lassen, benutzt du [menu] → Plot-Typ → Histogramm.

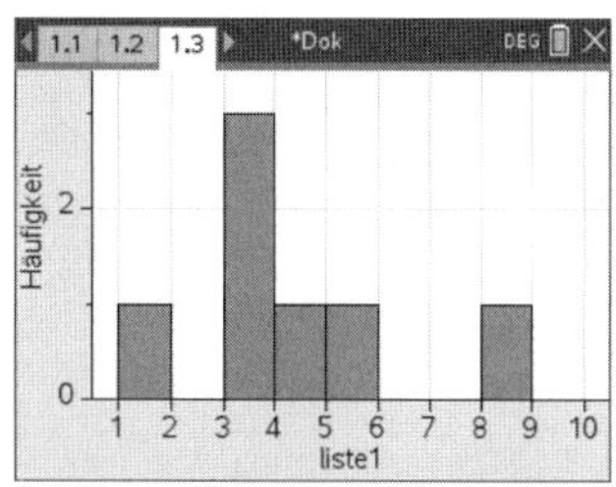

b) Um die Daten als Box-Plot zu zeichnen, benutzt du [menu] → Plot-Typ → Box Plot.

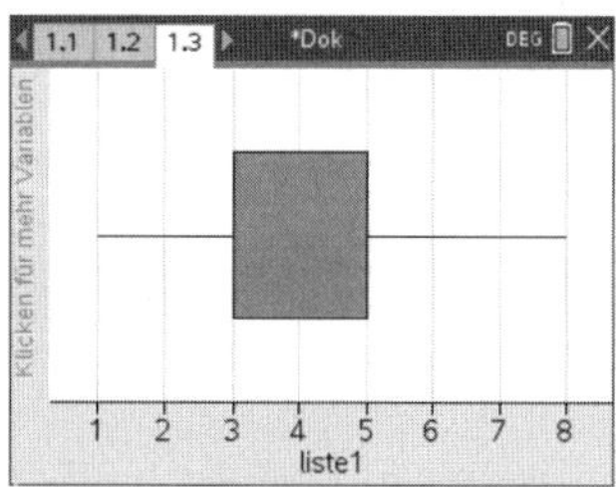

11.4 Lösungen – Regression

Zuerst gibst du die x- und y-Werte der Punkte in zwei Spalten ein. Benenne diese mit l1 und l2.

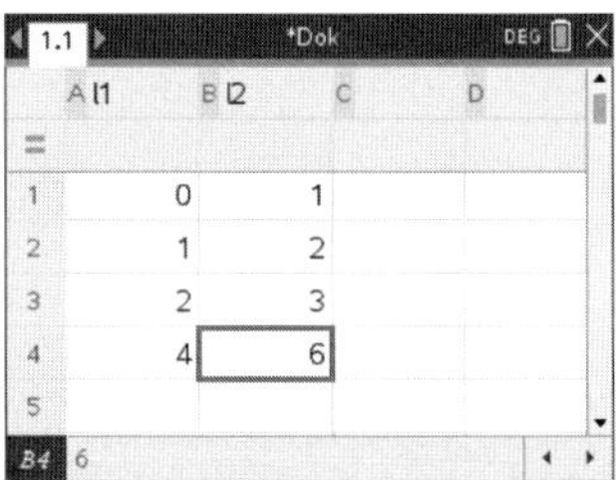

a) Bei [menu] → Statistik → Statistische Berechnungen wählst du Lineare Regression.

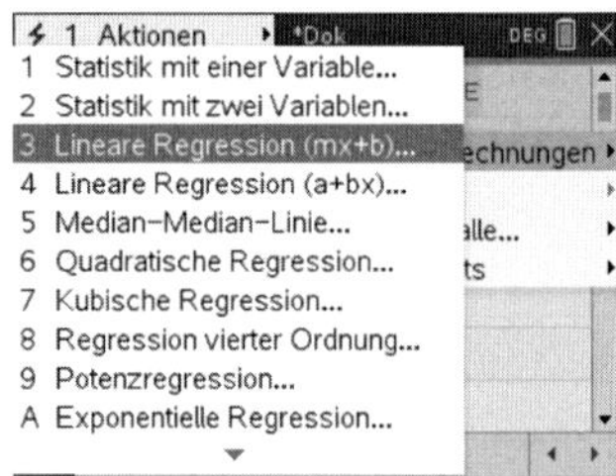

In dem sich öffnenden Fenster wählst du l1 und l2 aus (zuerst [▶] benutzen).

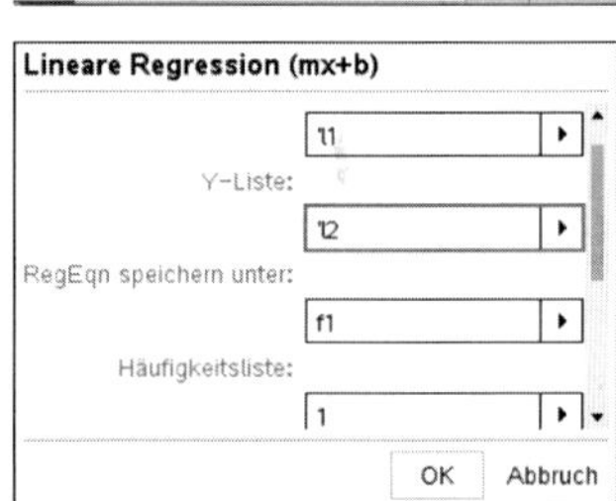

Du erhältst die Ergebnisse wie rechts dargestellt. Die Regressionsgerade hat damit die Geradengleichung $y = 1,26x + 0,8$.

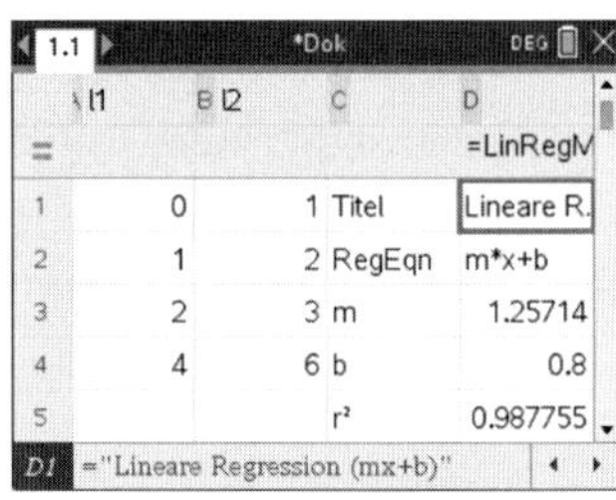

b) Um die zuvor berechneten Werte zu löschen, markierst du die oberste Zelle und drückst dann noch einmal [▲]. Anschließend benutzt du [del]. Du verfährst mit Spalte D genauso.

Bei [menu] → Statistik → Statistische Berechnungen wählst du nun Quadratische Regression. In dem sich öffnenden Fenster wählst du l1 und l2 (zuerst [▶] benutzen) aus.

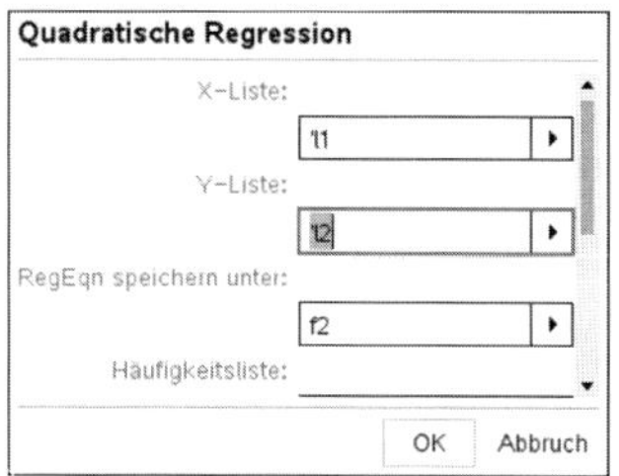

Du erhältst die Ergebnisse der Berechnung wie rechts dargestellt.
Die Gleichung der quadratischen Regressionsfunktion ist damit $f(x) = 0,11x^2 + 0,79x + 1,03$.

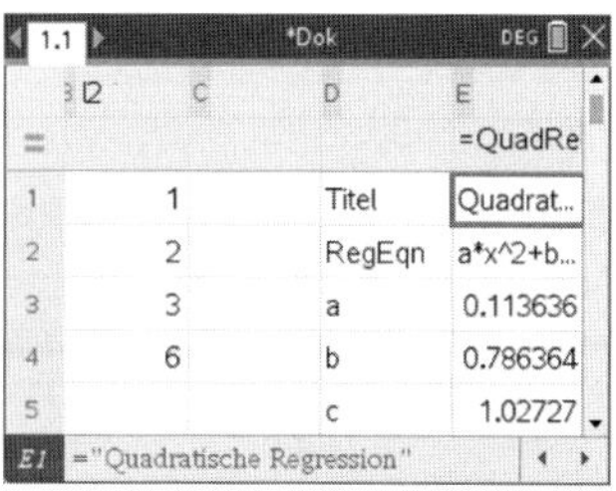

c) Um die Spalte D zu löschen, markierst du die oberste Zelle und drückst dann noch einmal [▲]. Anschließend benutzt du [del]. Du verfährst mit Spalte E genauso.

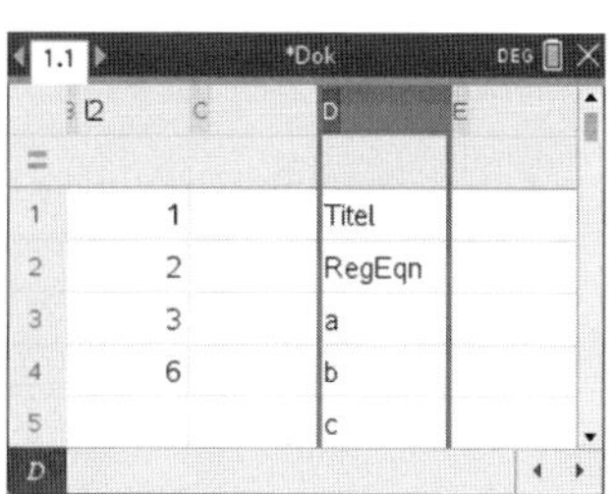

Bei [menu] → Statistik → Statistische Berechnungen wählst du nun Exponentielle Regression. In dem sich öffnenden Fenster wählst du l1 und l2 mit dem Cursor (zuerst [▶] benutzen) aus.

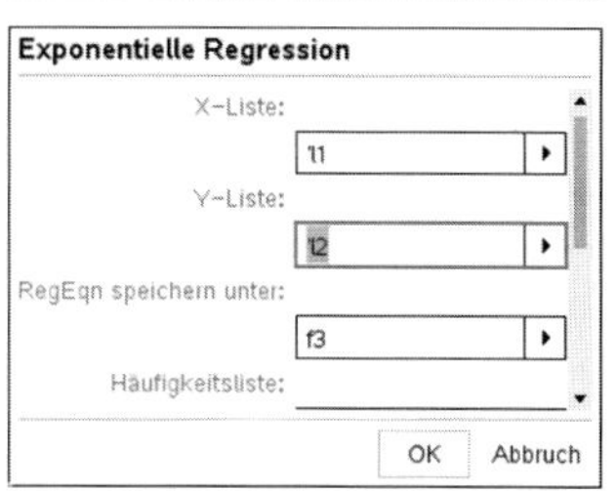

Du erhältst die Ergebnisse der Berechnung wie rechts dargestellt.
Die Gleichung der exponentiellen Regressionsfunktion ist damit $f(x) = 1,15 \cdot 1,54^x$.

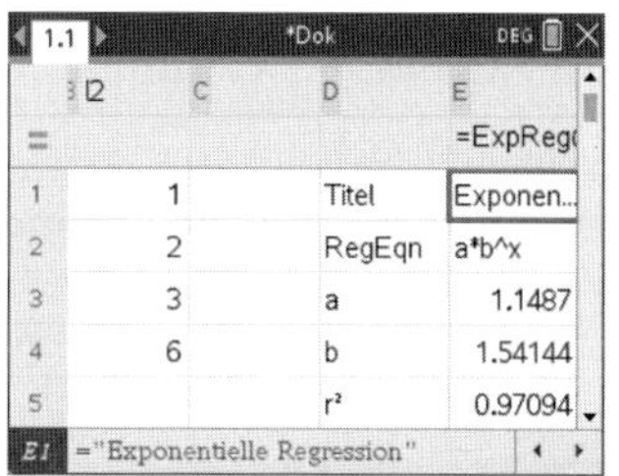

Um diese Funktion in eine e-Funktion umzuwandeln, benutzt du die Formel $b^x = e^{\ln(b)\cdot x}$.
Es ist also $f(x) = 1,15 \cdot e^{\ln(1,54)\cdot x} \approx 1,15 \cdot e^{0,4318\cdot x}$.

12 Verteilungsfunktionen

12.1 Binomialverteilung und kumulierte Binomialverteilung

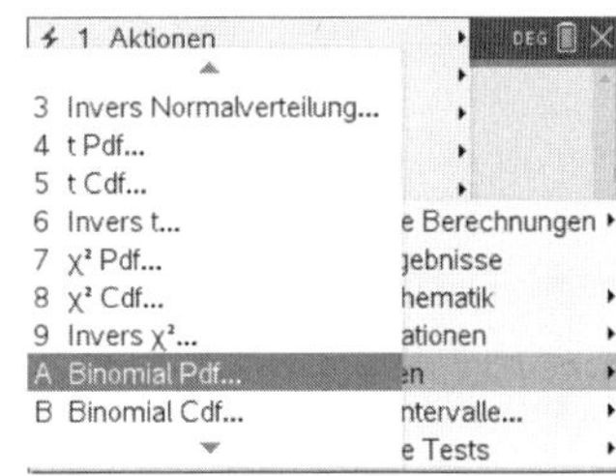

Die Binomialverteilungen findest du unter [menu] → Statistik → Verteilungen →Binomial Pdf bzw. die kumulierte Binomialverteilung unter Binomial Cdf (nach unten scrollen!).
Im Folgenden sind n die Anzahl der Versuche, p die Trefferwahrscheinlichkeit bei einer Bernoullikette und k die Anzahl der Treffer.

Die wichtigsten Verteilungsfunktionen werden wie folgt erzeugt:

- Die Binomialverteilung $P(X=k)=\binom{n}{k}\cdot p^k\cdot(1-p)^{n-k}$ wird erzeugt mit Binomial Pdf(n, p, k).
- Die kumulierte Binomialverteilung $P(X\leqslant k)=F_{n;p}(k)$ wird erzeugt mit Binomial Cdf(n, p, k).
- Die Eingabe erfolgt nach dem Schema binomPdf(n, p, k) bzw. binomCdf(n, p, k), d.h. die Reihenfolge der Eingabeparameter ist «Länge der Bernoullikette, Trefferwahrscheinlichkeit, Anzahl der Treffer».

- Es ist auch möglich, für die Anzahl der Treffer eine untere Grenze einzugeben, dann hat die Eingabe die Gestalt Binomial Cdf(n, p, untere Grenze, obere Grenze). Wird nach n und p nur ein Wert angegeben, wird die untere Grenze automatisch auf Null gesetzt.

Beispiel 1

frv.tv/ti

Eine Münze wird fünf mal geworfen. Wie hoch ist die Wahrscheinlichkeit, dass dabei *genau* zwei Mal «Zahl» geworfen wird?

Es handelt sich um eine Bernoullikette mit Länge $n=5$. Die Wahrscheinlichkeit für «Zahl» ist $p=\frac{1}{2}$. Also gilt für die Wahrscheinlichkeit, *genau* zwei Mal «Zahl» zu werfen:

$$P(X=2)=\binom{5}{2}\cdot\left(\frac{1}{2}\right)^2\cdot\left(1-\frac{1}{2}\right)^{5-2}$$

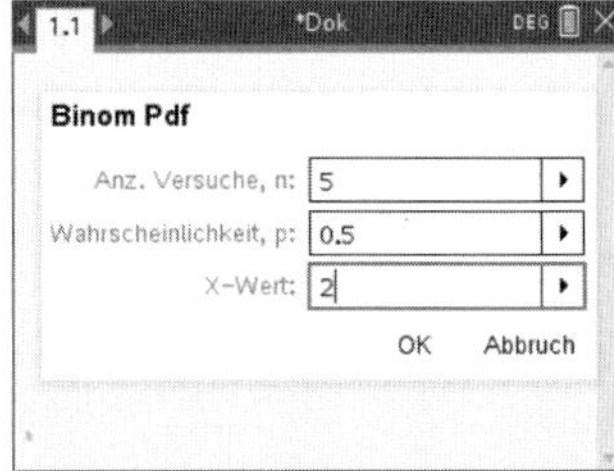

Du rufst die Binomialverteilung auf mit [menu] → Statistik → Verteilungen → Binomial Pdf, gibst die Werte ein und schließt die Eingabe durch Klicken auf [enter] oder OK ab. Dabei wird der Wert von «k» bei «X-Wert» eingegeben.

Nun werden Eingabe und Ergebnis so angezeigt, wie rechts dargestellt. Alternativ zur Eingabe über das Menü kannst du den Befehl auch direkt eintippen.
Die Wahrscheinlichkeit beträgt damit $0,3125 = 31,25\,\%$.

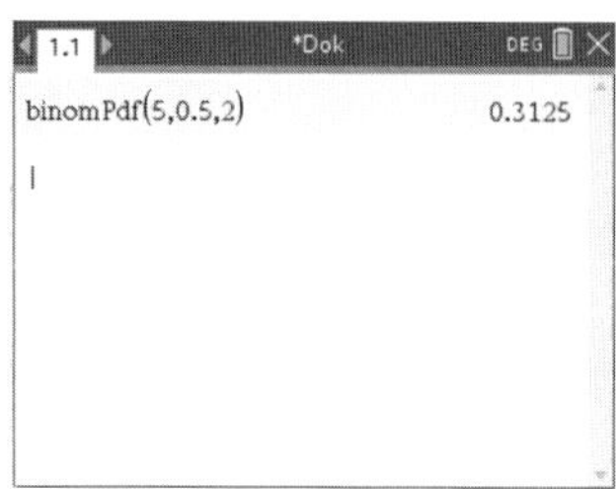

Beispiel 2

Eine Münze wird fünf mal geworfen. Wie hoch ist die Wahrscheinlichkeit, dass dabei *höchstens* zwei mal «Zahl» geworfen wird?

Es handelt sich um eine Bernoullikette mit Länge $n = 5$, die Wahrscheinlichkeit für «Zahl» ist $p = \frac{1}{2}$. Also gilt für die Wahrscheinlichkeit *höchstens* 2-mal Zahl zu werfen:

$$P(X \leqslant 2) = F_{5;\frac{1}{2}}(2)$$

Du rufst die kumulierte Binomialverteilung mit [menu] → Statistik → Verteilungen → Binomial Cdf auf, gibst die Werte ein und schließt die Eingabe durch klicken auf OK oder mit [enter] ab.

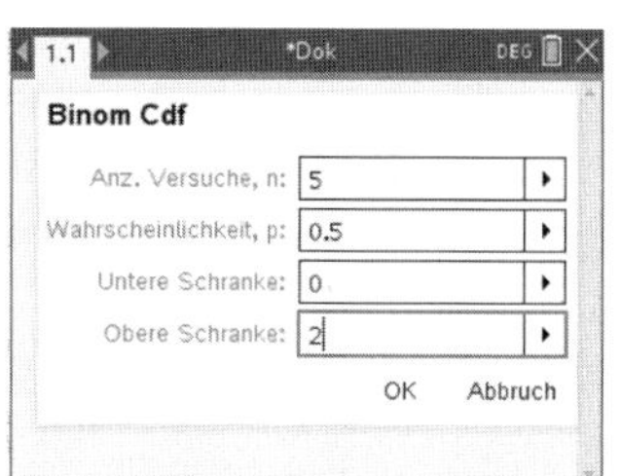

Nun werden Eingabe und Ergebnis so angezeigt, wie rechts dargestellt. Alternativ kannst du den Befehl auch direkt eingeben. Die Wahrscheinlichkeit beträgt damit $0,5 = 50\,\%$.

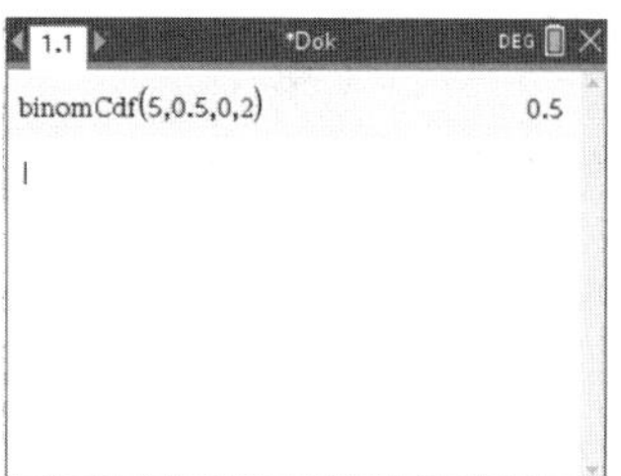

- Beim Aufrufen der kumulierten Binomialverteilung Binomial Cdf hast du auch die Möglichkeit eine untere Schranke einzugeben, standardmäßig ist dieser Wert auf Null gesetzt.

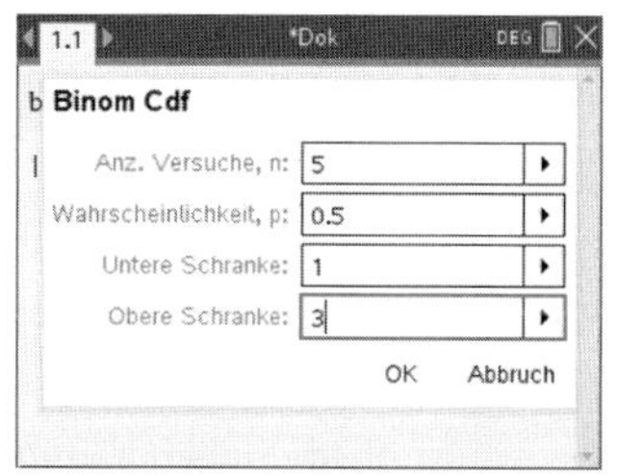

Übungen

a) Ein Würfel wird 7-mal geworfen. Wie hoch ist die Wahrscheinlichkeit, dass dabei genau 4-mal eine «Sechs» geworfen wird?

b) Ein Würfel wird 7-mal geworfen. Wie hoch ist die Wahrscheinlichkeit, dass dabei höchstens 4-mal eine «Sechs» geworfen wird?

12.2 Berechnung von Kettenlänge und Trefferwahrscheinlichkeit

Beispiel 1 (Kettenlänge n gesucht)

Wie viele Versuche muss ein Teilnehmer beim Dosenwerfen mindestens machen, damit er mit einer Wahrscheinlichkeit von 90 % mindestens 25 Treffer hat? Seine Trefferwahrscheinlichkeit p sei 70 %. Es gilt

$$P(X \geqslant 25) \geqslant 0,9$$

Man rechnet mit der Gegenwahrscheinlichkeit und erhält:

$$P(X \geqslant 25) = 1 - P(X \leqslant 24) \geqslant 0,9 \Leftrightarrow P(X \leqslant 24) \leqslant 0,1$$

Um das gesuchte n zu bestimmen, gibt es zwei Möglichkeiten (da binomCdf(n, 0.7, 24) nur für ganzzahlige Werte definiert ist, scheidet die Lösung mit Hilfe des solve-Befehls aus).

Eine Möglichkeit ist, verschiedene Werte auszuprobieren: Du definierst eine Funktion $b(n)$. Da der Wert von n gesucht ist, gibst du für diesen die Variable n ein. Die kumulierte Binomialverteilung fügst du ein mit [menu] → Statistik → Verteilungen → Binomial Cdf.

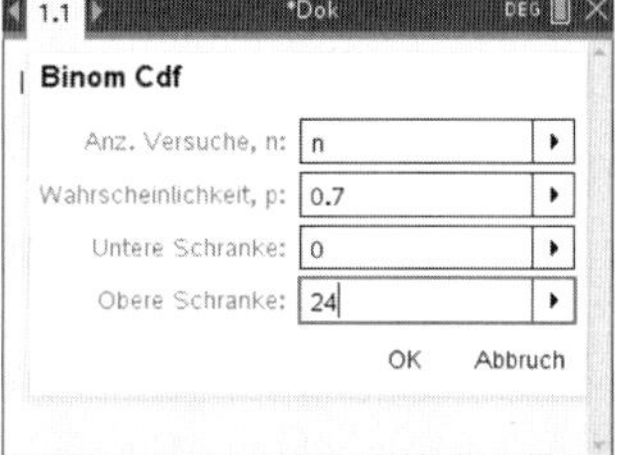

Anschließend berechnest du $b(n)$ für verschiedene Werte von n, bis der Funktionswert kleiner als 0,1 ist.

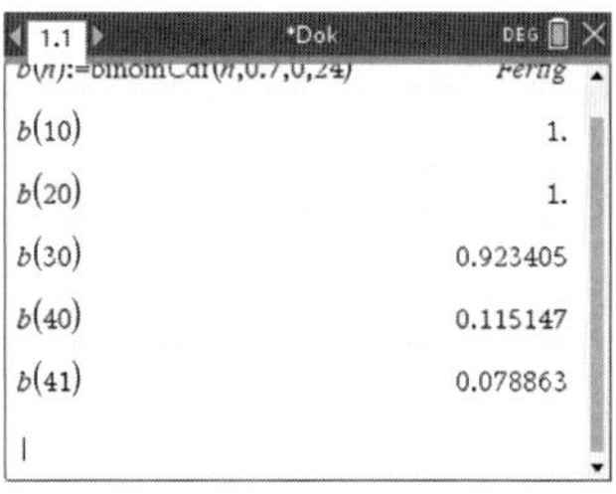

Alternativ fügst du mit [doc] → Einfügen → Lists & Spreadsheet eine Tabellenseite ein.
Mit dem Befehl [menu] → Wertetabelle → Zu Tabelle wechseln erhältst du eine Wertetabelle. Du wählst die definierte Funktion $b(n)$ aus und bestätigst mit [enter].

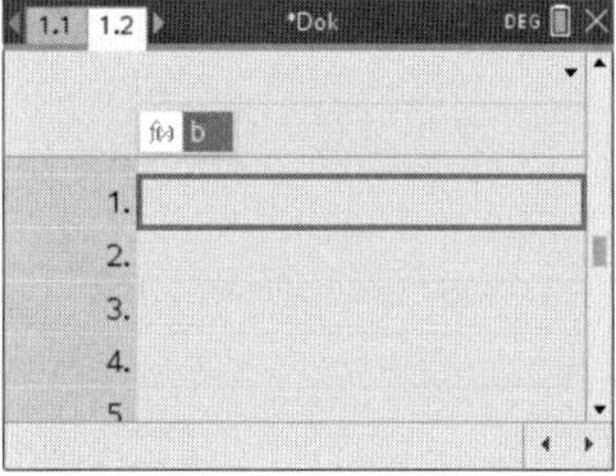

Nun siehst du, dass die Werte anfangs alle bei 1 liegen, du musst also mit [▼] nach unten scrollen.

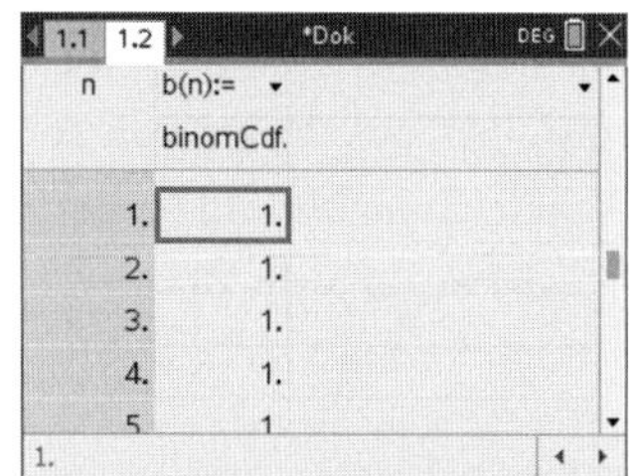

Ab $n = 41$ sind die Funktionswerte kleiner als $0,1$.
Der Teilnehmer muss also mindestens 41 Würfe machen.

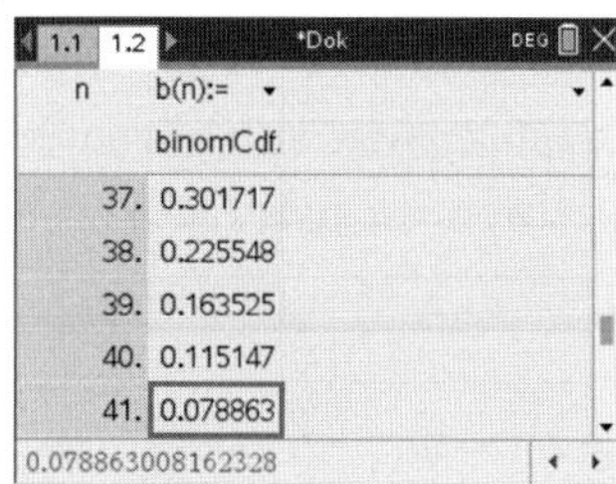

Beispiel 2 (Trefferwahrscheinlichkeit p gesucht)

Welchen Wert muss die Trefferwahrscheinlichkeit p haben, um bei 30 Versuchen mit 90%iger Sicherheit mindestens 25 Treffer zu haben? Es ist $n = 30$, $k = 25$, p ist gesucht und man verwendet die kumulierte Binomialverteilung:

frv.tv/ti

$$P(X \geqslant 25) = 0,9$$

Auch hier arbeitet man mit der Gegenwahrscheinlichkeit

$$P(X \geqslant 25) = 1 - P(X \leqslant 24) = 0,9 \Leftrightarrow P(X \leqslant 24) = 0,1$$

bzw. als Funktion geschrieben:

$$\text{binomCdf}(30, p, 24) = 0,1$$

Diese Gleichung lässt sich nicht analytisch, das heißt nicht exakt mit Hilfe des solve-Befehls lösen. Ein Weg, die gesuchte Wahrscheinlichkeit näherungsweise zu bestimmen, ist mit Hilfe eines Graph-Fensters:

Du gibst die linke Seite der Gleichung für $f1(x)$ und die rechte Seite für $f2(x)$ in einer Graph-Seite ein. Dabei muss die Funktionsvariable «x» sein, d.h. an der Stelle von p gibst du x ein: binomCdf(30, x, 24). Du kannst dazu auch den Katalog: [📖] nutzen.
Anschließend bestimmst du den Schnittpunkt.

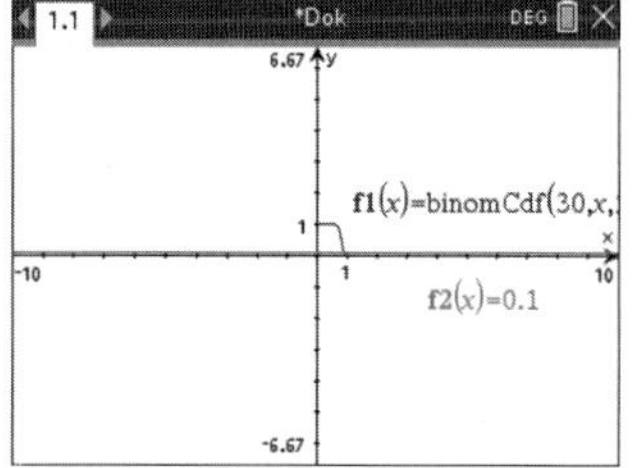

Das Grafikfenster kannst du wie nebenstehend angezeigt einstellen, ausgehend von der Überlegung, dass x und y Wahrscheinlichkeiten beschreiben, deren Werte zwischen 0 und 1 liegen.

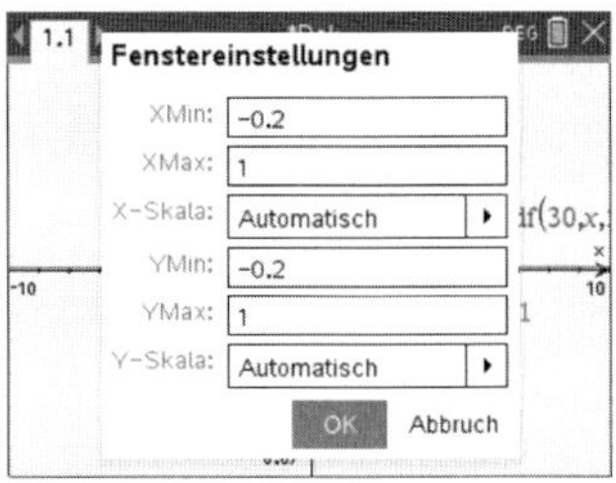

Du bestimmst den Schnittpunkt mit [menu] $\rightarrow$ Graph analysieren $\rightarrow$ Schnittpunkt.
Der Wert von p darf also höchstens $p = 0,89$ betragen.

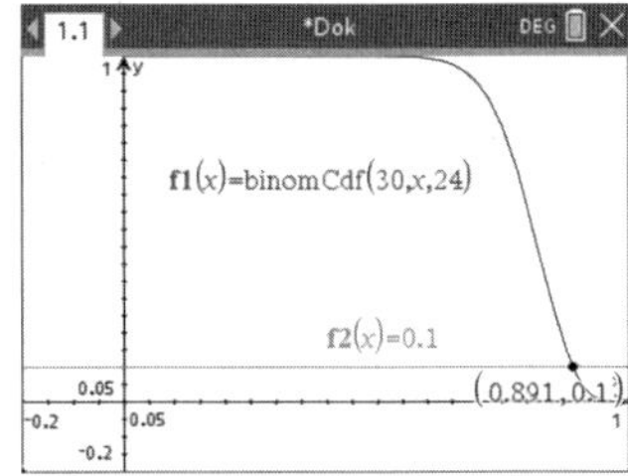

Übungen

a) Die Trefferwahrscheinlichkeit p des Teilnehmers am Dosenwerfen aus Beispiel 1 sei nun $p = 0,5$ (mindestens 25 Treffer mit einer Wahrscheinlichkeit von 90%). Wie viele Versuche muss er nun machen?

b) Welchen Wert muss die Trefferwahrscheinlichkeit p des Teilnehmers haben, wenn es ihm genügt, bei 30 Versuchen mit 90%-iger Sicherheit mindestens 20 Treffer zu landen?

12.3 Grafische Darstellung der Binomialverteilung

Mit Hilfe der Tabellenanwendung kann man Binomialverteilungen auch grafisch darstellen.

Beispiel

Für n = 10 und eine Wahrscheinlichkeit von p = 0,4 soll die Binomialverteilung grafisch dargestellt werden.

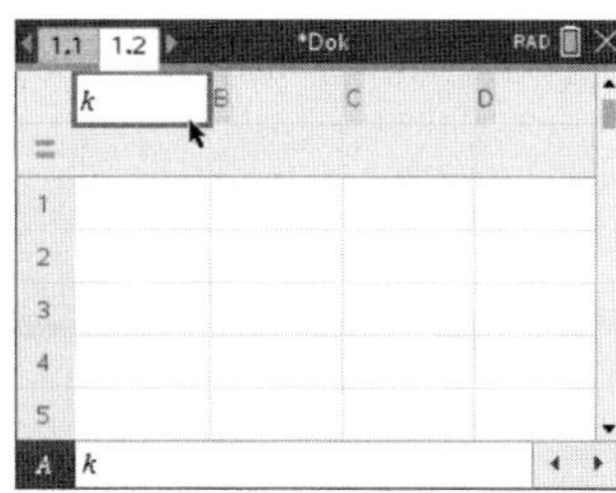

Du fügst zuerst eine Tabellenseite ein mit ctrl [+page] und Lists & Spreadsheet hinzufügen.
Die erste Spalte bezeichnest du oben mit «k», anschließend trägst du in diese Spalte die Werte von 1 bis 10 ein.

Die zweite Spalte nennst du «vt» (als Abkürzung für «Verteilung», es sind auch andere Bezeichnungen möglich). In die zweite Zeile wird die Definition der Binomialverteilung eingegeben, dabei muss für den Wert von «k» die Spaltenbezeichnung «A» benutzt werden: vt := binompdf(10, 0.4, A).

Nachdem du mit [enter] bestätigt hast, werden die Werte angezeigt.

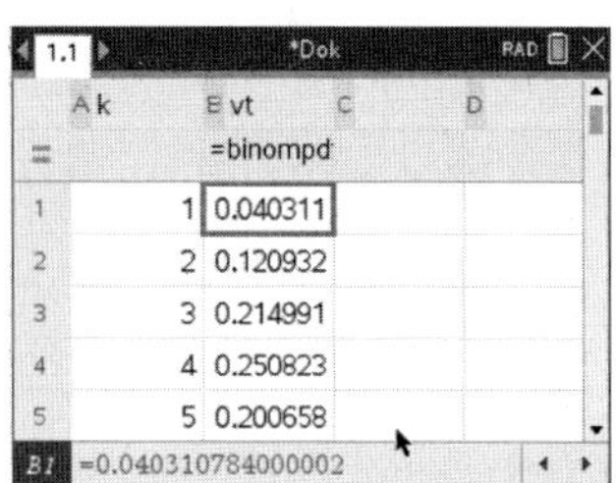

Mit ctrl [menu] rufst du das Kontextmenu auf und wählst Ergebnisdiagramm, um das Diagramm einzufügen.

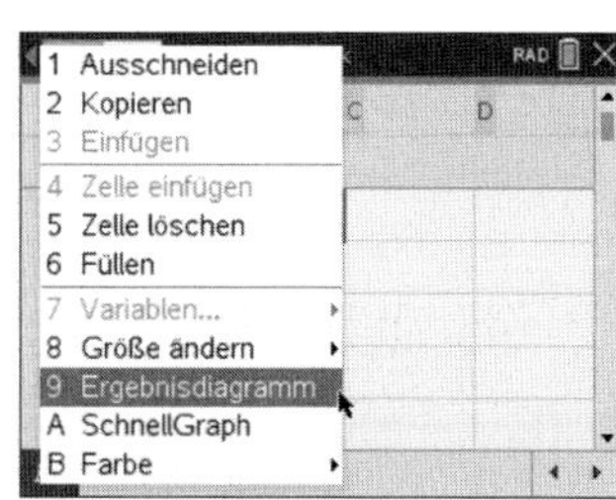

Im sich öffnenden Dialogfenster bleibt bei X-Liste die Auswahl «k» stehen, bei Ergebnisliste wählst du «vt» aus. Für die Anzeige kannst du «Seite teilen» oder «neue Seite» wählen, du bestätigst mit [OK].

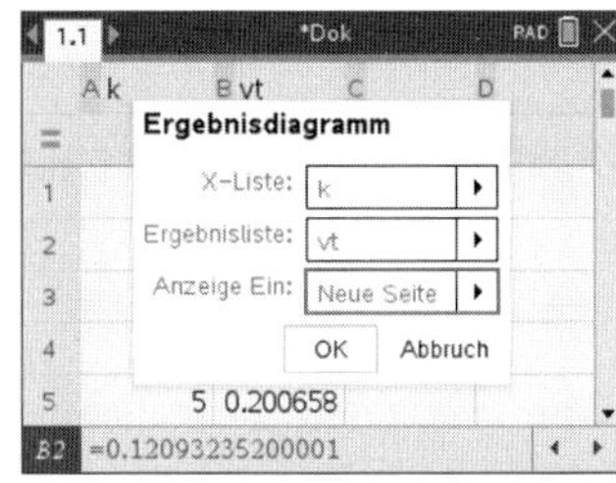

Nun wird das Diagramm angezeigt.

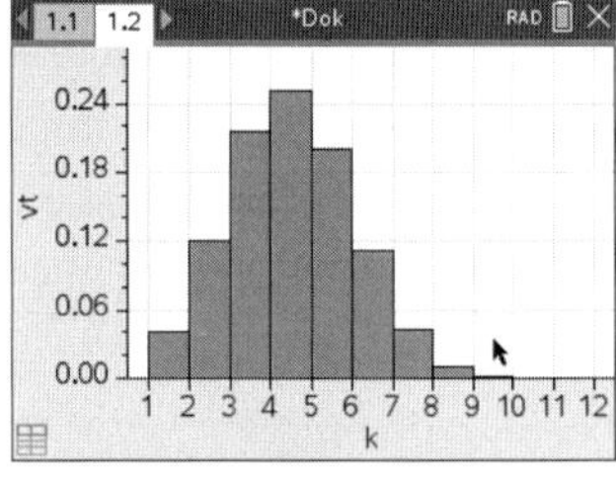

Je nachdem, wo du den Cursor plazierst, werden die Werte angezeigt.

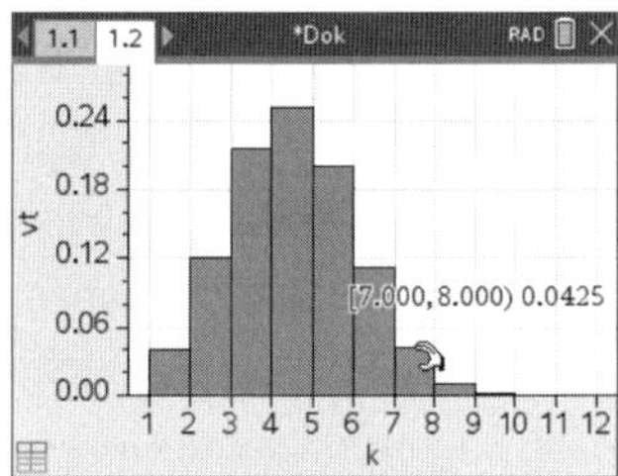

Übung

Stelle für $n = 12$ und eine Wahrscheinlichkeit von $p = 0,5$ die Binomialverteilung grafisch dar.

12.4 Die Normalverteilung

Der Rechner hat verschiedene Normalverteilungsfunktionen installiert. Diese können direkt in einer Calc-Seite aufgerufen werden.

frv.tv/ti

Die Normalverteilungen findest du unter [menu] $\rightarrow$ Statistik $\rightarrow$ Verteilungen $\rightarrow$ Normal Pdf bzw. die kumulierte Normalverteilung unter Normal Cdf.

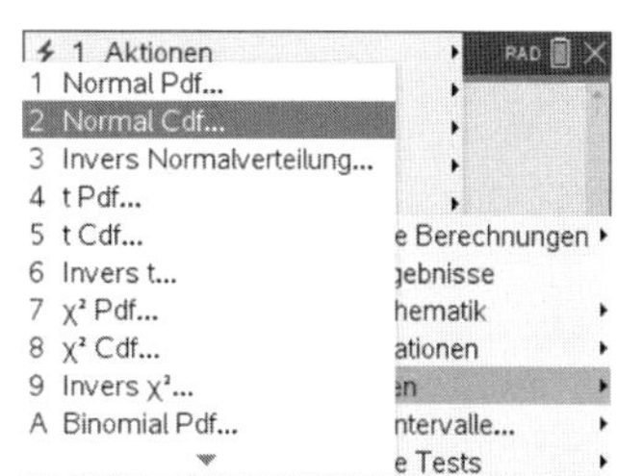

Die verschiedenen Verteilungsfunktionen sind:

- Die Normalverteilungsfunktion $P(X = x)$ wird aufgerufen mit Normal Pdf (x, μ, σ) bzw. dem Befehl normPdf. (Diese wird bei der «konkreten» Berechnung von Wahrscheinlichkeiten nicht benötigt.)

- Die kumulierte Normalverteilung P(untere Schranke $\leqslant X \leqslant$ obere Schranke) wird erzeugt mit Ncd (untere Schranke, obere Schranke, σ, μ) Normal Cdf (untere Schranke, obere Schranke, μ, σ) oder dem Befehl normCdf.

- Die inverse Normalverteilungsfunktion $P(X \leqslant k) \leqslant \alpha$ mit $k =$ Invers Normalverteilung (α, μ, σ) oder dem Befehl InvNorm.
  Diese wird benutzt, wenn nicht die Wahrscheinlichkeit, sondern ein Intervall der Zufallsvariablen gesucht ist.

Voraussetzung ist, dass die Zufallsvariable X normalverteilt ist mit $E[X] = \mu$ und $\sigma(X) > 0$.

Beispiel

Eine Maschine produziert Unterlegscheiben. Der Erwartungswert beträgt dabei $\mu = 25$ mm, die Standardabweichung ist $\sigma = 1$ mm. Gesucht sind die folgenden Wahrscheinlichkeiten:

a) Wie hoch ist die Wahrscheinlichkeit für einen Durchmesser zwischen 24 mm und 26 mm.

b) Wie hoch ist die Wahrscheinlichkeit für einen Durchmesser kleiner als 23 mm.

c) Wie groß ist der Wert des größten Durchmessers, wenn man die kleinsten 95 % aller produzierten Scheiben betrachtet?

X sei Zufallsvariable für den Durchmesser. Die gesuchten Werte werden mithilfe der Funktion für die kumulierte Normalverteilung bzw. der Inversen Normalverteilung bestimmt.

Zuerst rufst du die Verteilungsfunktionen [menu] $\rightarrow$ Statistik $\rightarrow$ Verteilungen $\rightarrow$

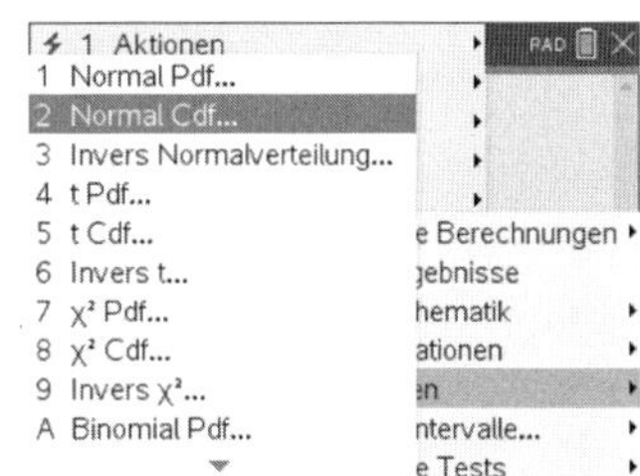

a) Du wählst im Menü die Normalverteilung Normal Cdf aus und gibst in dem Dialogfenster die Werte in der Reihenfolge «untere Schranke», «obere Schranke», μ, σ ein.

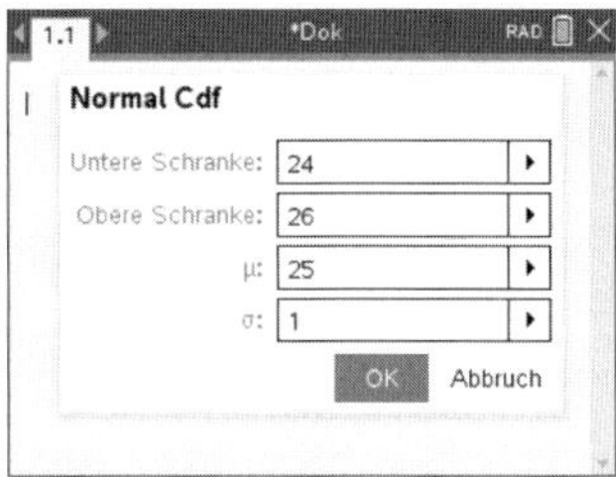

Nachdem du bestätigt hast, wird die gesuchte gesuchte Wahrscheinlichkeit angezeigt. Diese beträgt also $p \approx 0,68$.

b) Du wählst im Menü die Normalverteilung Normal Cdf aus und gibst die Werte in der Reihenfolge «untere Schranke», «obere Schranke», μ, σ ein.
Dabei ist der Wert von $-\infty$ schon eingetragen.

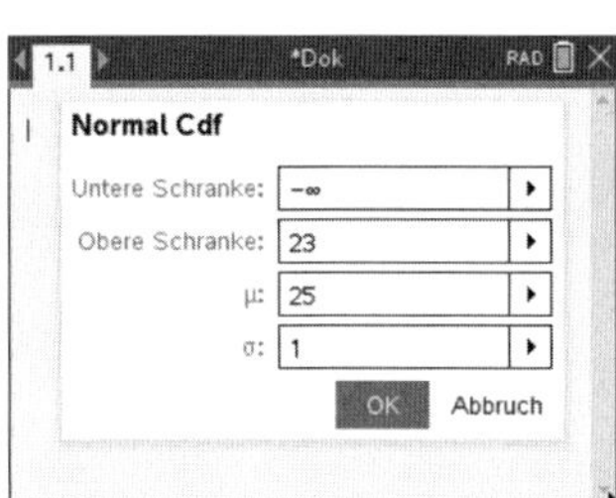

Die gesuchte Wahrscheinlichkeit beträgt also $p \approx 0,02$.

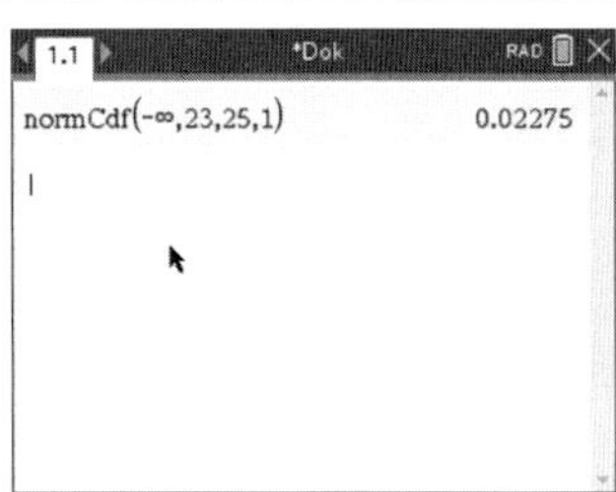

c) Du wählst im Menü die inverse Normalverteilung Invers Normalverteilung aus. Gesucht ist der Wert, für den 95 % der Fläche unter der Normalverteilungsfunktion überdeckt sind, daher gibst du bei Fläche den Wert 0,95 ein. Anschließend gibst du μ und σ ein.

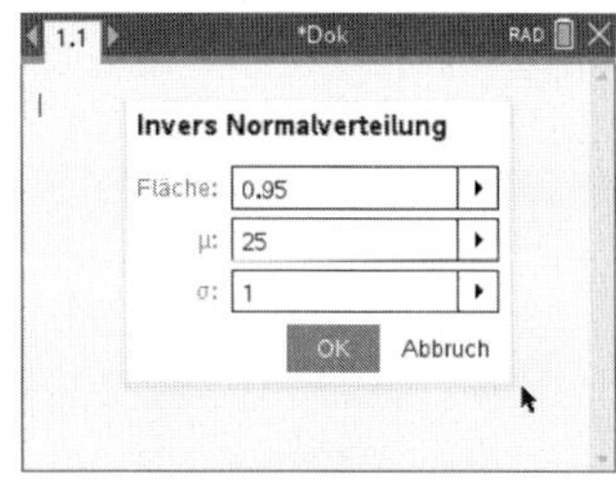

Der Höchstdurchmesser von 95% aller Scheiben beträgt also ca. 26,65 mm.

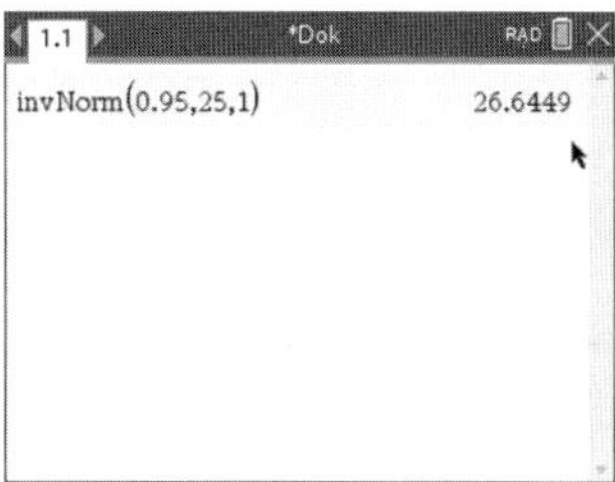

Übung

In einer Bäckerei lässt sich das Gewicht von Brezeln durch eine Normalverteilung mit dem Erwartungswert $\mu = 58\,\text{g}$ und der Standardabweichung $\sigma = 2\,\text{g}$ beschreiben.
Berechne folgende Wahrscheinlichkeiten:

a) Eine Brezel wiegt weniger als 55 g.

b) Eine Brezel wiegt zwischen 57 g und 59 g.

c) Welches Mindestgewicht haben die schwersten 5% der Brezeln?

Lösungen

12.1 Binomialverteilung und kumulierte Binomialverteilung

a) Du rufst die Binomialverteilung mit [menu] $\rightarrow$ Statistik $\rightarrow$ Verteilungen $\rightarrow$ Binomial Pdf auf, gibst die Werte ein und schließt die Eingabe durch klicken auf OK oder [enter] ab.

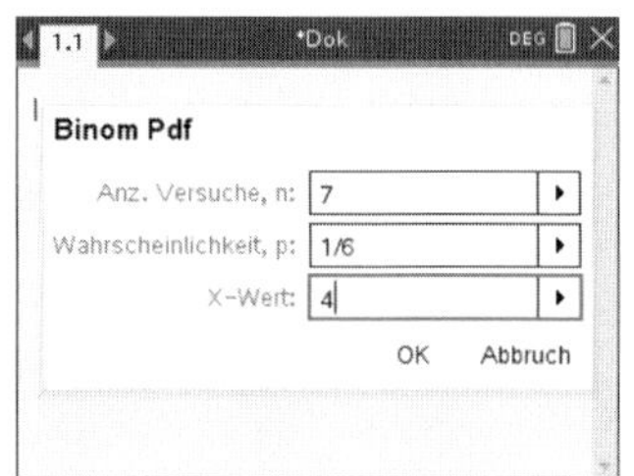

Nun werden Eingabe und Ergebnis so angezeigt, wie rechts dargestellt. Alternativ kannst du den Befehl auch direkt so eintippen, wie er rechts zu sehen ist.

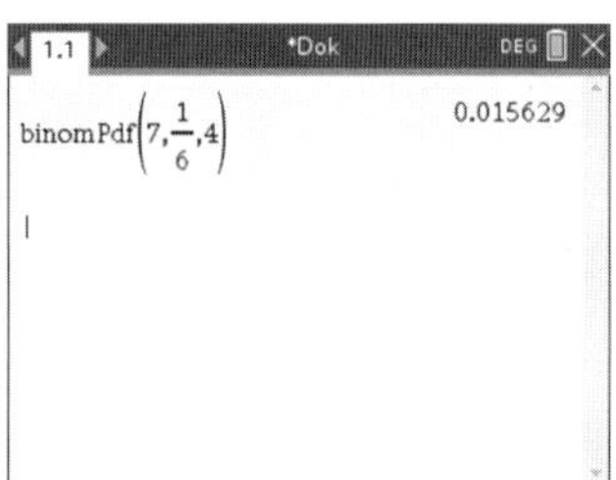

Die gesuchte Wahrscheinlichkeit beträgt damit $0{,}016 = 1{,}6\,\%$.

b) Du rufst die kumulierte Binomialverteilung mit [menu] $\rightarrow$ Statistik $\rightarrow$ Verteilungen $\rightarrow$ Binomial Cdf auf, gibst die Werte ein und schließt die Eingabe durch klicken auf OK oder auf [enter] ab.

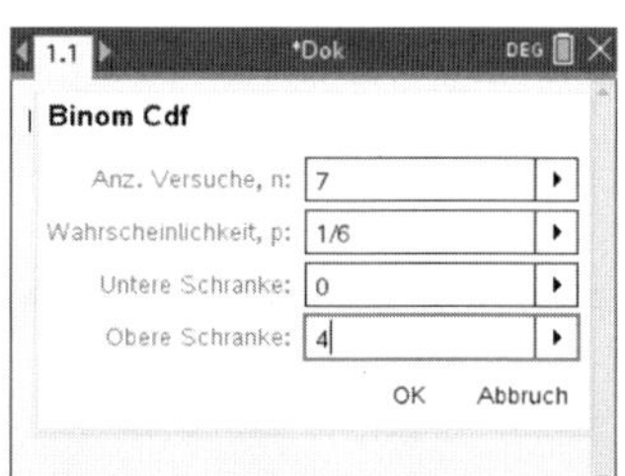

Nun werden Eingabe und Ergebnis so angezeigt, wie rechts dargestellt. Alternativ kannst du den Befehl auch direkt so eintippen, wie er rechts zu sehen ist.

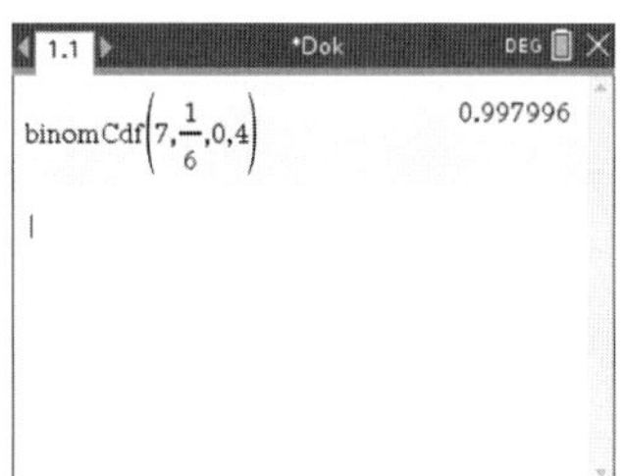

Die gesuchte Wahrscheinlichkeit beträgt damit $0{,}998 = 99{,}8\,\%$.

12.2 Berechnung von Kettenlänge und Trefferwahrscheinlichkeit

a) Die Trefferwahrscheinlichkeit p sei $p = 0{,}5$. Also ist wie bei Beispiel 1

$$1 - P(X \leqslant 24) \geqslant 0{,}9 \Leftrightarrow P(X \leqslant 24) \leqslant 0{,}1$$

In den TI-Nspire™ CX CAS muss nun binomCdf(n, 0.5, 0, 24) eingegeben werden.

Du definierst eine Funktion $b(n)$. Da der Wert von n gesucht ist, gibst du für die Anzahl der Versuche «n» ein. Du schließt die Eingabe durch Klicken auf OK oder auf [enter] ab.

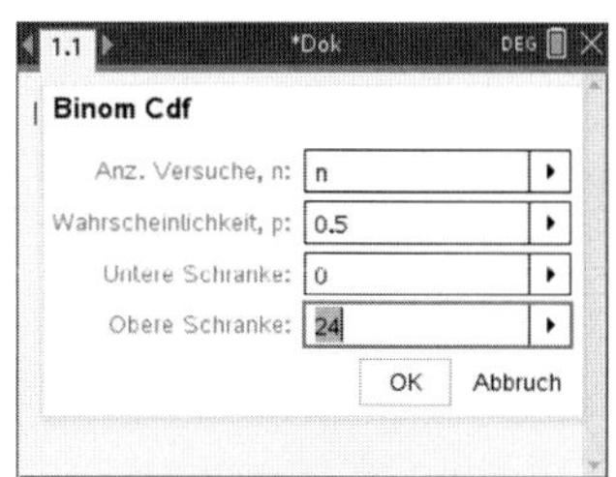

Anschließend berechnest du $b(n)$ für verschiedene Werte von n, bis der Funktionswert kleiner als $0,1$ ist. Der Wert von n muss also $n = 59$ betragen.

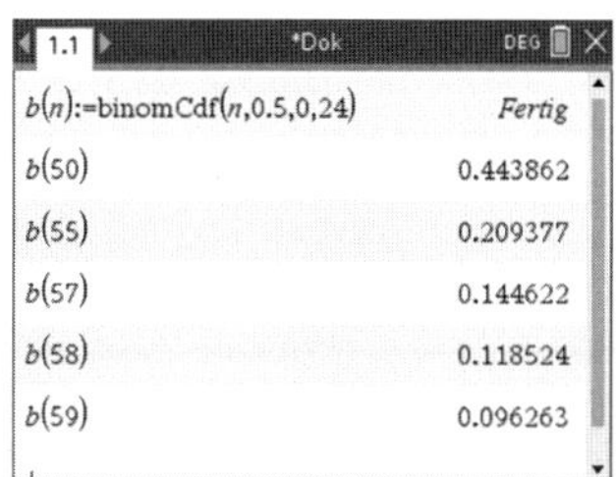

Alternativ fügst du eine Tabellenseite ein und nutzt [menu] $\rightarrow$ Wertetabelle $\rightarrow$ Zu Tabelle wechseln. Du wählst die Funktion $b(n)$ aus und bestätigst mit [enter].
Nun scrollst du mit [▼] an die gewünschte Stelle. Ab $n = 59$ sind die Funktionswerte kleiner als $0,1$.

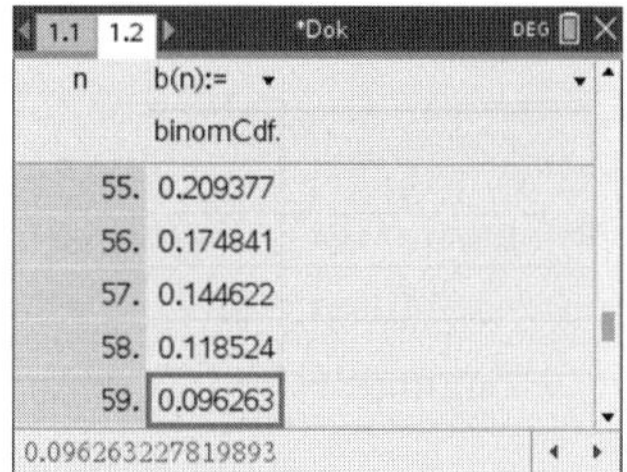

b) Es genügt dem Werfer, mit 90%iger Sicherheit mindestens 20 Treffer bei 30 Versuchen zu haben. Es ist $n = 30$, also ist:

$$P(X \geqslant 20) = 0,9$$

Mit der Gegenwahrscheinlichkeit gilt:

$$1 - P(X \leqslant 19) = 0,9 \Leftrightarrow P(X \leqslant 19) = 0,1$$

Um die Gleichung zu lösen, gibst du die linke Seite der Gleichung für $f1(x)$ und die rechte Seite für $f2(x)$ in einer Graph-Seite ein. Dabei muss die Funktionsvariable «x» sein, d.h. an der Stelle von p gibst du x ein: binomCdf(30, x, 0, 19). Anschließend bestimmst du den Schnittpunkt.

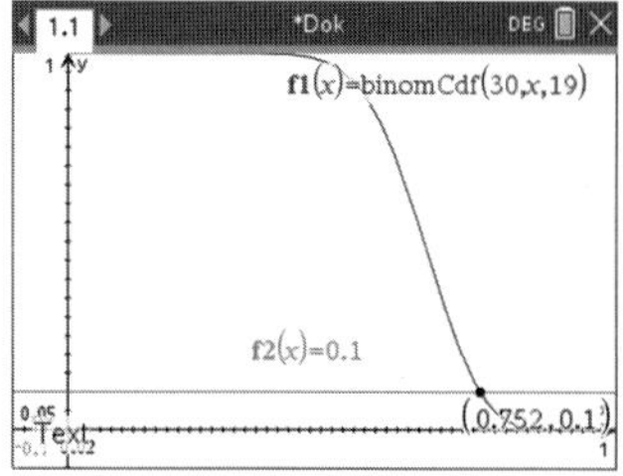

Das Grafikfenster stellst du am besten wie nebenstehend ein; ausgehend von der Überlegung, dass x und y Wahrscheinlichkeiten beschreiben, deren Werte zwischen 0 und 1 liegen.

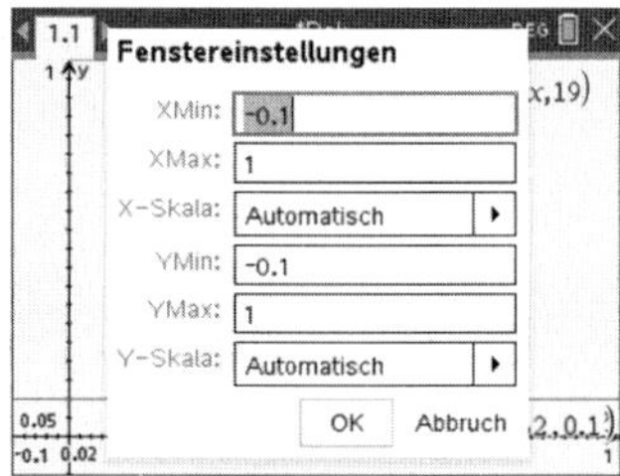

Du bestimmst den Schnittpunkt mit [menu] $\rightarrow$ Graph analysieren $\rightarrow$ Schnittpunkt.
Der Wert von p darf also höchstens $p = 0,75$ betragen.

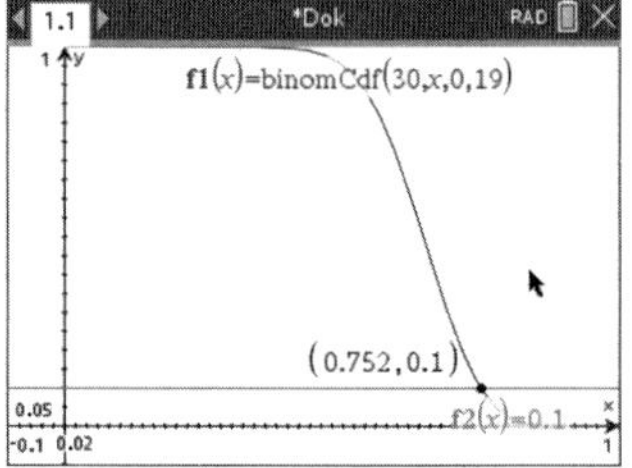

12.3 Grafische Darstellung der Binomialverteilung

Du gibst die Werte in die erste Spalte ein und definierst die zweite Spalte entsprechend: vt := binompdf(12,0.5,A)

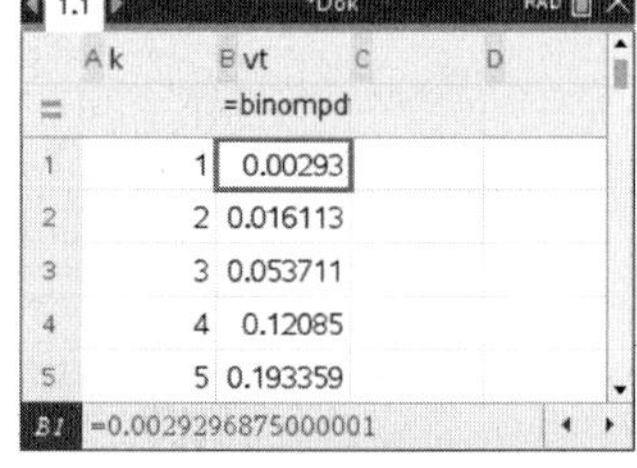

Mit ctrl [menu] rufst du das Kontextmenu auf und wählst Ergebnisdiagramm, um das Diagramm einzufügen, du wählst die Werte wie rechts dargestellt und bestätigst mit [OK].

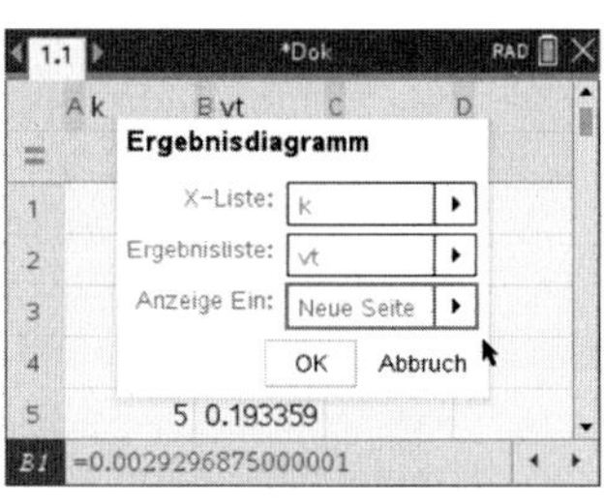

Das Diagramm der Binomialverteilung wird nun angezeigt.

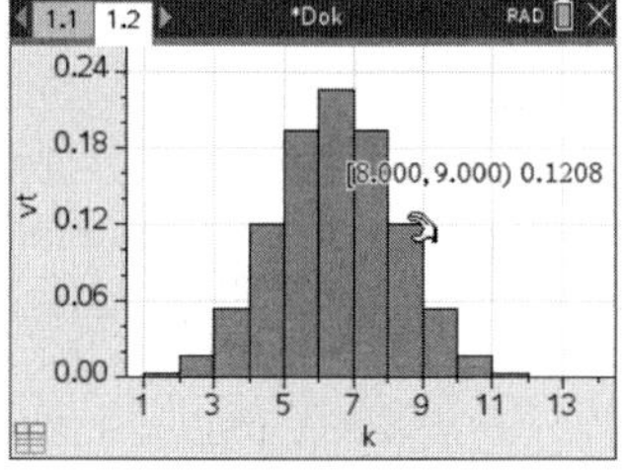

12.4 Die Normalverteilung

Du rufst die Normalverteilungen auf mit [menu] $\rightarrow$ Statistik $\rightarrow$ Verteilungen.

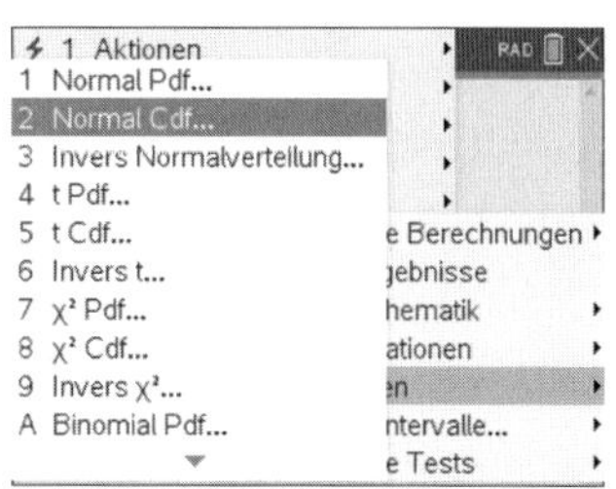

a) Du wählst im Menü die Normalverteilung Normal Cdf aus und gibst in dem Dialogfenster die Werte in der Reihenfolge «untere Schranke», «obere Schranke», μ, σ ein (Die untere Schranke ist schon eingetragen). Die gesuchte Wahrscheinlichkeit beträgt also $p \approx 0,07$.

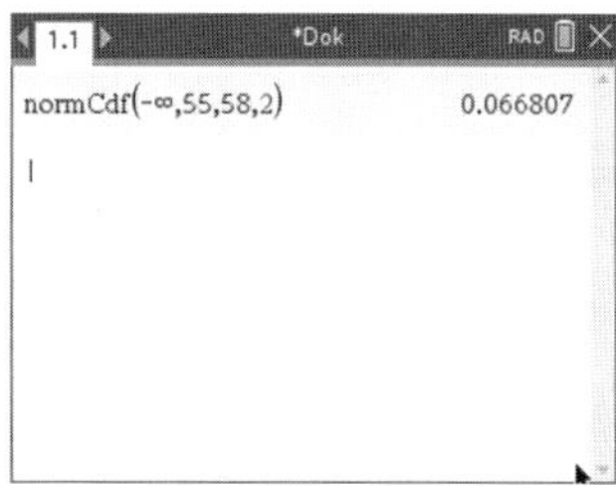

b) Du wählst im Menü die Normalverteilung Normal Cdf aus und gibst die Werte in der Reihenfolge «untere Grenze», «obere Grenze», μ, σ ein. Die gesuchte Wahrscheinlichkeit beträgt also $p \approx 0,38$.

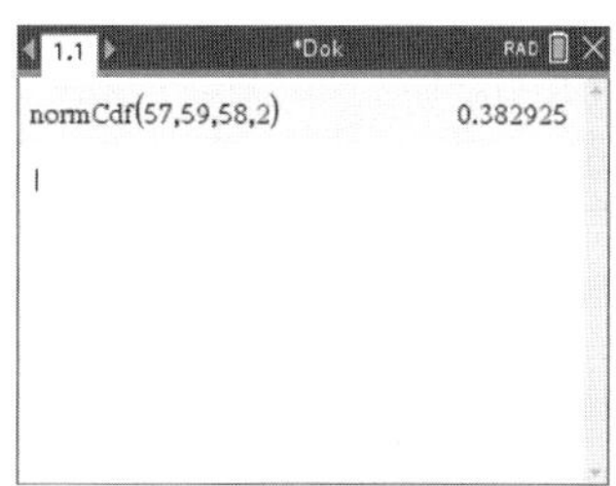

c) Du wählst im Menü die inverse Normalverteilung Invers Normalverteilung aus.
Gesucht ist der Wert, für den $100\,\% - 5\,\% = 95\,\%$ der Fläche der Normalverteilung überdeckt sind, daher gilt $\alpha = 0,95$. Das Mindestgewicht der $5\,\%$ schwersten Brezeln beträgt also ca. $61,3\,g$.

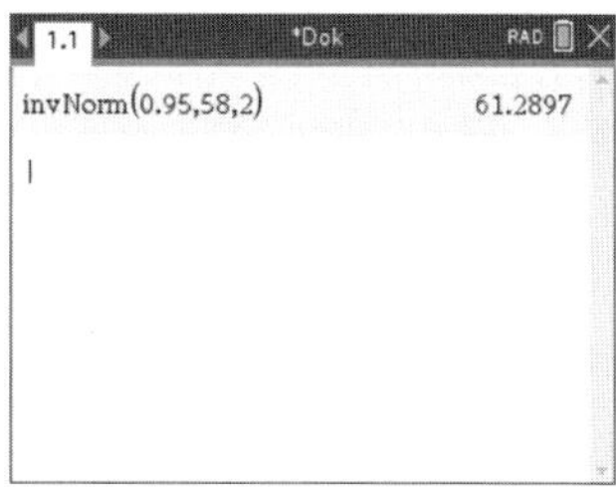

13 Komplexe Aufgaben lösen mit dem CAS

Die folgenden Aufgaben sind komplexer und im Stil von Aufgaben in Abschlussprüfungen gestellt, daher auch der Wechsel in der Aufgabenstellung vom «du» zum «Sie». Anhand dieser Aufgaben kannst du die Strategien erarbeiten, die nötig sind, um solche Aufgaben mit Hilfe des CAS zu lösen.

Bei einigen Aufgaben ist zuerst der «klassische» Weg beschrieben, d.h. das schrittweise Lösen der Aufgabe von Hand ohne Taschenrechner. Im Anschluss wird gezeigt, dass diese Aufgaben mit dem CAS oftmals schneller gelöst werden können. Am Rand befinden sich Verweise auf die Seiten im Buch, auf denen die jeweilige Methode ausführlich erklärt wird.

Die Eingaben in das CAS sind aus Übersichtlichkeitsgründen grau hinterlegt.

13.1 Medikament

Durch die Funktion

$$f(t) = 40t \cdot e^{-0,5t};\ t \geqslant 0$$

wird die Konzentration eines Medikaments im Blut eines Patienten beschrieben. Dabei wird t in Stunden seit der Einnahme und $f(t)$ in $\frac{\text{mg}}{\text{l}}$ gemessen.

a) Skizzieren Sie den zeitlichen Verlauf der Konzentration.
Nach welcher Zeit erreicht die Konzentration ihren höchsten Wert?
Wie groß ist dieser höchste Wert?
Das Medikament ist nur wirksam, wenn seine Konzentration im Blut mindestens 8 $\frac{\text{mg}}{\text{l}}$ beträgt.
Berechnen Sie den Zeitraum, in dem das Medikament wirksam ist.

b) Zu welchem Zeitpunkt wird das Medikament am stärksten abgebaut?
Wie groß ist zum Zeitpunkt $t = 4$ die momentane Änderungsrate der Konzentration?
Ab diesem Zeitpunkt wird die Konzentration des Medikaments nun näherungsweise durch die Tangente an den Graph von $f(t)$ an der Stelle $t = 4$ beschrieben.
Bestimmen Sie damit den Zeitpunkt, zu dem das Medikament vollständig abgebaut ist.

c) Das Medikament wird nun in seiner Zusammensetzung verändert, seine Konzentration im Blut wird durch die Funktion $g(t) = at \cdot e^{-bt}$ mit $a > 0$ und $b > 0$ beschrieben.
Dabei wird t in Stunden seit der Einnahme und $g(t)$ in $\frac{\text{mg}}{\text{l}}$ gemessen.
Bestimmen Sie die Konstanten a und b so, dass die Konzentration vier Stunden nach der Einnahme ihren größten Wert mit 20 $\frac{\text{mg}}{\text{l}}$ erreicht.

Lösungen – Medikament

a) Es ist $f(t) = 40t \cdot e^{-0{,}5t}$; $t \geqslant 0$.

Der Graph der Funktion f hat in dem Bereich, der für die Aufgabe relevant ist, folgenden Verlauf:

→ S. 35

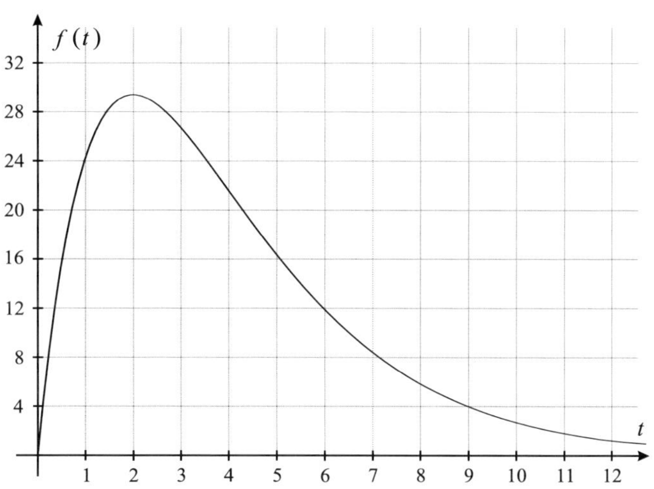

→ S. 38

Zuerst gibst du die Funktion im Graph-Fenster in der Eingabezeile als $f1(x) = 40 \cdot t \cdot e^{-0{,}5 \cdot t}$ ein.

Die Eingabe wird mit [enter] abgeschlossen. Der Graph der Funktion wird angezeigt.

Das Grafikfenster wird mit [menu] → Fenster → Fenstereinstellungen entsprechend angepasst.

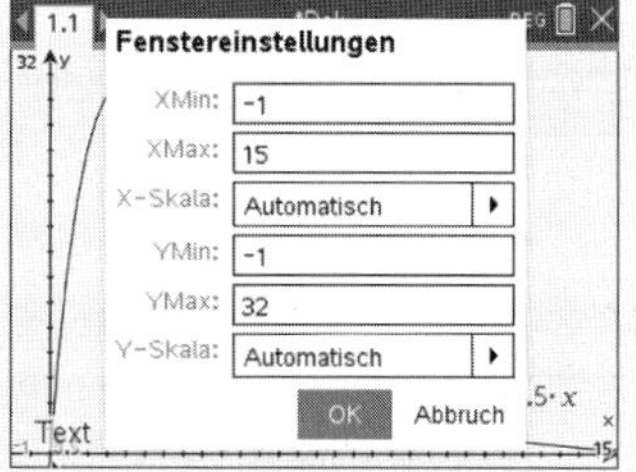

Nun ist der relevante Teil des Graphen mit dem Hochpunkt sichtbar.

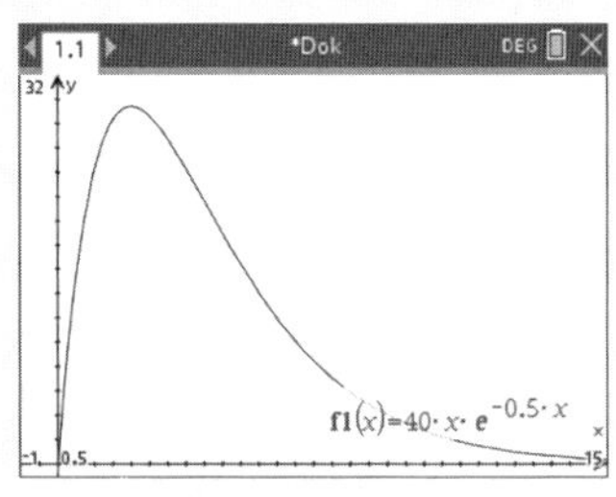

Das Maximum von $f(t)$ erhältst du mit dem CAS: $t = 2$ und $f(2) \approx 29,43$.
Nach zwei Stunden wird also die maximale Konzentration von $29,43\ \frac{\text{mg}}{\text{l}}$ erreicht.

→ S. 56

Das Maximum wird mit Hilfe von [menu] → Graph analysieren → Maximum berechnet.

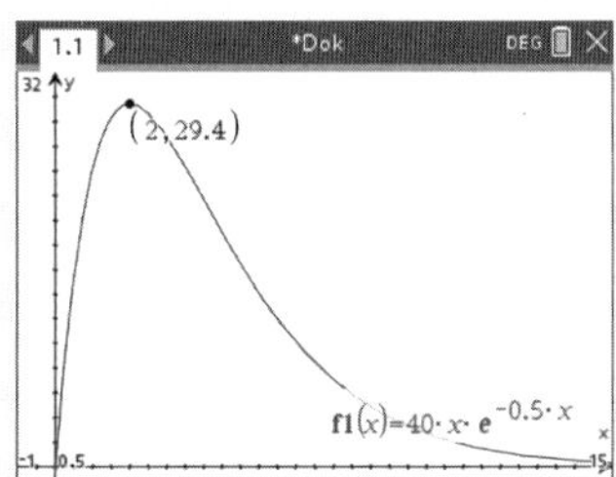

Das Medikament ist wirksam, wenn die Konzentration größer als $8\ \frac{\text{mg}}{\text{l}}$ ist. Um den Anfangs- und Endzeitpunkt zu bestimmen, musst du den Graphen von $f(t)$ mit der Geraden $y = 8$ schneiden. Die Ergebnisse dieser Schnittpunktbestimmung sind: $t_1 \approx 0,22$ und $t_2 \approx 7,15$. Damit ist:

$$t_2 - t_1 = 6,93$$

Die Länge des Wirksamkeitszeitraums beträgt somit etwa 7 Stunden.

S. 47

Zuerst gibst du die Funktion $y = 8$ in einer Graph-Seite als $f2(x) = 8$ in die Eingabezeile ein.

Jetzt rufst du mit [menu] → Graph analysieren → Schnittpunkt die Schnittpunktsberechnung auf und bestimmst die beiden Schnittpunkte.
(Alternativ kannst du die solve-Funktion in einer Calc-Seite benutzen.)

b) Um den Zeitpunkt, an dem das Medikament am stärksten abgebaut wird, zu erhalten, gibt es verschiedene Lösungswege:
Man kann mit Hilfe der Produktregel die Ableitung $f'(t)$ berechnen:

$$f'(t) = 40e^{-0,5t} + 40t \cdot e^{-0,5t} \cdot (-0,5) = (40 - 20t)e^{-0,5t}$$

Das Minimum von $f'(t)$ erhält man mit dem CAS: $t = 4$.
Genau 4 Stunden nach Einnahme des Medikaments wird es am stärksten abgebaut.
Die momentane Änderungsrate zum Zeitpunkt $t = 4$ erhält man mit $f'(t)$ oder mit dem CAS: → S. 60

$$f'(4) = (40 - 20 \cdot 4)e^{-0,5 \cdot 4} = -40e^{-2} = -\frac{40}{e^2} \approx -5,41.$$

Nach 4 Stunden beträgt die momentane Änderungsrate also etwa $-5,4\ \frac{\text{mg}}{\text{l}}$.
Mit Hilfe des CAS kann diese Berechnung komplett durchgeführt werden:

Um $f3(x)$ als Ableitung von $f1(x)$ zu definieren, fügst du den Ableitungsbefehl $\frac{\text{d}}{\text{d}\square}\square$ in die Eingabezeile mit [⊡{⊟}] ein. Du wählst den Befehl aus und bestätigst mit [enter] (füge x im Nenner und $f1(x)$ in der Klammer ein).

Es ist sinnvoll, zuerst noch die y-Werte des Fensters anzupassen, z.B auf Ymin $= -10$. Dann rufst du mit [menu] → Graph analysieren → Minimum die Minimumsberechnung auf und klickst auf den Graphen der Ableitung, um diesen auszuwählen.

Du wählst die untere und die obere Schranke, bestätigst jeweils mit [enter] und erhältst den Tiefpunkt.
(Der y-Wert des Punktes ist der Funktionswert der Ableitung und damit die gesuchte Änderungsrate.)

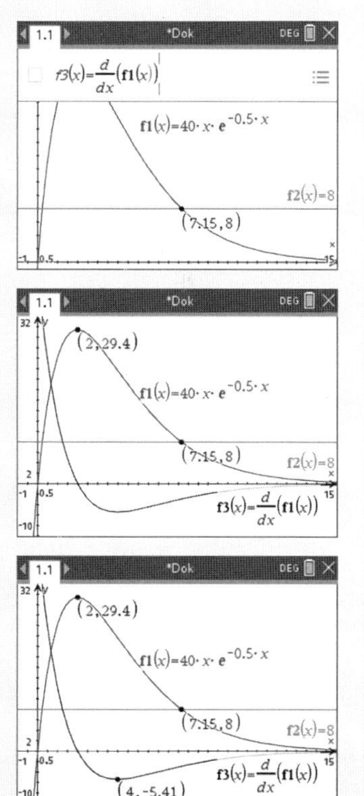

Alternativ kannst du den Punkt der stärksten Abnahme, der ja der Wendepunkt ist, direkt mit der Funktion [menu] → Graph analysieren → Wendepunkt bestimmen. Um die Änderungsrate zu ermitteln, ist es aber nötig, die Ableitung und den Ableitungswert von $x = 4$ zu bestimmen.

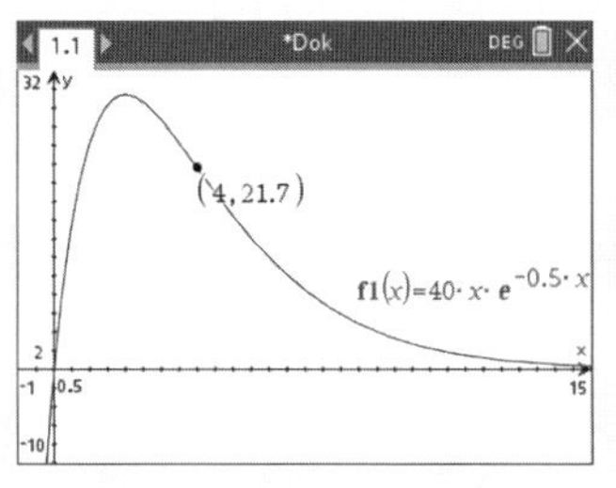

Um die Gleichung der Tangente t^* an den Graphen von $f(t)$ an der Stelle $t_1 = 4$ zu erhalten, setzt du $t_1 = 4$, $y_1 = f(4) = 160e^{-2}$ und $m = f'(4) = -40e^{-2}$ in die Punkt-Steigungsform $y - y_1 = m(t - t_1)$ ein:

$$y - 160e^{-2} = -40e^{-2} \cdot (t-4) \Rightarrow y = -40e^{-2}t + 320e^{-2}$$

Schneidet man die Tangente mit der x-Achse, so erhält man:

$$0 = -40e^{-2}t + 320e^{-2} = e^{-2}(320 - 40t) \Rightarrow 320 - 40t = 0 \Rightarrow t = 8$$

Nach 8 Stunden ist das Medikament also vollständig abgebaut.
→ S. 68
Mit dem CAS geht das Ganze direkt:

Du benutzt den Befehl tangentLine, den du in einem Calc-Fenster mit [menu] → Analysis → Tangententerm aufrufst. Die Tangente hat die Gleichung $y = -5{,}41x + 43{,}31$.

1.1 1.2 *Dok DEG
f4(x):=tangentLine(f1(x),x=4) Fertig
f4(x) 43.3073-5.41341·x

Die Nullstelle der Tangente $f4(x)$ bestimmst du mit Hilfe des solve-Befehls.

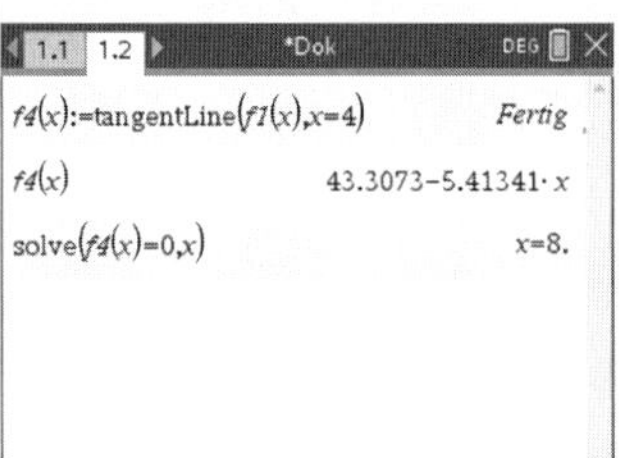

c) Es ist $g(t) = a \cdot t \cdot e^{-bt}$; $a > 0$, $b > 0$.
Die Ableitung $g'(t)$ erhältst du mit der Produkt- und Kettenregel:

$$g'(t) = a \cdot e^{-bt} + at \cdot e^{-bt} \cdot (-b) = (a - a \cdot b \cdot t) \cdot e^{-bt}$$

Damit die Konzentration $g(t)$ nach 4 Stunden ihren größten Wert von $20\,\frac{\text{mg}}{\text{l}}$ annimmt, müssen folgende Bedingungen gelten:

$$\begin{aligned} g(4) &= 20 \\ g'(4) &= 0 \end{aligned}$$

Als Gleichungssystem geschrieben bedeutet das:

$$\begin{array}{lrcl} \text{I} & 4a\cdot e^{-4b} & = & 20 \\ \text{II} & (a-4a\cdot b)\cdot e^{-4b} & = & 0 \end{array}$$

Betrachtet man Gleichung II, so ergibt sich (da der zweite Faktor nicht gleich Null sein kann):

$$a-4a\cdot b=0$$

Ausklammern führt zu:

$$a(1-4b)=0$$

Wegen $a>0$ folgt:

$$1-4b=0 \Rightarrow b=\frac{1}{4}$$

Setzt man $b=\frac{1}{4}$ in Gleichung I ein, so ergibt sich:

$$4a\cdot e^{-4\cdot 0{,}25}=20 \Rightarrow 4a\cdot e^{-1}=20 \Rightarrow a=5e\approx 13{,}59$$

Die Konzentration erreicht also 4 Stunden nach der Einnahme ihren größten Wert von $20\,\frac{\text{mg}}{\text{l}}$, wenn $a=5e$ und $b=\frac{1}{4}$ gewählt werden.
Die Funktion $g(t)$ lautet dann:

→ S. 30

$$g(t)=5e\cdot t\cdot e^{-\frac{1}{4}t}=5te^{1-\frac{1}{4}t}$$

Du definierst zuerst die Funktion $g1(t)$ und ihre Ableitung $g2(t)$.

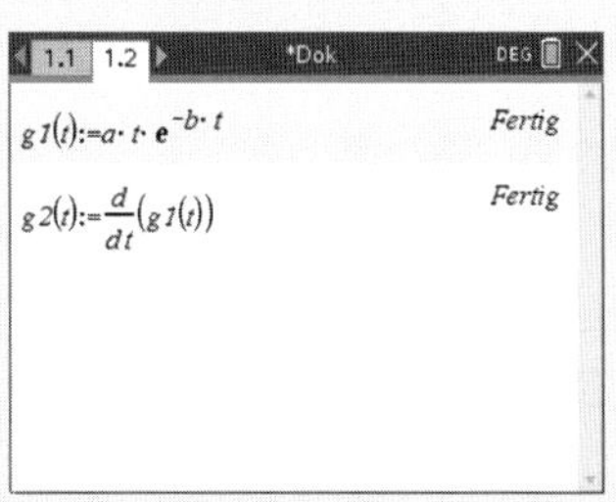

Im nächsten Schritt rufst du die Gleichungslösefunktion Solve auf mit [menu] → Algebra → Gleichungssystem lösen → Gleichungssystem lösen..., passt die Variablennamen an und gibst die Gleichungen ein. Du schließt die Eingabe mit [enter] ab.

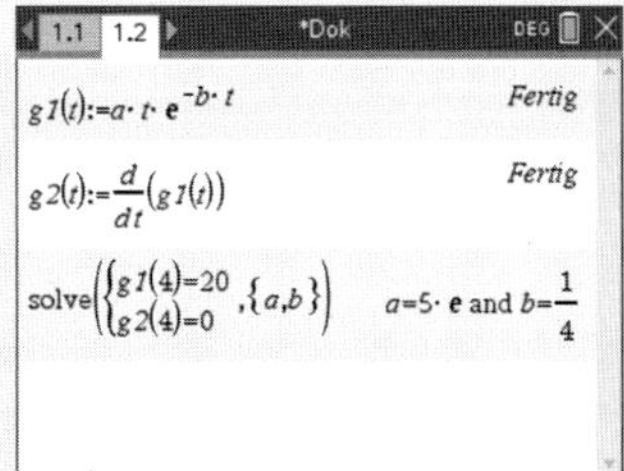

13.2 Mountainbikes

Eine kleine Firma stellt Mountainbikes her. Bei einer Monatsproduktion von x Mountainbikes entstehen Fixkosten in Höhe von 5000 Euro und variable Kosten $\mathrm{V}(x)$ (in Euro), die durch folgende Tabelle modellhaft gegeben sind:

x	0	2	6	10
$\mathrm{V}(x)$	0	306	954	1650

a) Bestimmen Sie die Funktionsgleichung der ganzrationalen Funktion 2. Grades $\mathrm{V}(x)$ sowie der monatlichen Herstellungskosten H in Abhängigkeit von x.

b) Skizzieren Sie den Graphen von $\mathrm{H}(x)$ für $0 \leqslant x \leqslant 200$ in ein geeignetes Koordinatensystem.
Bei welcher Produktionszahl sind die variablen Kosten fünfmal so hoch wie die Fixkosten?

c) Alle monatlich produzierten Mountainbikes werden zu einem Preis von 450 Euro pro Stück an einen Händler verkauft.
Geben Sie den monatlichen Gewinn G in Abhängigkeit von x an und skizzieren Sie den Graphen der Gewinnfunktion G in das vorhandene Koordinatensystem.
Bei welchen Produktionszahlen macht die Firma Gewinn?
Wie hoch ist der maximale Gewinn pro Monat?

d) Durch große Konkurrenz auf dem Markt muss die Firma den Preis pro Mountainbike senken.
Um wie viel Prozent vom ursprünglich erzielten Preis kann die Firma den Preis höchstens senken, wenn pro Monat 90 Mountainbikes produziert werden und der Gewinn mindestens 2000 Euro betragen soll?

Lösungen – Mountainbikes

a) Da die variablen Kosten V durch eine ganzrationale Funktion 2. Grades beschrieben werden sollen, gilt für V der Ansatz: $\mathrm{V}(x) = ax^2 + bx + c$. Aus den gegebenen Daten erhältst du die folgenden Gleichungen:

$$\begin{array}{lrcr} \text{I} & \mathrm{V}(0) & = & 0 \\ \text{II} & \mathrm{V}(2) & = & 306 \\ \text{III} & \mathrm{V}(6) & = & 954 \\ \text{IV} & \mathrm{V}(10) & = & 1650 \end{array}$$

bzw. für drei gesuchte Variablen das folgende lineare Gleichungssystem:

$$\begin{array}{lccccccr} \text{I} & a\cdot 0^2 & + & b\cdot 0 & + & c & = & 0 \\ \text{II} & a\cdot 2^2 & + & b\cdot 2 & + & c & = & 306 \\ \text{III} & a\cdot 6^2 & + & b\cdot 6 & + & c & = & 954 \end{array}$$

Die Lösung für c kannst du direkt ablesen: $c = 0$. Damit vereinfacht sich das Gleichungssystem:

$$\begin{array}{lccccr} \text{II} & 4a & + & 2b & = & 306 \\ \text{III} & 36a & + & 6b & = & 954 \end{array}$$

Das Gleichungssystem löst du anschließend mit dem CAS. Als Lösungen ergeben sich $a = 1,5$; $b = 150$ (und $c = 0$). → S. 30

Auch die letzte Tabellenangabe $\mathrm{V}(10) = 100a + 10b = 1650$ ist für diese Werte von a und b erfüllt. Somit werden die variablen Kosten V beschrieben durch:

$$\mathrm{V}(x) = 1,5x^2 + 150x$$

Du rufst linSolve auf mit [menu] → Algebra → Gleichungssystem lösen→ System linearer Gleichungen lösen. Da es sich um zwei Gleichungen mit zwei Unbekannten handelt, kannst du die Anzahl übernehmen, die Variablennamen gibst du ein und schließt die Eingabe durch Klicken auf OK oder [enter] ab.

Nun gibst du die beiden Gleichungen ein und schließt die Eingabe mit [enter] ab. Die Lösung des linearen Gleichungssystems ist damit $a = \frac{3}{2}$ und $b = 150$.

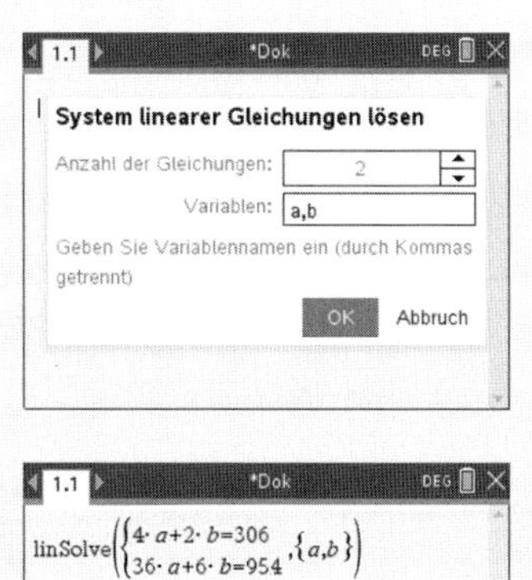

Die monatlichen Herstellungskosten H setzen sich aus den Fixkosten und den variablen Kosten V zusammen:

$$H(x) = 5000 + V(x) = 1,5x^2 + 150x + 5000$$

b) Der Graph der Funktion $H(x)$ hat in dem Bereich, der für die Aufgabe relevant ist, den nebenstehenen Verlauf.

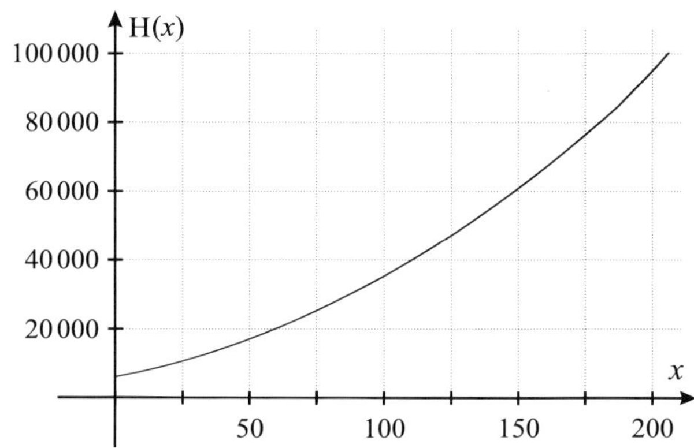

→ S. 35 Um den Graph von H in ein Koordinatensystem zu skizzieren, benutzt du das CAS.

Zuerst gibst du die Funktion im Graph-Fenster in der Eingabezeile als $f1(x)$ ein. Die Eingabe wird mit [enter] abgeschlossen.

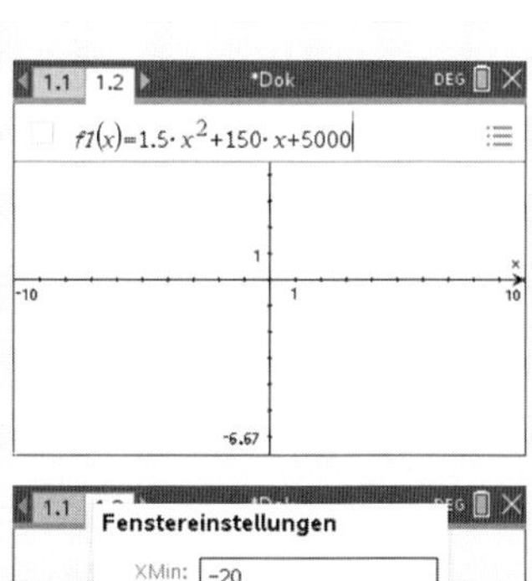

Da das absolute Glied der Funktion 5000 beträgt, muss das Grafikfenster mit [menu] → Fenster → Fenstereinstellungen angepasst werden. Damit die Achsen gut sichtbar sind, ist es sinnvoll, einen kleinen negativen Bereich anzeigen zu lassen.

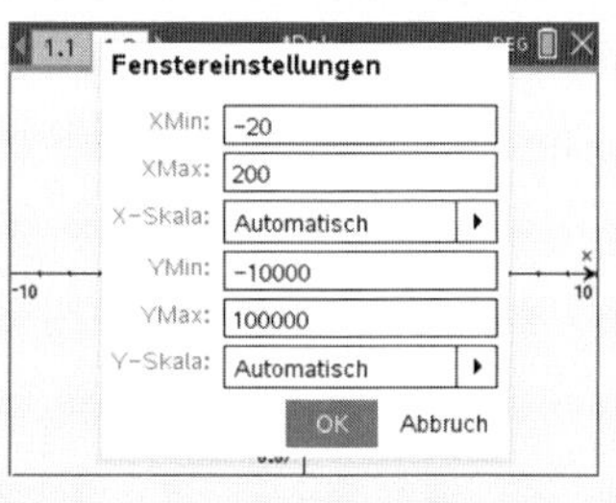

Nun ist der relevante Teil des Graphen sichtbar.

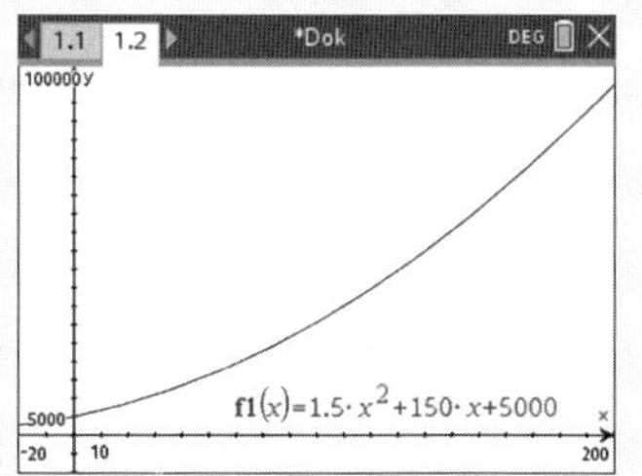

Wenn die variablen Kosten $\mathrm{V}(x)$ fünfmal so hoch wie die Fixkosten (5000 Euro) sein sollen, muss gelten: $\mathrm{V}(x) = 25\,000$ bzw.

$$1,5x^2 + 150x = 25\,000$$

Diese Gleichung kannst du mit dem CAS lösen. Als Lösungen erhältst du $x_1 = 88,44$ und $x_2 = -188,44$.
Also sind bei einer Produktion von 89 Mountainbikes die variablen Kosten fünfmal so hoch wie die Fixkosten. → S. 29

Um die Gleichung zu lösen, benutzt du die Funktion solve, die du mit [menu] →Algebra → Löse aufrufst.

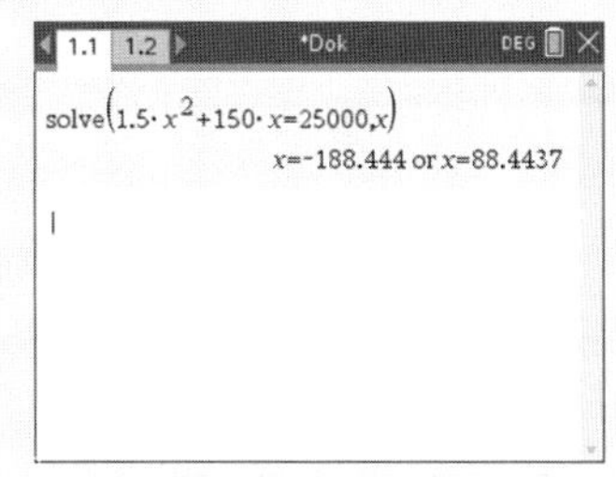

c) Den monatlichen Gewinn G erhältst du, indem du die Herstellungskosten H vom Erlös E subtrahierst. Da ein Mountainbike für 450 Euro an den Händler verkauft wird, gilt für den Erlös E bei x produzierten Mountainbikes: $\mathrm{E}(x) = 450 \cdot x$ und damit

$$\mathrm{G}(x) = \mathrm{E}(x) - \mathrm{H}(x) = 450x - (1,5x^2 + 150x + 5000) = -1,5x^2 + 300x - 5000$$

Die Firma macht Gewinn, wenn $\mathrm{G}(x)$ positiv ist, d.h. die Produktionszahlen zwischen den beiden Nullstellen von G liegen, da der Graph von G eine nach unten geöffnete Parabel ist.
Die Nullstellen $\mathrm{G}(x) = 0$ werden mit dem CAS berechnet. Es ergeben sich die Lösungen $x_1 = 18,4$ und $x_2 = 181,6$. → S. 45
Die Firma macht also Gewinn, wenn mehr als 18 und weniger als 182 Mountainbikes hergestellt werden.

Du gibst $\mathrm{G}(x)$ als $f2(x)$ in der Graph-Seite ein, in der schon der Funktionsgraph von $f1(x)$ gezeichnet wurde.

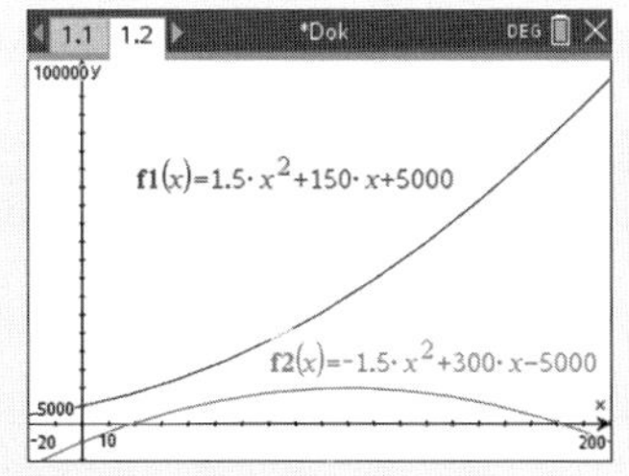

Die Nullstellen werden mit Hilfe von [menu] → Graph analysieren → Nullstelle bestimmt, alternativ kannst du auch die solve-Funktion in einem Calculator-Fenster benutzen.

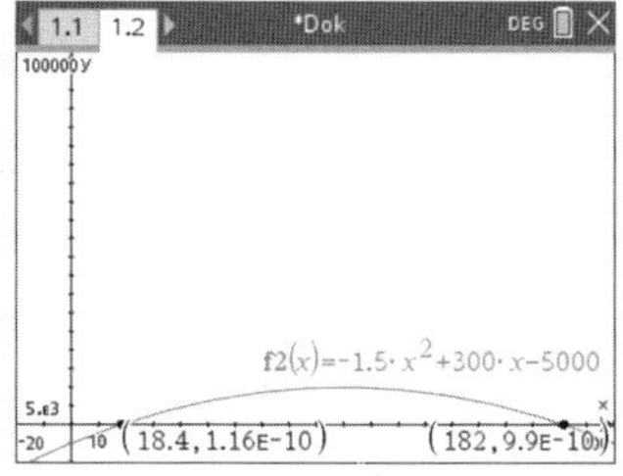

Den maximalen Gewinn erhält man durch Berechnung des Maximums von G mit Hilfe des CAS: Für $x = 100$ ist $\mathrm{G}(x)$ maximal und es gilt: $\mathrm{G}(100) = 10000$.

Bei einem Verkauf von 100 Mountainbikes pro Monat beträgt der maximale Gewinn damit also 10 000 €.

→ S. 56

Die Funktion $f2(x)$ ist bereits eingegeben. Um das Maximum zu bestimmen, benutzt du [menu] → Graph analysieren → Maximum bzw. im Calculator-Fenster [menu] → Analysis → Funktionsmaximum.

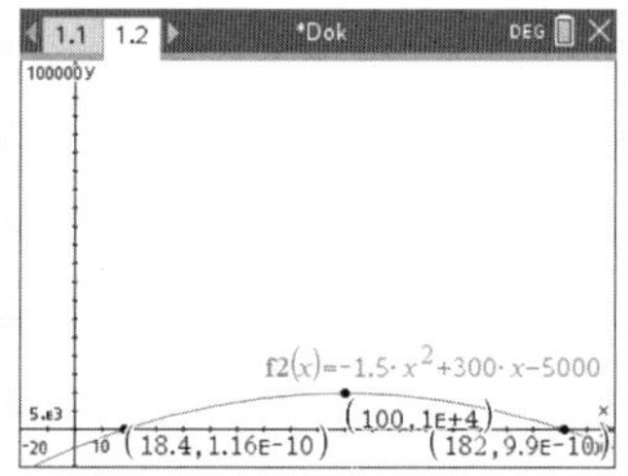

d) Wenn pro Monat 90 Mountainbikes produziert werden, betragen die Herstellungskosten

$$\mathrm{H}(90) = 1{,}5 \cdot 90^2 + 150 \cdot 90 + 5000 = 30\,650$$

Ist p der Preis für ein Mountainbike, so beträgt der Erlös $\mathrm{E} = 90 \cdot p$.

Da der Gewinn mindestens 2000 € betragen soll, muss gelten:

$$90p - 30\,650 \geqslant 2000$$

bzw.

$$p \geqslant 362{,}78$$

Der Preis für ein Mountainbike kann also höchstens um $450 - 362{,}78 = 87{,}22$ € gesenkt werden.

Um die prozentuale Preisreduzierung zu berechnen, teilt man 87,22 durch 450:

$$\frac{87{,}22}{450} = 0{,}194 = 19{,}4\,\%$$

Also kann der ursprüngliche Preis um höchstens 19,4 % gesenkt werden.

13.3 Tannensetzling

Das Längenwachstum eines Tannensetzlings, der zu Beginn 0,3 m hoch ist, wird näherungsweise beschrieben durch die Funktion f mit

$$f(t) = 1,5 \cdot e^{-0,005(t-25)^2}$$

(t in Jahren, $f(t)$ in Meter pro Jahr).

a) Skizzieren Sie die Funktion für die ersten 60 Jahre.

b) Geben Sie den Zeitpunkt maximalen Längenwachstums an, berechnen Sie das durchschnittliche Längenwachstum pro Jahr in den ersten 30 Jahren sowie die Höhe einer 30-jährigen Tanne.

c) Nach welcher Zeit ist die Tanne 13 m hoch?

d) Die Tanne gilt als «ausgewachsen», wenn das jährliche Wachstum weniger als 0,2 m pro Jahr beträgt.
Um wie viele Meter ist eine 60-jährige Tanne höher als eine ausgewachsene?

Lösungen – Tannensetzling

S. 35

a) Es ist $f(t) = 1,5 \cdot e^{-0,005(t-25)^2}$.

Der Graph der Funktion f hat in dem Bereich, der für die Aufgabe relevant ist, den rechts gezeichneten Verlauf.

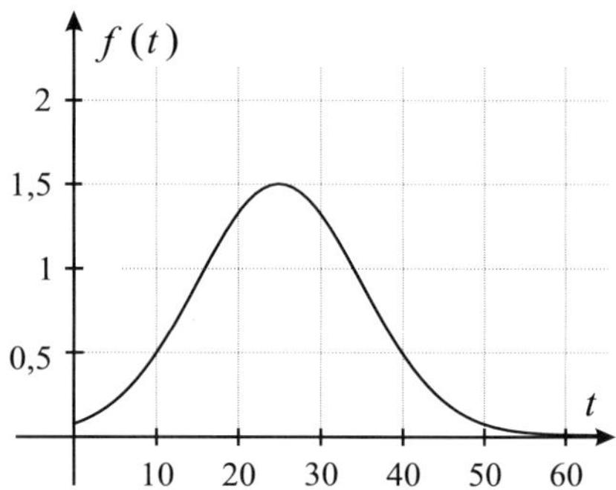

Zuerst gibst du die Funktion im Graph-Fenster in der Eingabezeile als $f1(x)$ ein. Die Eingabe wird mit [enter] abgeschlossen.

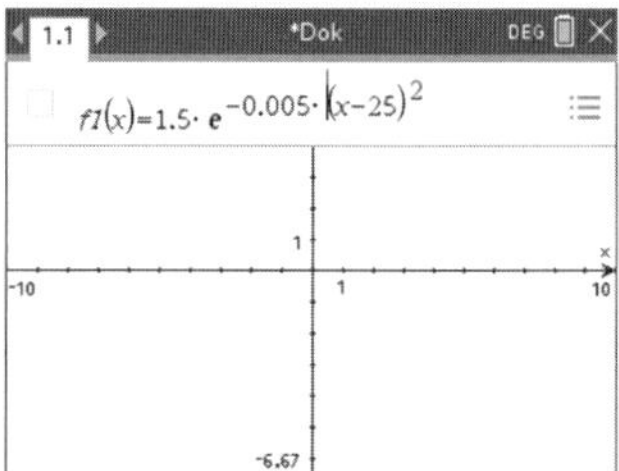

Der Graph ist relativ «flach», weswegen die y-Achse angepasst werden sollte. Außerdem muss auch die x-Achse angepasst werden. Dies wird mit [menu] → Fenster → Fenstereinstellungen durchgeführt.

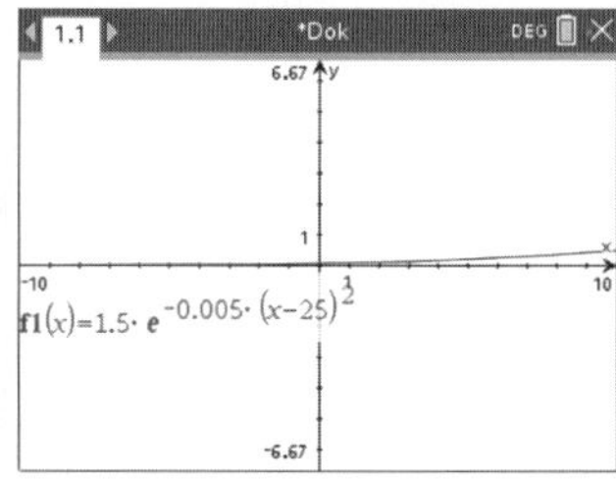

Der Bildschirmausschnitt wird entsprechend angepasst.

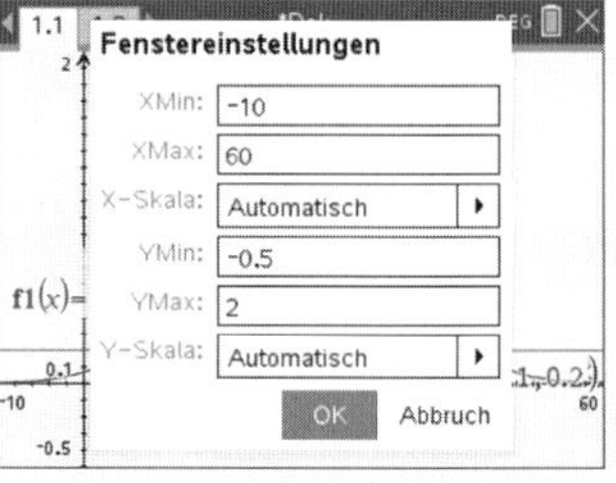

Nun ist der relevante Teil des Graphen sichtbar.

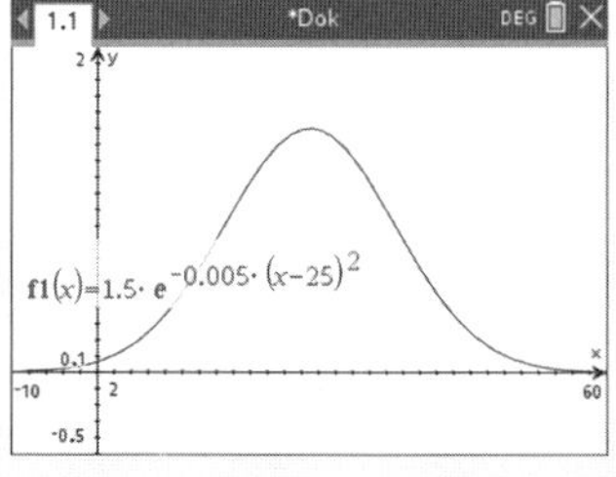

b) Das Maximum von f wird mit dem CAS bestimmt: $t = 25$. → S. 56
Also ist im 25. Jahr das Längenwachstum maximal.

Um das Maximum zu bestimmen, benutzt du [menu] → Graph analysieren → Maximum.

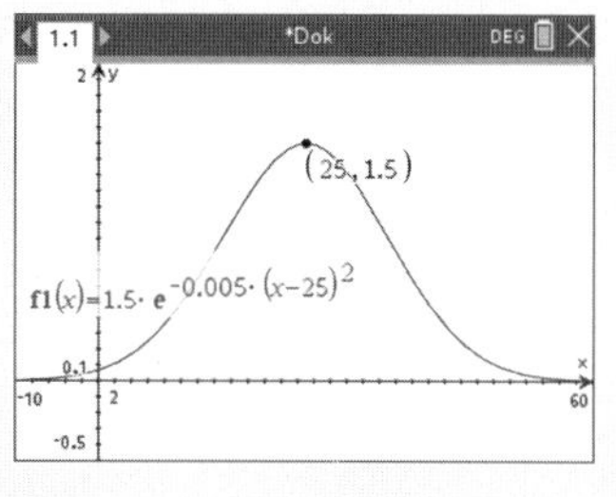

Das durchschnittliche Wachstum $\overline{m}$ in den ersten 30 Jahren erhält man, indem zuerst das Gesamtwachstum durch Integrieren bestimmt wird:

$$\int_0^{30} f(t)dt = \int_0^{30} 1,5 \cdot e^{-0,005(t-25)^2} dt \approx 25,77 \text{ (CAS)}$$

Nun wird dieser Wert durch die Anzahl der Jahre geteilt: $\overline{m} = \frac{25,77}{30} = 0,859$. Die Tanne wächst in den ersten 30 Jahren also durchschnittlich 0,86 m pro Jahr. → S. 62

Um das Integral zu berechnen, fügst du mit [doc] → Einfügen → Calculator eine Calc-Seite ein und wählst den Integralbefehl mit [▫▫{▫] aus.

Nun gibst du die untere Grenze, die obere Grenze und die Funktion ein. Du schließt die Eingaben mit [enter] ab. Der Wert des Integrals wird angezeigt.

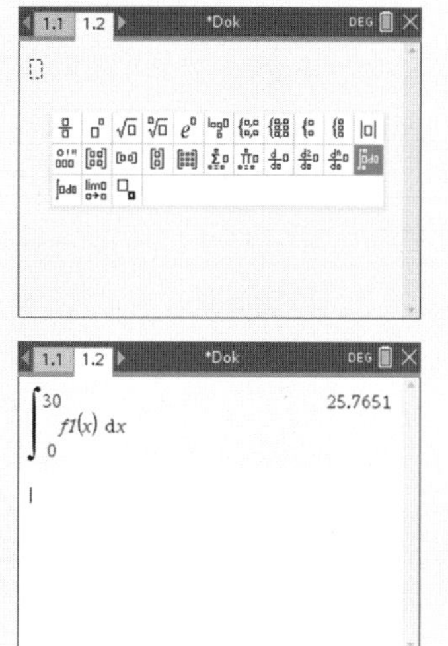

Die Höhe h der Tanne ist:

$$h = 0,3 + \int_0^{30} f(t)dt \approx 26,07$$

Die Tanne ist nach 30 Jahren etwa 26,1 m hoch.

c) Um den Zeitpunkt T für die Höhe von 13 m zu bestimmen, muss berechnet werden:

$$13 = 0,3 + \int_0^{T} f(t)dt$$

bzw.

$$12,7 = \int_0^T f(t)dt$$

→ Durch Lösen der Integralgleichung mit dem CAS erhält man T = 21.
S. 29 Nach 21 Jahren ist die Tanne 13 m hoch.

Du benutzt den solve-Befehl und das Integral, das du mit [▫{▫] einfügst.

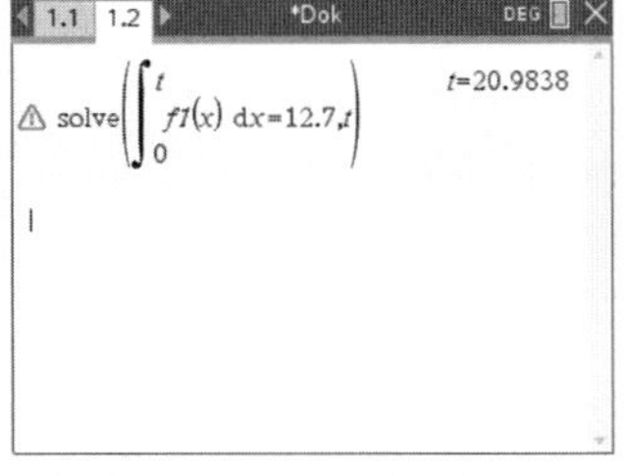

Wenn du die Warnung per klicken anzeigen lässt, wirst du noch darauf hingewiesen, dass weitere Lösungen möglich sein können.

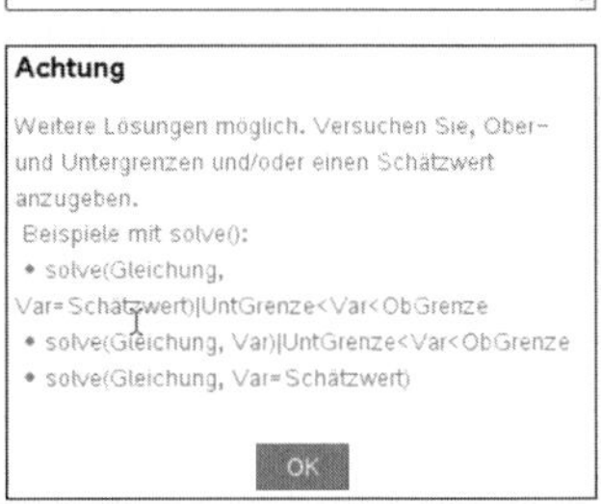

→ d) Um den Zeitpunkt zu bestimmen, an dem die Tanne ausgewachsen ist, schneidest du den
S. 47 Graphen von f mit der Geraden $y = 0,2$. Mit dem CAS ergibt sich $t \approx 45$.

Du gibst $y = 0,2$ für $f2(x)$ in der Eingabezeile ein. Dann rufst du mit [menu] → Graph analysieren → Schnittpunkt die Schnittpunktsberechnung auf und bestimmst den Schnittpunkt der Graphen.

Alternativ kannst du auch den solve-Befehl im Calc-Fenster benutzen (dieser rundet die Lösung weniger als die Schnittpunkts-Funktion).

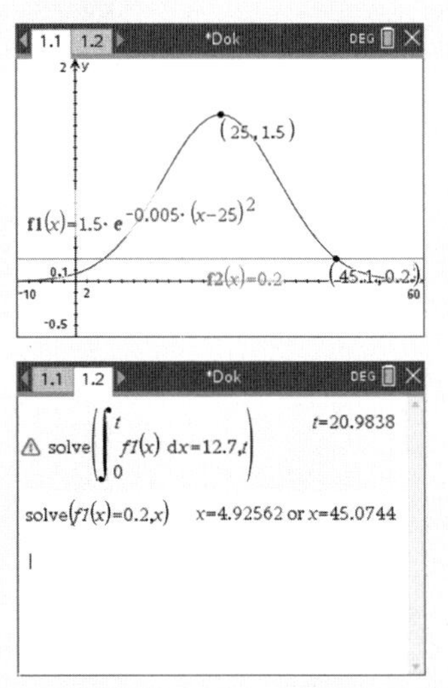

Die Höhe einer 45-jährigen Tanne beträgt $h_1 = 0,3 + \int_0^{45} f(t)dt \approx 36,81$ (CAS).

Die Höhe einer 60-jährigen Tanne beträgt $h_2 = 0,3 + \int_0^{60} f(t)dt \approx 37,66$ (CAS).
Die Differenz beträgt ca. $0,85$ m.
Alternativ kannst du die Differenz auch durch folgendes Integral berechnen:

$$\int_{45}^{60} f(t)dt \approx 0,85$$

Also ist eine 60-jährige Tanne ca. $0,85$ m höher als eine ausgewachsene Tanne.

→ S. 62

Um das Integral zu berechnen, wählst du den Integralbefehl unter [ ] aus.
Nun gibst du die untere Grenze, die obere Grenze und die Funktion ein und schließt die Eingaben mit [enter] ab. Der Wert des Integrals wird angezeigt.

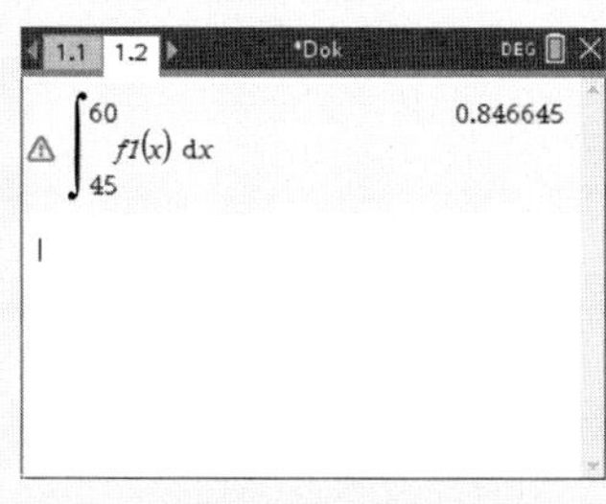

Nach der Angabe des Geräts ist dieser Wert allerdings mit Vorsicht zu verwenden, d.h. es ist sinnvoll, das Ergebnis auf Plausibilitä zu prüfen.

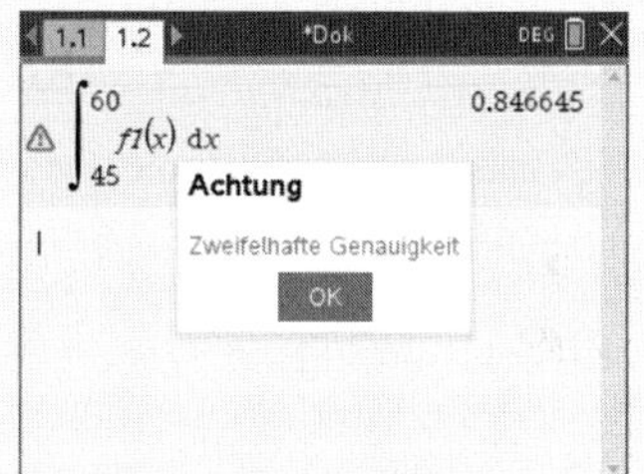

13.4 Getränkemarkt

Der Getränkemarkt Sparkauf nimmt ein neues Erfrischungsgetränk ins Sortiment auf. Der Filialleiter hat die folgenden täglichen Verkaufszahlen notiert:

Verkaufstag	1	2	5	10	15
Anzahl der an diesem Tag verkauften Flaschen	15	29	59	87	100

Um eine bessere Übersicht zu bekommen, modelliert der Filialleiter die Verkaufszahlen mit Hilfe einer Exponentialfunktion f, die die Gestalt $f(x) = a - a \cdot e^{-b \cdot x}$ hat. Dabei beschreibt der Funktionsterm f die verkaufte Stückzahl $f(x)$ innerhalb des Tages x.

a) Bestimmen Sie einen Funktionsterm dieser Funktion, indem Sie die Werte des zweiten und des zehnten Tages zugrunde legen. Runden Sie dabei a auf eine ganze Zahl und b auf zwei Stellen hinter dem Komma.
Skizzieren Sie den Graphen der Funktion f für die ersten 6 Wochen.

b) Wie würden sich die täglichen Verkaufszahlen langfristig entwickeln, wenn man dieses Modell zugrunde legt?
Nennen Sie Gründe, die diese Entwicklung verursachen könnten.

c) Bestimmen Sie unter Verwendung der Modellfunktion $f(x)$, wie viele Flaschen der Getränkemarkt in den ersten vier Wochen insgesamt verkauft hat.
Die Anfangslieferung bestand aus 1200 Flaschen, wann ist diese abverkauft?

d) Zur gleichen Zeit bietet der Getränkemarkt Durstig ein ähnliches Produkt an. Seine täglichen Verkäufe werden durch folgende Tabelle dargestellt:

Verkaufstag	1	4	8	10	20
Anzahl der an diesem Tag verkaufte Flaschen	28	62	79	83	94

Im Modell von «Durstig» beschreibt die Funktion g der Form $g(x) = \frac{c \cdot x+8}{d \cdot x+6}$ mit $x \geqslant 0$

die täglichen Verkaufszahlen.
Bestimmen Sie die Werte der beiden Parameter c und d, benutzen Sie dazu die Werte des vierten und des zehnten Tages.
Mit welchen wöchentlichen Verkaufszahlen kann der Getränkemarkt Durstig auf lange Sicht rechnen?
Skizzieren Sie den Graphen dieser Funktion in das Koordinatensystem von Teilaufgabe a).
Wann hat «Durstig» den größten Vorsprung an insgesamt verkauften Flaschen?*

e) Berechnen Sie den Zeitpunkt, zu dem in beiden Getränkemärkten gleich viele Flaschen verkauft wurden.*

*Diese Aufgabenteile haben ein erhöhtes Schwierigkeitsniveau.

Lösungen – Getränkemarkt

a) Es ist $f(x) = a - a \cdot e^{-b \cdot x}$. Um die beiden gesuchten Parameter zu bestimmen, verwendet man die angegebenen Daten:

$$f(2) = 29$$
$$f(10) = 87$$

Mit Hilfe des CAS erhält man die gerundeten Werte: $a = 112$ und $b = 0,15$.
Es ist also $f(x) = 112 - 112 \cdot e^{-0,15 \cdot x}$.

→ S. 30

Du definierst die Funktion $f(x)$ in einem Calc-Fenster. Nun rufst du unter [menu] → Algebra → Gleichungssystem lösen die Funktion Gleichungssystem lösen auf, da es sich nicht um ein lineares Gleichungssystem handelt. Im Dialogfenster gibst du entsprechend a und b als Variablen ein.

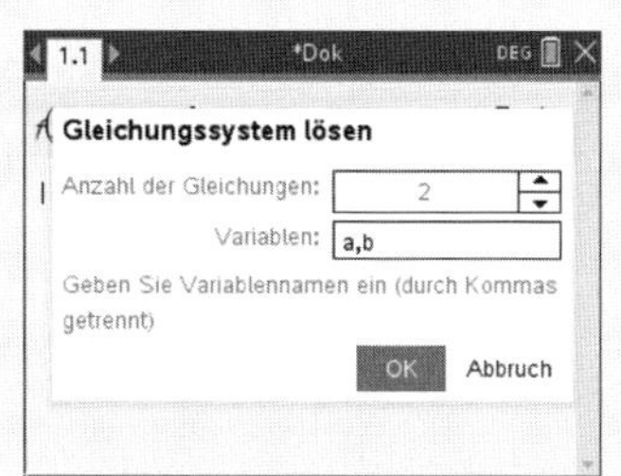

Zum Schluss gibst du die beiden Bedingungen $f(2) = 29$ und $f(10) = 87$ ein und bestätigst mit [enter]. Die Werte für a und b werden angezeigt.

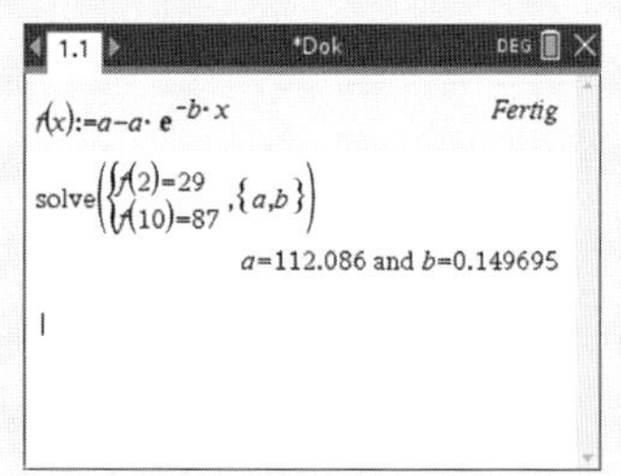

Für den Graphen von $f(x)$ verwendet man das CAS (Zeichenbereich $0 \leqslant x \leqslant 45$ und $0 \leqslant y \leqslant 125$).

→ S. 38

Du gibst die Funktion in die Eingabezeile ein und bestätigst mit [enter]. Allerdings ist das Fenster anfangs ungeeignet eingestellt.

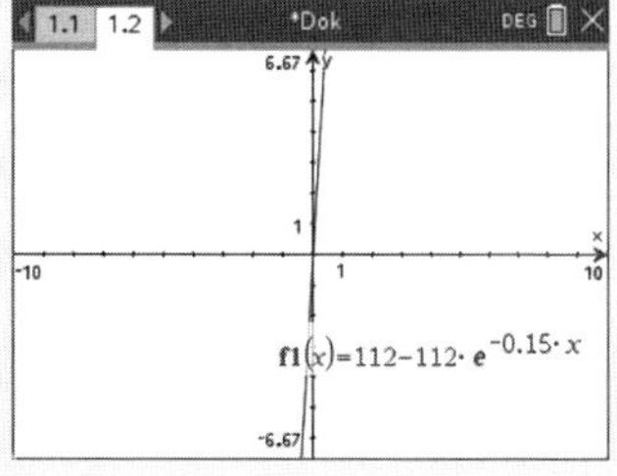

Ein Möglichkeit ist, den Cursor so über die Achse zu bewegen, dass die geöffnete Hand sichtbar wird. Du schließt diese mit ctrl[ ].

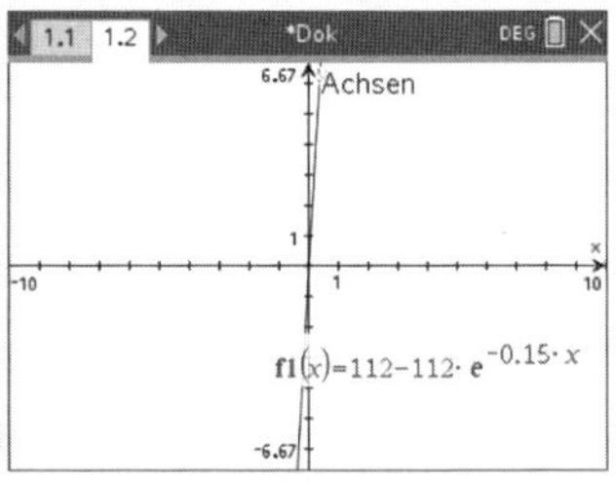

Im nächsten Schritt kannst du die Achse «nach unten» ziehen, bis die Kurve sichtbar wird. (Alternativ kannst du auch eine Wertetabelle benutzen, um einen Überblick über die Funktionswerte zu bekommen.)

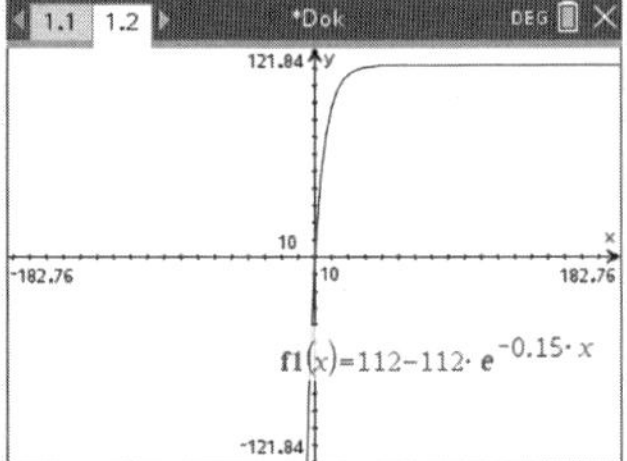

Zum Schluss kannst du über [menu] → Fenster → Fenstereinstellungen die Werte noch genauer anpassen.

Nun ist der relevante Teil des Graphen sichtbar

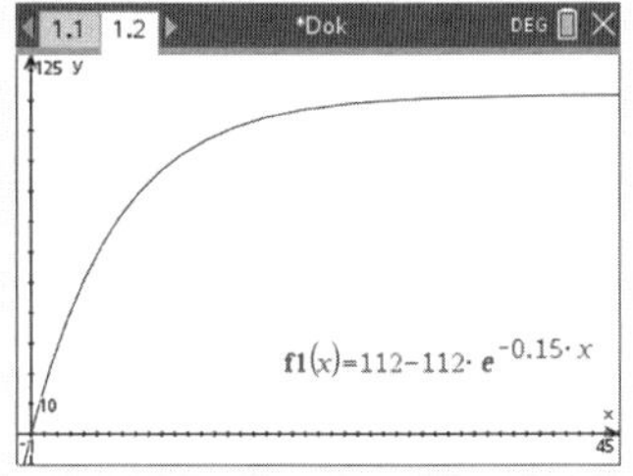

b) Die wöchentlichen Verkaufszahlen sind in den ersten Wochen sehr stark ansteigend, was an der steil verlaufenden Kurve erkennbar ist. Anschließend wird die Kurve immer flacher, d.h. die Verkaufszahlen pro Woche steigen nur noch sehr langsam weiter und scheinen sich einer Grenze zu nähern. Um diese Grenze zu berechnen, untersucht man die Funktionswerte der Funktion $f(x) = 112 - 112 \cdot e^{-0{,}15 \cdot x}$ für immer größer werdende Werte von x. Der Ausdruck $e^{-0{,}15 \cdot x}$ wird immer kleiner, je größer x wird. Also geht der gesamte zweite Summenterm $112 \cdot e^{-0{,}15 \cdot x}$ gegen Null. Damit geht die Funktion $f(x)$ gegen 112 für $x \to +\infty$. Man kann den Grenzwert auch mit Hilfe des CAS bestimmen.

Den Grenzwertbefehl findest du unter [▫▫{▫]. Das ∞-Zeichen gibst du mit ctrl [∞β°] ein.

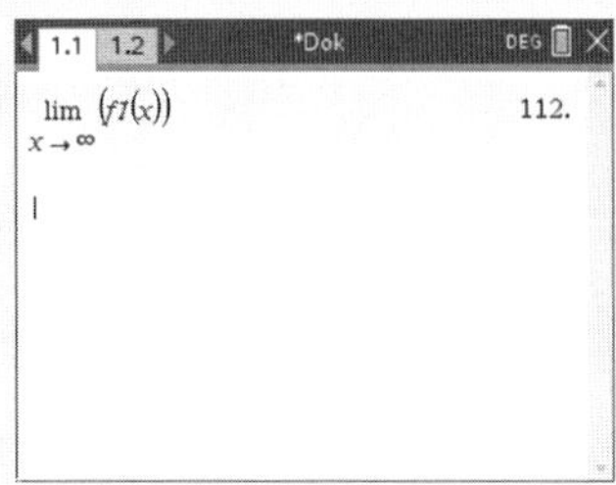

Mögliche Gründe für diesen Verlauf sind:

- Die Einführung eines neuen Produkts weckt das Kaufinteresse, vor allem, wenn sie beispielsweise durch starke Werbemaßnahmen und eine günstige Preisgestaltung begleitet wird.
- Die Verkaufszahlen wachsen nicht ins Unendliche, sondern bleiben nach einer bestimmten Zeit auf einem Niveau, wenn der Markt gesättigt ist. Dass heißt alle möglichen Kunden haben sich für ein bestimmtes Getränk in einem Getränkemarkt entschieden, so dass es nur noch geringfügige Verschiebungen gibt; es kommen nicht mehr viele Neukunden hinzu bzw. die neu Hinzukommenden und die Wegbleibenden halten sich die Waage.

c) Um die Anzahl Z der insgesamt verkauften Getränkeflaschen für die ersten 4 Wochen (d.h. 28 Tage) zu berechnen, benötigt man folgendes Integral, da die Verkaufszahlen pro Tag addiert werden:

$$Z = \int_0^{28} f(x)\,dx = \int_0^{28} 112 - 112 \cdot e^{-0,15 \cdot x} dx = 2400,53$$

Der Getränkemarkt verkauft also in den ersten 4 Wochen insgesamt etwa 2401 Flaschen.

Um herauszufinden, nach wie vielen Tagen insgesamt mehr als 1200 Flaschen verkauft sind, muss man folgende Integralgleichung lösen:

$$\int_0^{x} 112 - 112 \cdot e^{-0,15 \cdot x} dx = 1200$$

Man löst die Integralgleichung mit dem CAS und erhält $t \approx 16,84$.

→ S. 62

Du benutzt die bereits definierte Funktion in einem Calc-Fenster und berechnest dann das Integral.

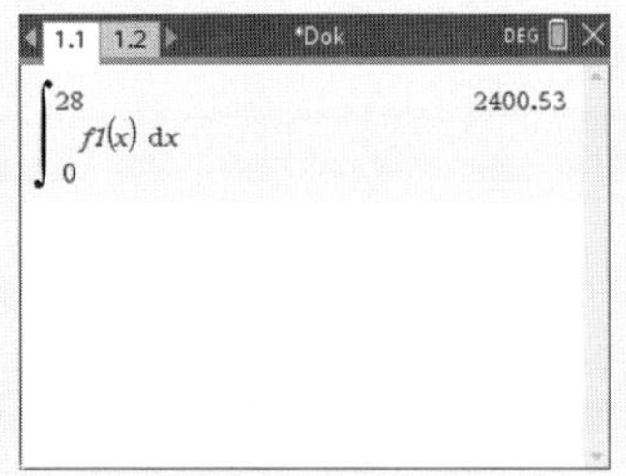

Um die Integralgleichung zu lösen, benutzt du [menu] → Algebra → Löse. Da die Funktion nur für $x \geqslant 0$ definiert ist, kommt als Lösung nur die positive Lösung in Frage.

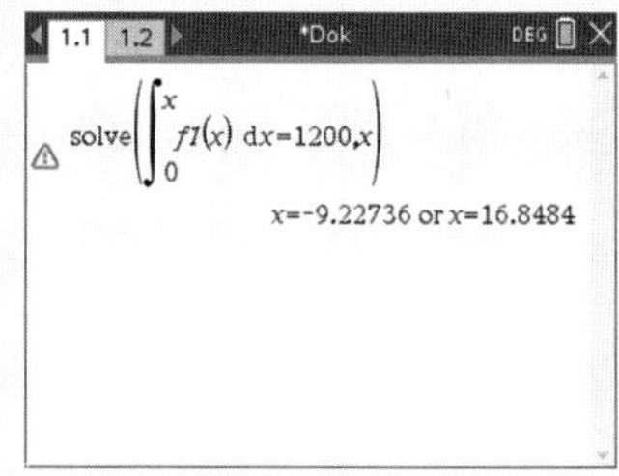

d) Es ist $g(x) = \frac{c \cdot x+8}{d \cdot x+6}$, $x \geqslant 0$. Um c und d zu bestimmen, verwendet man die gegebenen Daten:

$$g(4) = 62$$
$$g(10) = 83$$

→ S. 30 Mit Hilfe des CAS erhält man $c = 215$ und $d = 2$. Es ist also $g(x) = \frac{215x+8}{2x+6}$.

Zuerst definierst du die Funktion $g(x)$ in einem Calc-Fenster. Anschließend rufst du unter [menu] → Algebra → Gleichungssystem lösen die Funktion Gleichungssystem lösen auf, da es sich nicht um ein lineares Gleichungssystem handelt.

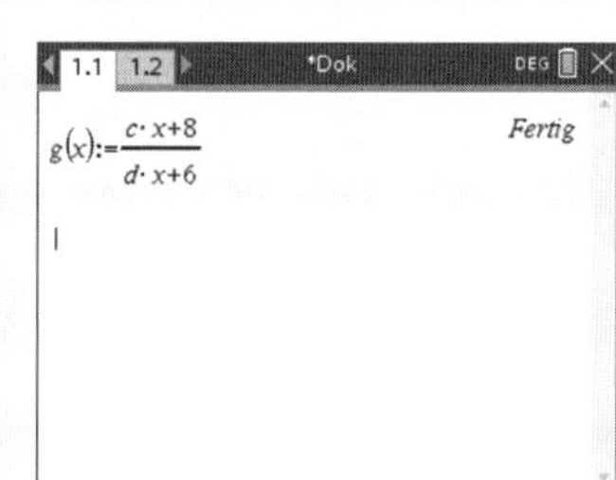

Im Dialogfenster gibst du entsprechend c und d als Variablen ein.

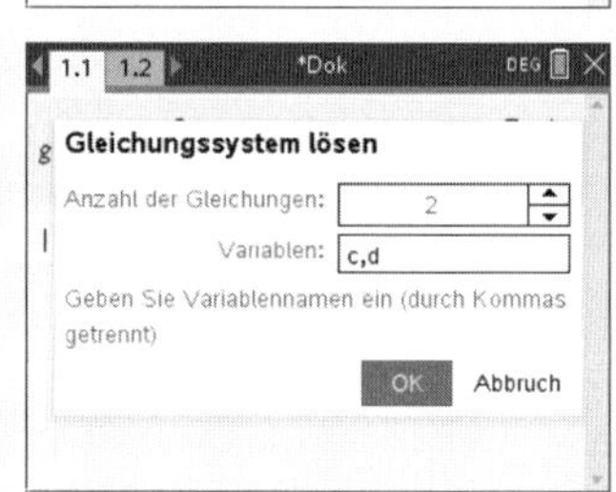

Zum Schluss gibst du die beiden Bedingungen $g(4) = 62$ und $g(10) = 83$ ein und bestätigst mit [enter]. Die Werte für c und d werden angezeigt.

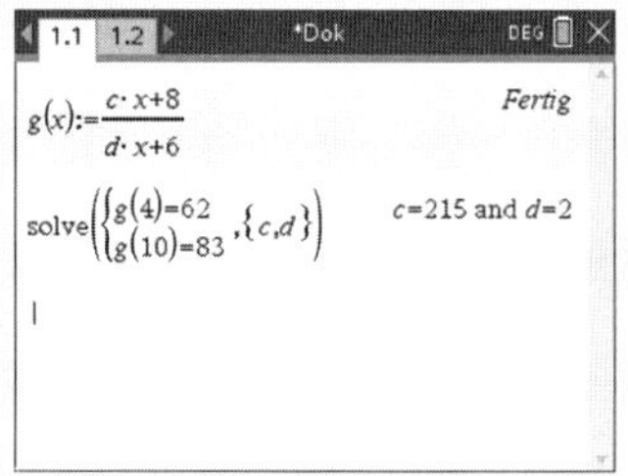

Für $x \to \infty$ geht $g(x) \to \frac{215}{2} = 107{,}5$. Dies kann man mit dem CAS berechnen oder sich anhand des Funktionsterms überlegen, da die beiden absoluten Glieder immer weniger «ins Gewicht» fallen, je größer x wird. Somit kann Getränkemarkt Durstig langfristig mit 107,5 verkauften Flaschen pro Tag rechnen.

Da der Funktionsgraph gezeichnet werden soll, ist es nötig, die Funktion als $f2(x)$ zu definieren. Den Grenzwertbefehl findest du unter [▫▫{▫]. Das ∞-Zeichen gibst du ein mit ^{ctrl} [∞β°].

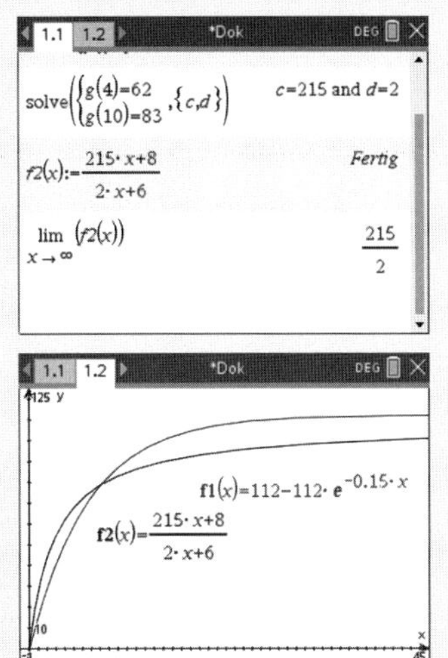

Anschließend kannst du den Graphen der Funktion $f2(x)$ direkt in der Graph-Seite aufrufen. (Eventuell musst du die Farbe des Funktionsgraphen anpassen.)

Der Vorsprung von «Durstig» wird solange größer, wie seine täglichen Verkaufszahlen größer als die von «Sparkauf» sind. Ab dem Zeitpunkt, an dem «Sparkauf» mehr Flaschen pro Tag verkauft als «Durstig», wird der Vorsprung von «Durstig» kleiner, Sparkauf «holt auf». Dieser Zeitpunkt ist genau dann erreicht, wenn sich die Graphen der Funktionen schneiden. Man erhält diesen Zeitpunkt durch Gleichsetzen von $f(x) = g(x)$:

$$\frac{215x+8}{2x+6} = 112 - 112 \cdot e^{-0{,}08x}$$

Mit Hilfe des CAS erhält man $x \approx 8,12$. Somit hat Getränkemarkt Durstig nach etwa 8 Tagen den größten Vorsprung an insgesamt verkauften Flaschen.

→ S. 29

Du benutzt [menu] → Graph analysieren → Schnittpunkt, um den Schnittpunkt zu bestimmen.

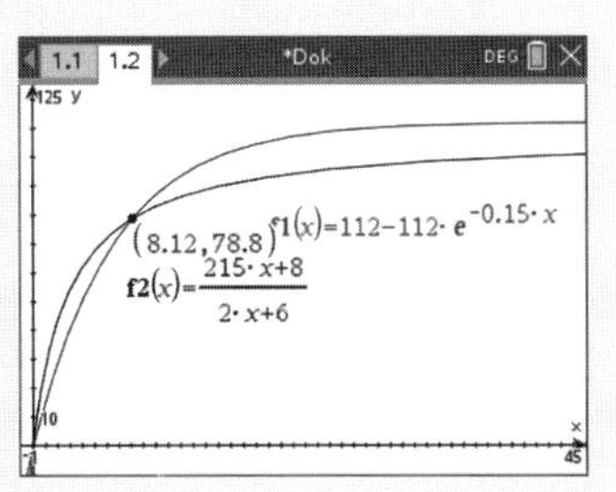

e) Die beiden Getränkemärkte haben zu dem Zeitpunkt insgesamt gleich viele Flaschen verkauft, wenn gilt:

$$\int_0^t f(x)dx = \int_0^t g(x)dx$$

Man löst die oben stehende Gleichung mit Hilfe des CAS und erhält $t \approx 17,64$.

Du benutzt die solve-Funktion mit [menu] → Algebra → Löse. Auch in diesem Fall kommt nur die positive Lösung in Frage. Um diese darzustellen, musst du den Mauszeiger in der Lösungszeile platzieren und mit [▶] nach rechts scrollen.

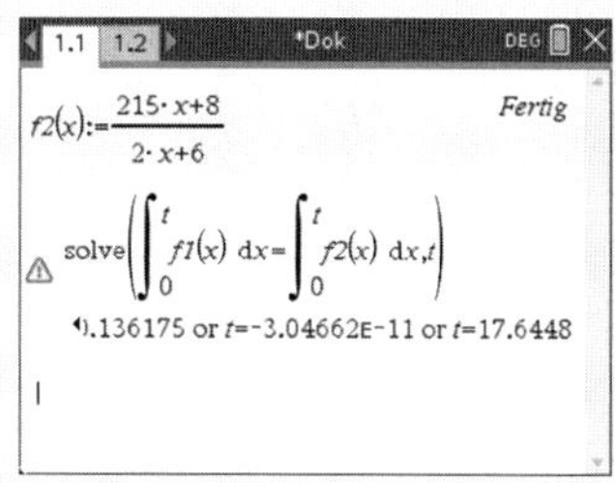

Alternativ kann man sich klarmachen, dass jedem dieser Integrale in der Skizze jeweils die Fläche zwischen Kurve und x-Achse entspricht. Es müssen zum gesuchten Zeitpunkt t die beiden Teilflächen A_1 und A_2 gleich groß sein, da diese Teilflächen jeweils dem Unterschied an insgesamt verkauften Flaschen zwischen den beiden Märkten bzw. zwischen den beiden Graphen entsprechen.

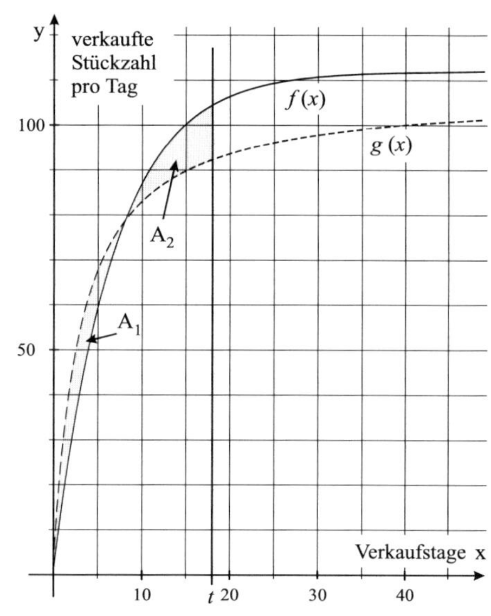

Für die Teilfläche A_1 wird von $x = 0$ bis $x = 8,12$ integriert:

$$A_1 = \int_0^{8,12} \Big(g(x) - f(x)\Big)\,dx \approx 71,97$$

Wegen $A_1 = A_2$ muss gelten:

$$A_2 = \int_{8,12}^{t} \Big(f(x) - g(x)\Big)\,dx = 71,97$$

Mit Hilfe des CAS erhält man $t \approx 17,64$.

Also haben die beiden Getränkemärkte nach ca. 18 Tagen gleich viele Flaschen verkauft.

→ S. 62

Du benutzt den Integralbefehl und [menu] → Algebra → Löse, um die Integrale zu berechnen und die Gleichung zu lösen.

1.1 1.2 *Dok DEG
$\int_0^{8.12} (f2(x)-f1(x))dx$ 71.9695
solve$\left(\int_{8.12}^{t} (f1(x)-f2(x))dx=71.97, t\right)$
◂=-0.135791 or t=-0.000404 or t=17.6448

13.5 Vektoren – Solarzellen

a) Durch die Punkte $A(0\mid 0\mid 0)$, $B(10\mid 0\mid 0)$, $C(10\mid 6\mid 0)$, $D(0\mid 8\mid 0)$, $E(0\mid 0\mid 10)$, $F(10\mid 0\mid 11)$, $G(10\mid 6\mid 8)$ und $H(0\mid 8\mid 6)$ sind die Eckpunkte einer Hütte mit Pultdach gegeben ($1\,\text{LE} = 1\,\text{m}$).
Zeichnen Sie ein Schrägbild der Hütte in ein geeignetes Koordinatensystem.
Zeigen Sie, dass die Eckpunkte der Dachfläche EFGH in einer Ebene liegen.

b) Zum Anbringen von Solarzellen sollte die Dachneigung bezüglich der x_1x_2-Ebene mindestens $25°$ betragen. Prüfen Sie, ob dieser Wert eingehalten wird.

c) Berechnen Sie die mögliche Solarzellenfläche, wenn 80 % der Dachfläche mit Solarzellen bestückt werden.

Lösungen – Solarzellen

a) Die Hütte wird in ein Koordinatensystem gezeichnet, wie in der Zeichnung rechts zu sehen.

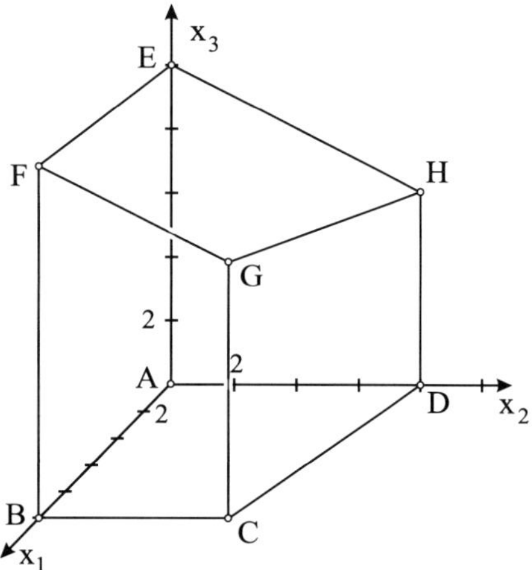

Um zu zeigen, dass die Eckpunkte der Dachfläche EFGH in einer Ebene liegen, bestimmt man zuerst mit den drei Punkten E, F und H eine Gleichung einer Ebene E und prüft dann, ob der vierte Punkt auch in der Ebene liegt:

$$E\colon \vec{x} = \overrightarrow{OE} + r \cdot \overrightarrow{EF} + s \cdot \overrightarrow{EH}$$

Eingesetzt ergibt sich

$$E\colon \vec{x} = \begin{pmatrix} 0 \\ 0 \\ 10 \end{pmatrix} + r \cdot \begin{pmatrix} 10 \\ 0 \\ 1 \end{pmatrix} + s \cdot \begin{pmatrix} 0 \\ 8 \\ -4 \end{pmatrix}$$

Mit Hilfe des CAS wird geprüft, ob der vierte Punkt $G(10\,|\,6\,|\,8)$ auch in der Ebene liegt. Man erhält ein wahres Ergebnis, damit liegen alle Dachpunkte in einer Ebene.

→ S. 81

Zuerst gibst du die Ebenengleichung ein, dazu benutzt du z.B. die Vektorvorlage unter [⊡{⊟] und [↵] ,um die dritte Zeile hinzuzufügen.

1.1 *Dok DEG

$e(r,s) := \begin{bmatrix} 0 \\ 0 \\ 10 \end{bmatrix} + r \cdot \begin{bmatrix} 10 \\ 0 \\ 1 \end{bmatrix} + s \cdot \begin{bmatrix} 0 \\ 8 \\ -4 \end{bmatrix}$ Fertig

Um zu prüfen, ob der Punkt $P(10\,|\,6\,|\,8)$ in der Ebene liegt, löst du die Gleichung

$e1(r,\,s) = \begin{pmatrix} 10 \\ 6 \\ 8 \end{pmatrix}$ mit [menu] → Algebra →

Löse nach r und s auf. Die angezeigten Parameterwerte bedeuten, dass der Punkt in der Ebene liegt.

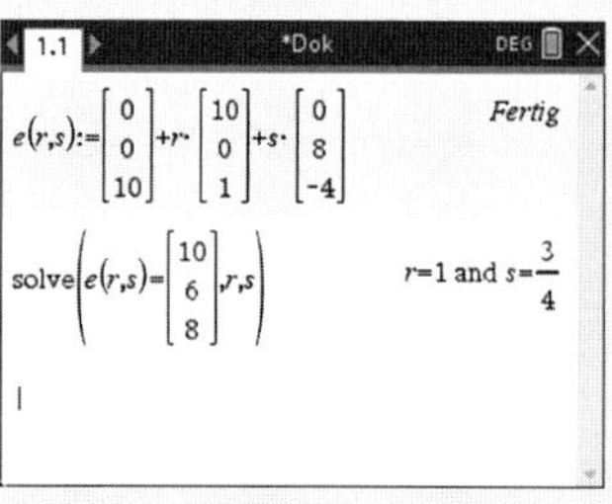

b) Zur Berechnung der Dachneigung bezüglich der x_1x_2-Ebene setzt man die Normalenvektoren $\vec{n}_1 = \begin{pmatrix} -1 \\ 5 \\ 10 \end{pmatrix}$ der Ebene E und $\vec{n}_2 = \begin{pmatrix} 0 \\ 0 \\ 1 \end{pmatrix}$ der x_1x_2-Ebene in die Formel $\cos\alpha = \frac{|\vec{n_1} \cdot \vec{n_2}|}{|\vec{n_1}| \cdot |\vec{n_2}|}$ ein:

$$\cos\alpha = \frac{\left|\begin{pmatrix} -1 \\ 5 \\ 10 \end{pmatrix} \cdot \begin{pmatrix} 0 \\ 0 \\ 1 \end{pmatrix}\right|}{\left|\begin{pmatrix} -1 \\ 5 \\ 10 \end{pmatrix}\right| \cdot \left|\begin{pmatrix} 0 \\ 0 \\ 1 \end{pmatrix}\right|} = \frac{10}{\sqrt{126}} \Rightarrow \alpha \approx 27{,}02^\circ$$

Da $\alpha > 25^\circ$, wird der geforderte Wert eingehalten.

→ S. 77

Der Vektor $\vec{n}_2$ enthält in zwei Komponenten Nullen. Daher kann man die Rechnung ohne großen Aufwand auch ohne CAS ausführen. Der Weg soll hier trotzdem gezeigt werden.

Einen Normalenvektor $\vec{n}_1$ der Ebene E kannst du mit Hilfe des Kreuzprodukts der beiden Spannvektoren von E ermitteln.
Dazu fügst du den Befehl crossP mit [menu] → Matrix und Vektor → Vektor → Kreuzprodukt ein und anschließend die beiden Vektoren, getrennt durch ein Komma.

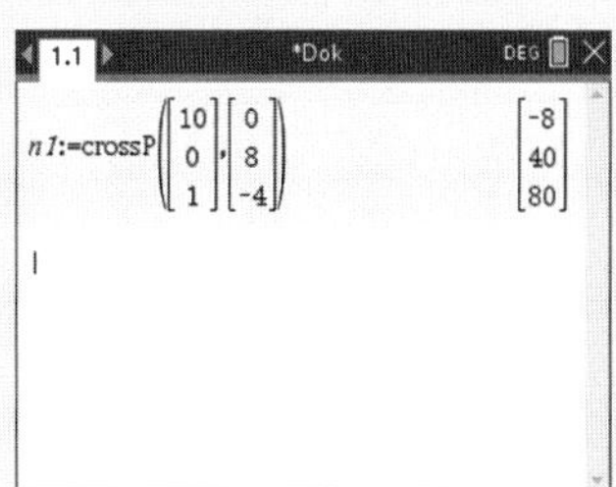

Nun definierst du den Vektor $\vec{n}_2 := \begin{pmatrix} 0 \\ 0 \\ 1 \end{pmatrix}$.

Achte darauf, dass der Winkel auf Grad eingestellt ist (siehe Seite 171).

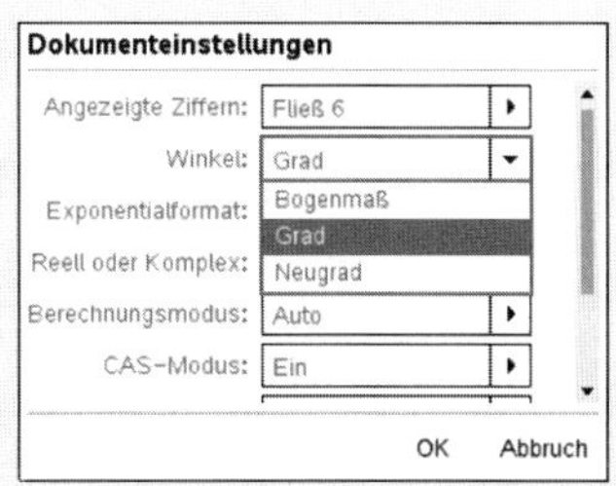

Du kannst die Formel zur Berechnung des Winkels komplett eingeben, benutze dotP für das Skalarprodukt und norm für den Betrag. Um den Winkel dezimal angezeigt zu bekommen, benutzt du [≈].

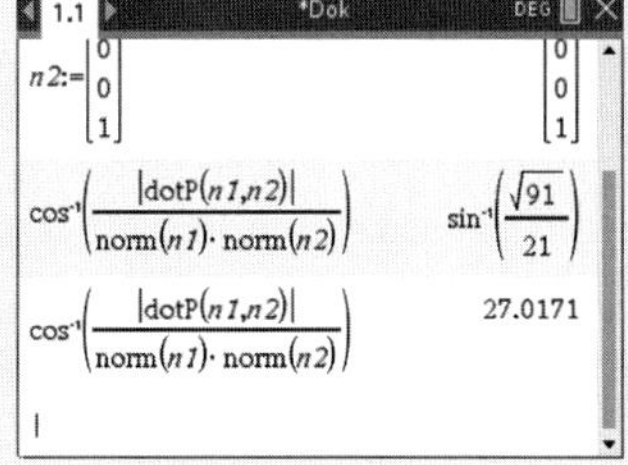

c) Zur Berechnung der Dachfläche muss zuerst die Art des Vierecks bestimmt werden:

Da $\overrightarrow{EH} = \begin{pmatrix} 0 \\ 8 \\ -4 \end{pmatrix}$ und $\overrightarrow{FG} = \begin{pmatrix} 0 \\ 6 \\ -3 \end{pmatrix}$ gilt: $\overrightarrow{EH} = \frac{4}{3} \cdot \overrightarrow{FG}$. Daraus folgt:

$\overrightarrow{EH}$ und $\overrightarrow{FG}$ sind linear abhängig, d.h. die Kante EH ist parallel zur Kante FG.

Weil $\overrightarrow{EF} = \begin{pmatrix} 10 \\ 0 \\ 1 \end{pmatrix}$ und $\overrightarrow{HG} = \begin{pmatrix} 10 \\ -2 \\ 2 \end{pmatrix}$ nicht linear abhängig sind, sind die Kanten EF und HG nicht parallel, also handelt es sich um ein Trapez:

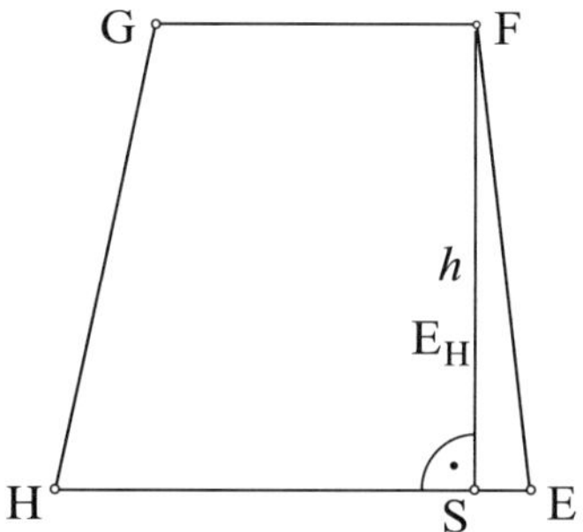

Die Fläche des Trapezes berechnet man mit der Formel $A = \frac{\overline{EH} + \overline{FG}}{2} \cdot h$.

$$\overline{EH} = |\overrightarrow{EH}| = \left| \begin{pmatrix} 0 \\ 8 \\ -4 \end{pmatrix} \right| = \sqrt{64 + 16} = \sqrt{80}$$

$$\overline{FG} = |\overrightarrow{FG}| = \left| \begin{pmatrix} 0 \\ 6 \\ -3 \end{pmatrix} \right| = \sqrt{36 + 9} = \sqrt{45}$$

Die Trapezhöhe h ist gleich dem Abstand des Punktes F zur Geraden g durch E und H mit der Gleichung $g: \vec{x} = \begin{pmatrix} 0 \\ 0 \\ 10 \end{pmatrix} + t \cdot \begin{pmatrix} 0 \\ 8 \\ -4 \end{pmatrix}$.

Alternative 1: Lösungsweg mit Hilfe einer Hilfsebene:
Hierzu stellt man eine Hilfsebene E_H orthogonal zur Geraden g durch den Punkt F auf, d.h. der Normalenvektor der Ebene E_H ist der Richtungsvektor der Geraden g.

Man erhält:

$$E_H: \left(\vec{x} - \begin{pmatrix} 10 \\ 0 \\ 11 \end{pmatrix} \right) \cdot \begin{pmatrix} 0 \\ 8 \\ -4 \end{pmatrix} = 0 \Rightarrow E_H: 8x_2 - 4x_3 + 44 = 0$$

bzw.

$$E_H : 2x_2 - x_3 + 11 = 0$$

Schneidet man g mit E_H, so gilt: $2 \cdot (0 + 8t) - (10 - 4t) + 11 = 0 \Rightarrow t = -\frac{1}{20}$.
Setzt man $t = -\frac{1}{20}$ in g ein, so erhält man den Schnittpunkt: $S\left(0 \mid -\frac{2}{5} \mid \frac{51}{5}\right)$.

Alternative 2: Lösungsweg mit Hilfe der Abstandsfunktion:
Man schreibt die Gerade als «allgemeinen Punkt» und definiert eine Abstandsfunktion $d(t)$ für den Abstand zwischen $F(10 \mid 0 \mid 11)$ und diesem allgemeinen Punkt. Anschließend berechnet man das Minimum dieser Funktion:
Die Gerade als allgemeiner Punkt geschrieben hat die Form: $P_g\,(0 \mid 8t \mid 10 - 4t)$. Damit ist $d(t)$:

$$\begin{aligned} d(t) &= \left| \begin{pmatrix} 10 \\ 0 \\ 11 \end{pmatrix} - \begin{pmatrix} 0 \\ 8t \\ 10 - 4t \end{pmatrix} \right| = \left| \begin{pmatrix} 10 \\ -8t \\ 1 + 4t \end{pmatrix} \right| \\ &= \sqrt{10^2 + (-8t)^2 + (1 + 4t)^2} = \sqrt{100 + 64t^2 + 1 + 8t + 16t^2} \\ &= \sqrt{80t^2 + 8t + 101} \end{aligned}$$

Das Minimum der Funktion wird mit dem CAS bestimmt, es ergibt sich $t = -\frac{1}{20}$ und damit der Schnittpunkt $S\left(0 \mid -\frac{2}{5} \mid \frac{51}{5}\right)$.

→ S. 76

Mit dem CAS lässt sich der Lösungsweg mit Hilfe der Abstandsfunktion unaufwändiger umsetzen. Zuerst wird $d(t)$ definiert, für den Betrag wird der Befehl norm verwendet.

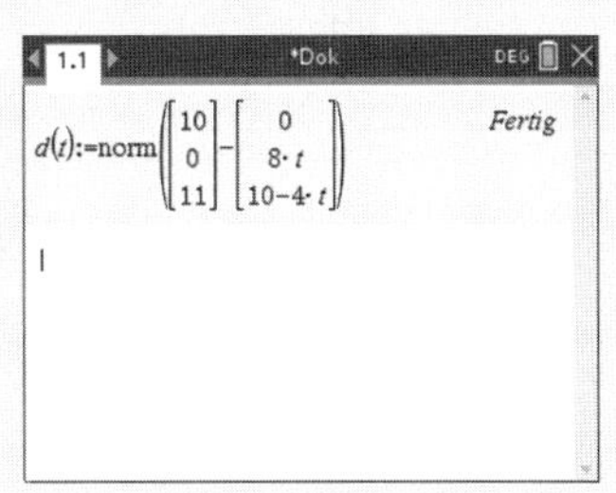

Mit dem Befehl fMin, den du mit [menu] → Analysis → Funktionsminimum aufrufst, wird das absolute Minimum der Funktion $g(t)$ bestimmt. Es ist $t = -\frac{1}{20}$.

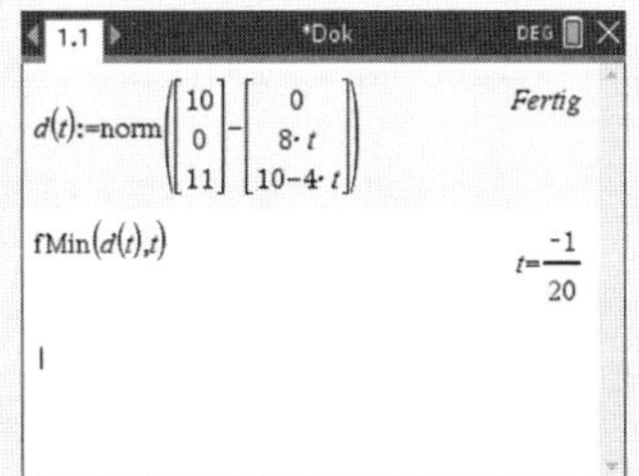

Damit ist die Trapezhöhe h der Abstand von S zu F:

$$h = \overline{\mathrm{FS}} = |\overrightarrow{\mathrm{FS}}| = \left| \begin{pmatrix} -10 \\ -\frac{2}{5} \\ -\frac{4}{5} \end{pmatrix} \right| = \sqrt{100 + \frac{4}{25} + \frac{16}{25}} \approx 10,04.$$

Somit gilt für die Trapezfläche: $\mathrm{A} = \frac{\overline{\mathrm{EH}} + \overline{\mathrm{FG}}}{2} \cdot h = \frac{\sqrt{80} + \sqrt{45}}{2} \cdot 10,04 \approx 78,58$ FE.
Da 80 % der Dachfläche mit Solarzellen bestückt werden, ergibt sich für die Solarzellenfläche: $\overline{\mathrm{A}} = 0,80 \cdot \mathrm{A} = 0,80 \cdot 78,58 = 62,86$. Somit beträgt die Solarzellenfläche etwa $63\,\mathrm{m}^2$.

13.6 Matrizen – Fertighäuser

Eine Firma bietet Fertighäuser an. Diese werden aus Fertigteilen zusammengebaut. Zur Produktion dieser Fertigteile werden die Ausgangsstoffe Holz (A_1), Isoliermaterial (A_2), Verbindungselemente (A_3) und Gipskartonplatten (A_4) benötigt.
Es gibt drei verschiedene Wandelemente, die für ein Haus verwendet werden: W_1, W_2 und W_3. Die folgende Tabelle gibt an, wie viele Tonnen der Ausgangsstoffe für die Herstellung von je einer Tonne der verschiedenen Wandelemente benötigt werden:

	W_1	W_2	W_3
A_1	0,5	0,7	0,6
A_2	0,4	0,1	0,2
A_3	0,1	0,1	0,1
A_4	0,1	0,1	0,1

Die Firma bietet drei verschiedene Haustypen an: H_1, H_2 und H_3. Das Haus H_1 hat eine Masse von 80 Tonnen, das Haus H_2 eine Masse von 120 Tonnen und das Haus H_3 eine Masse von 160 Tonnen.
In der folgenden Tabelle ist dargestellt, wie viel Tonnen der Wandelemente für die drei verschiedenen Häuser benötigt werden:

	H_1	H_2	H_3
W_1	60	60	80
W_2	10	40	60
W_3	10	20	20

a) Zeichnen Sie ein Verflechtungsdiagramm, das die Produktion der Fertighäuser beschreibt.

b) Wie viele Tonnen der einzelnen Ausgangsstoffe werden für ein Haus H_1 verarbeitet?

c) Im Lager befinden sich noch 460 Tonnen A_1, 224 Tonnen A_2 und 80 Tonnen A_3. Wie viel Tonnen Wandelemente können mit diesen Ausgangsstoffen hergestellt werden, wenn sie dafür komplett aufgebraucht werden sollen? Wie viele Tonnen A_4 sind dafür nötig?

Lösungen – Fertighäuser

a) Aus den beiden Tabellen ergibt sich folgendes Verflechtungsdiagramm:

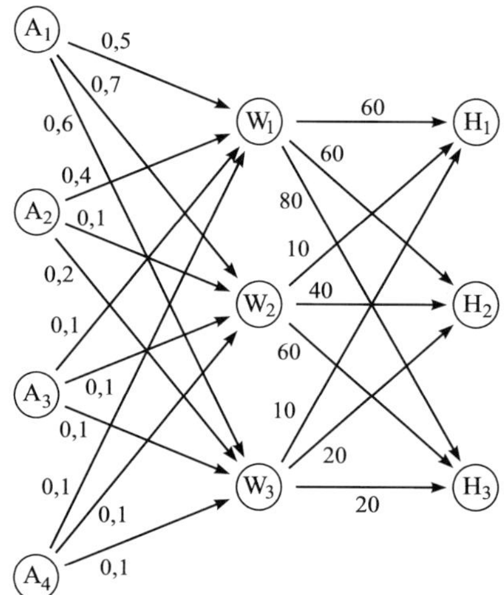

b) Die Verflechtungsmatrix A für den Prozess von Ausgangsstoffen zu Fertigteilen hat folgende Form:

$$A = \begin{pmatrix} 0,5 & 0,7 & 0,6 \\ 0,4 & 0,1 & 0,2 \\ 0,1 & 0,1 & 0,1 \\ 0,1 & 0,1 & 0,1 \end{pmatrix}$$

Die Verflechtungsmatrix B für den Prozess von den Fertigteilen zu den Häusern hat folgende Form:

$$B = \begin{pmatrix} 60 & 60 & 80 \\ 10 & 40 & 60 \\ 10 & 20 & 20 \end{pmatrix}$$

→ S. 93 Die Matrix C für den Prozess von Ausgangsstoffen zu Häusern erhältst du durch Matrizenmultiplikation mit dem CAS:

$$C = A \cdot B = \begin{pmatrix} 0,5 & 0,7 & 0,6 \\ 0,4 & 0,1 & 0,2 \\ 0,1 & 0,1 & 0,1 \\ 0,1 & 0,1 & 0,1 \end{pmatrix} \cdot \begin{pmatrix} 60 & 60 & 80 \\ 10 & 40 & 60 \\ 10 & 20 & 20 \end{pmatrix} = \begin{pmatrix} 43 & 70 & 94 \\ 27 & 32 & 42 \\ 8 & 12 & 16 \\ 8 & 12 & 16 \end{pmatrix}$$

Du benutzt [⊞{⊟] und dann die entsprechende Matrizenvorlage, um die Matrizen einzugeben. Du kannst die Multiplikation direkt durchführen. Navigiere innerhalb der Matrix mit [tab] oder den Pfeiltasten.

$$\begin{bmatrix} 0.5 & 0.7 & 0.6 \\ 0.4 & 0.1 & 0.2 \\ 0.1 & 0.1 & 0.1 \\ 0.1 & 0.1 & 0.1 \end{bmatrix} \cdot \begin{bmatrix} 60 & 60 & 80 \\ 10 & 40 & 60 \\ 10 & 20 & 20 \end{bmatrix} \quad \begin{bmatrix} 43. & 70. & 94. \\ 27. & 32. & 42. \\ 8. & 12. & 16. \\ 8. & 12. & 16. \end{bmatrix}$$

Die Werte für H_1 können direkt in der linken Spalte abgelesen werden. Es werden also 43 Tonnen A_1, 27 Tonnen A_2, 8 Tonnen A_3 und 8 Tonnen A_4 benötigt.
Du kannst diese Zahlen auch berechnen, indem du die Matrix C mit dem Outputvektor $\begin{pmatrix} 1 \\ 0 \\ 0 \end{pmatrix}$ multipliziert. Dieser bezeichnet die Produktion von einem Haus H_1 und keinen Häusern H_2 und H_3. Es ergibt sich folgender Inputvektor:

→ S. 93

$$\begin{pmatrix} 43 & 70 & 94 \\ 27 & 32 & 42 \\ 8 & 12 & 16 \\ 8 & 12 & 16 \end{pmatrix} \cdot \begin{pmatrix} 1 \\ 0 \\ 0 \end{pmatrix} = \begin{pmatrix} 43 \\ 27 \\ 8 \\ 8 \end{pmatrix}$$

Du benutzt [⊞{⊟] und dann die entsprechende Matrizenvorlage, um die Matrizen einzugeben. Du kannst die Multiplikation direkt durchführen. Navigiere innerhalb der Matrix mit [tab] oder mit den Pfeiltasten.

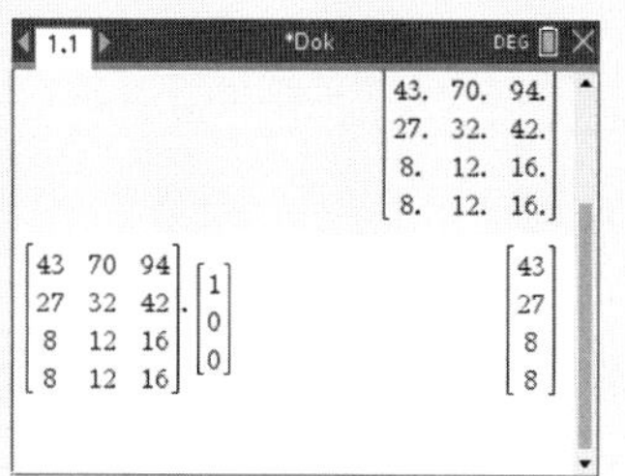

c) Um zu berechnen, wie viele Wandelemente aus den vorhandenen Rohstoffen hergestellt werden können, setzt du den Outputvektor mit $\begin{pmatrix} a \\ b \\ c \end{pmatrix}$ an.

Es muss nun gelten:

$$\begin{pmatrix} 0,5 & 0,7 & 0,6 \\ 0,4 & 0,1 & 0,2 \\ 0,1 & 0,1 & 0,1 \\ 0,1 & 0,1 & 0,1 \end{pmatrix} \cdot \begin{pmatrix} a \\ b \\ c \end{pmatrix} = \begin{pmatrix} 460 \\ 224 \\ 80 \\ A_4 \end{pmatrix}$$

Diesem Produkt entspricht das folgende Gleichungssystem:

$$\begin{array}{rcrcrcl} 0,5a & + & 0,7b & + & 0,6c & = & 460 \\ 0,4a & + & 0,1b & + & 0,2c & = & 224 \\ 0,1a & + & 0,1b & + & 0,1c & = & 80 \\ 0,1a & + & 0,1b & + & 0,1c & = & \mathrm{A}_4 \end{array}$$

Mit Hilfe des CAS können nun aus den ersten drei Gleichungen die drei Unbekannten a, b und c bestimmt werden.

Es ergeben sich als Lösungen: $a = 440$, $b = 240$ und $c = 120$.

→ S. 30

Du rufst linSolve auf mit [menu] → Algebra → Gleichungssystem lösen. Da es sich um drei Gleichungen mit drei Unbekannten handelt, passt du die Anzahl an. Du gibst die Variablen ein und schließt die Eingabe durch Klicken auf OK ab.

Nun gibst du die Gleichungen ein und schließt die Eingabe mit [enter] ab. Die Lösung des linearen Gleichungssystems ist damit $a = 440$, $b = 240$ und $c = 120$.

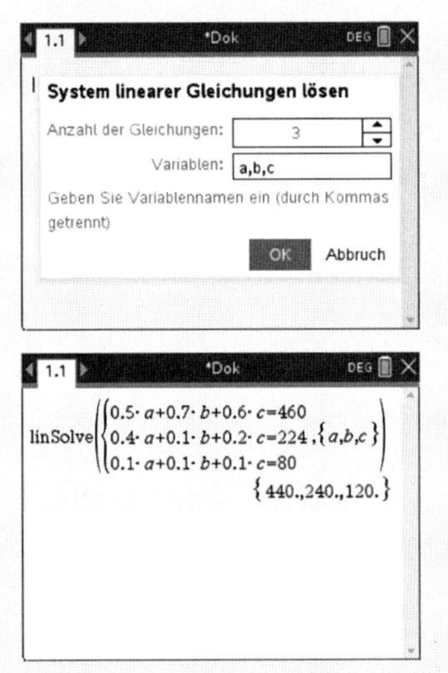

Anschließend ermittelst du A_4, indem du die Werte von a, b und c in die 4. Gleichung einsetzt:

$$0,1 \cdot 440 + 0,1 \cdot 240 + 0,1 \cdot 120 = \mathrm{A}_4 \Rightarrow \mathrm{A}_4 = 80$$

Es lassen sich also 440 Tonnen Wandelemente W_1, 240 Tonnen W_2 und 120 Tonnen W_3 herstellen, wenn alle Ausgangsstoffe verbraucht werden sollen. Dazu werden noch 80 Tonnen A_4 benötigt.

13.7 Stochastik – Kugelschreiber

Ein Hersteller von Kugelschreibern garantiert, dass höchstens 8,8% der hergestellten Kugelschreiber defekt sind.

a) Es werden 250 Kugelschreiber getestet. Wie groß dürfte die Angabe des Herstellers höchstens sein, wenn mit einer Wahrscheinlichkeit von höchstens 2% mehr als 20 Kugelschreiber defekt sein dürfen?

b) Mit einer Stichprobe von 200 Stück soll getestet werden, ob die Angabe des Herstellers stimmt.
Bestimmen Sie für eine Irrtumswahrscheinlichkeit von 5% einen möglichst großen Ablehnungsbereich für die Hypothese: «Höchstens 8,8% der Kugelschreiber sind defekt».

Lösungen – Kugelschreiber

a) Zur Bestimmung der gesuchten Wahrscheinlichkeit wird zuerst die Zufallsvariable X festgelegt, die die Anzahl defekter Kugelschreiber bei 250 getesteten Kugelschreibern beschreibt. X ist binomialverteilt mit den Parametern $n = 250$ und der Wahrscheinlichkeit p.
Um p so zu bestimmen, dass mit einer Wahrscheinlichkeit von höchstens 2% mehr als 20 Kugelschreiber defekt sein dürfen, ist die folgende Ungleichung zu lösen:

$$\begin{aligned} P(X > 20) &\leqslant 0,02 \\ 1 - P(X \leqslant 20) &\leqslant 0,02 \\ 0,98 &\leqslant P(X \leqslant 20) \end{aligned}$$

Mit Hilfe des CAS und der Funktion binomCdf (250, X, 20) erhältst du: $p \leqslant 0,052$. → S.119
Somit dürfen höchstens 5,1% der hergestellten Kugelschreiber defekt sein.

Um diese Gleichung zu lösen, gibst du die linke Seite für $f1(x)$ und die rechte Seite für $f2(x)$ in einer Grafik-Seite ein. Dabei muss die Funktionsvariable «x» sein, d.h. an der Stelle von p gibst du x ein: binomCdf(250, x, 20).
Anschließend bestimmst du den Schnittpunkt.

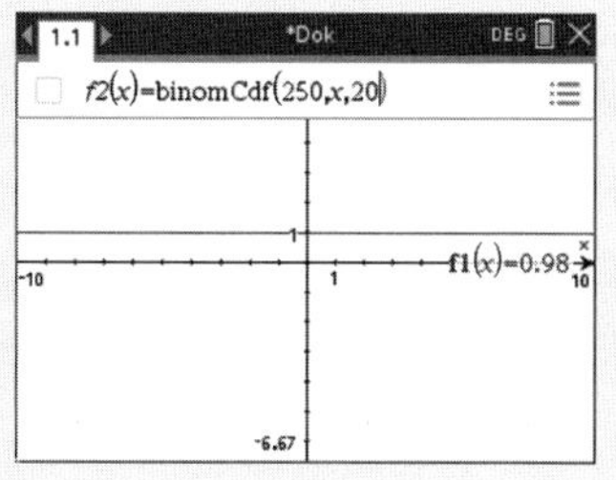

Das Grafikfenster stellst du am besten wie nebenstehend ein, ausgehend von der Überlegung, dass x und y Wahrscheinlichkeiten beschreiben, deren Werte zwischen 0 und 1 liegen.

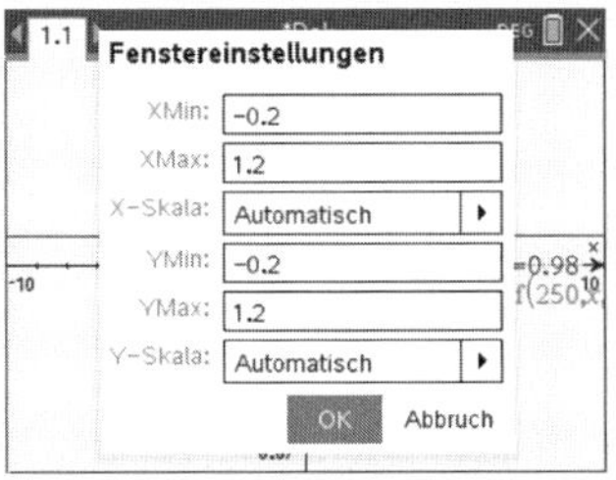

Du bestimmst den Schnittpunkt mit [menu] → Graph analysieren → Schnittpunkt.
Der Wert von p darf also höchstens $p = 0,052$ betragen.

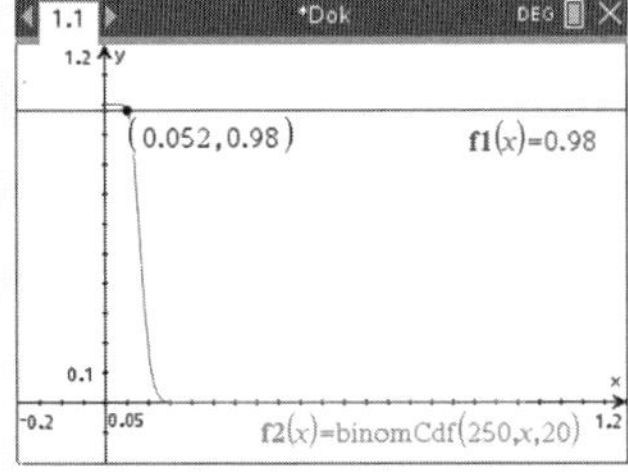

b) Zur Bestimmung des Ablehnungsbereichs wird eine Zufallsvariable Y festgelegt, die die Anzahl defekter Kugelschreiber bei 200 getesteten Kugelschreibern beschreibt. Y ist binomialverteilt mit den Parametern $n = 200$ und $p = 0,088$.
Die zu untersuchende Nullhypothese H_0 lautet: «Höchstens 8,8% der Kugelschreiber sind defekt», also H_0: $p \leqslant 0,088$. Die Alternativhypothese lautet: $H_1 : p > 0,088$.
Wegen $H_1 : p > 0,088$ handelt es sich um einen rechtsseitigen Test.
Man wird die Nullhypothese verwerfen, wenn man zu viele defekte Kugelschreiber in der Stichprobe findet. Deshalb ist ein minimales $k \in \mathbb{N}$ und damit ein Ablehnungsbereich $\overline{A} = \{k, ..., 200\}$ der Nullhypothese so zu bestimmen, dass gilt:

$$P(Y \in \overline{A}) \leqslant \alpha$$
$$P(Y \geqslant k) \leqslant 0,05$$
$$1 - P(Y \leqslant k-1) \leqslant 0,05$$
$$0,95 \leqslant P(Y \leqslant k-1)$$

Diese Gleichung kann man mit Hilfe des CAS lösen. Für $n = 200$ und $p = 0,088$ gilt:

$$0,95 \leqslant \text{binomCdf}(200, 0.088, \text{«Anzahl der Treffer»})$$

Als Lösung ergibt sich: $k - 1 = 24 \Rightarrow k = 25$ als minimales $k \in \mathbb{N}$ und man erhält damit den Ablehnungsbereich: $\overline{A} = \{25, ..., 200\}$.
Findet man unter den 200 untersuchten Kugelschreibern also mindestens 25 defekte, so wird die Nullhypothese verworfen. Man irrt sich dabei mit einer Wahrscheinlichkeit von höchstens 5%.

→ S.116

Du definierst eine Funktion $b(\mathrm{k})$. Da der Wert von k gesucht ist, gibst du für diesen k ein. Anschließend berechnest du $b(\mathrm{k})$ für verschiedene Werte von k, bis der Funktionswert größer ist als $0{,}95$.

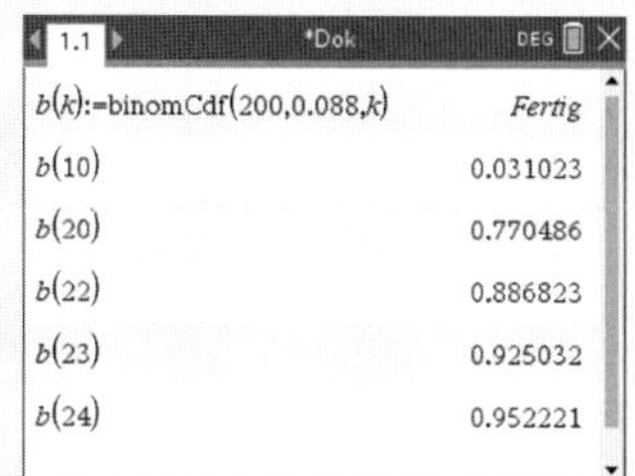

Alternativ fügst du mit [doc] → Einfügen → Lists & Spreadsheet eine Tabellenseite ein.
Mit dem Befehl [menu] → Wertetabelle → Zur Tabelle wechseln erhältst du eine Wertetabelle. Du wählst die Funktion b aus und bestätigst mit [enter].

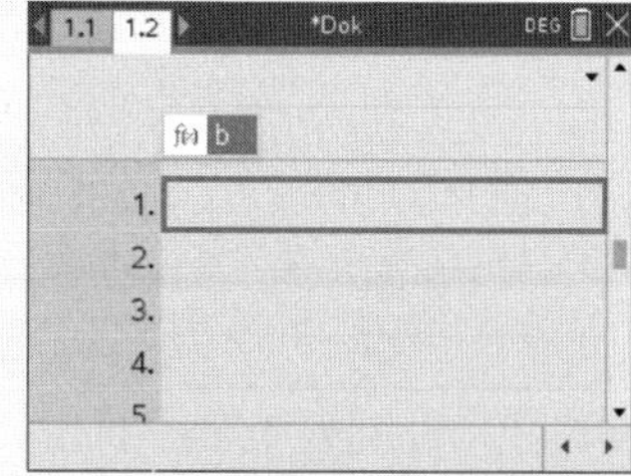

Ab $\mathrm{k}-1=24$ sind die Funktionswerte größer als $0{,}95$.

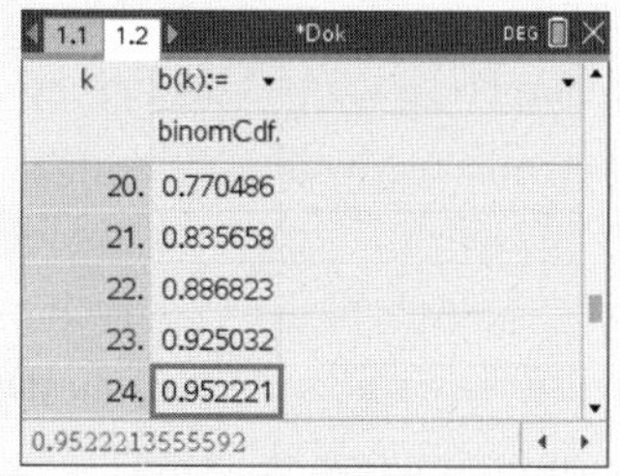

13.8 Stochastik – Forschungslabor

Ein Forschungslabor entwickelt ein Medikament und testet es in einer klinischen Studie an 800 Patienten. Das Medikament erhält keine Zulassung, wenn sich bei der Studie in mindestens 2% der Fälle gravierende Nebenwirkungen zeigen.
Bestimmen Sie für die Nullhypothese H_0: $p \geqslant 2\%$ die Entscheidungsregel für die Studie mit 800 Patienten und einer Irrtumswahrscheinlichkeit von 1%.

Lösungen – Forschungslabor

Die Nullhypothese lautet: H_0: $p \geqslant 0{,}02$ bei Treffer «Beim Patient treten gravierende Nebenwirkungen auf.» und $n = 800$. Die zugehörige Alternativhypothese lautet H_1: $p < 0{,}02$.
Wegen H_1: $p < 0{,}02$ handelt es sich um einen linksseitigen Test mit $\alpha = 1\%$.
Man wird die Nullhypothese verwerfen, wenn bei der Studie bei zu wenigen Patienten gravierende Nebenwirkungen auftreten.
Ist X die Anzahl der Patienten mit gravierenden Nebenwirkungen unter den 800 Patienten, so ist ein maximales $k \in \mathbb{N}$ und damit ein Ablehnungsbereich $\overline{A} = \{0, ..., k\}$ der Nullhypothese so zu bestimmen, dass gilt:

$$P(X \leqslant k) \leqslant 0{,}01$$

Für $n = 800$ und $p = 0{,}02$ erhält man mit Hilfe des CAS:

$$P(X \leqslant 7) \approx 0{,}009$$
$$P(X \leqslant 8) \approx 0{,}021$$

Also ist $k = 7$ das maximale $k \in \mathbb{N}$ und man erhält damit den Ablehnungsbereich $\overline{A} = \{0, ..., 7\}$.
Damit kann das Medikament zugelassen werden, wenn bei der klinischen Studie bei höchstens 7 Patienten gravierende Nebenwirkungen auftreten.

Du definierst eine Funktion $b(k)$. Da der Wert von k gesucht ist, gibst du für diesen k ein. Anschließend berechnest du $b(k)$ für verschiedene Werte von k, bis der Funktionswert größer als $0{,}01$ ist.

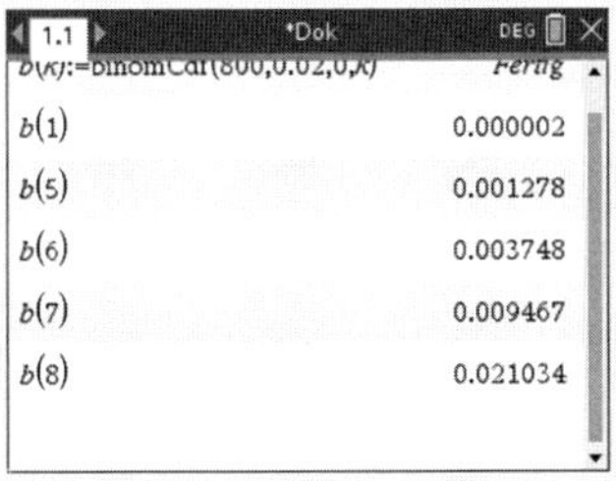

```
1.1          *Dok                     DEG
b(k):=binomCdf(800,0.02,0,k)       Fertig
b(1)                             0.000002
b(5)                             0.001278
b(6)                             0.003748
b(7)                             0.009467
b(8)                             0.021034
```

Alternativ fügst du mit [doc] → Einfügen → Lists & Spreadsheet eine Tabellenseite ein.
Mit dem Befehl [menu] → Wertetabelle → Zur Tabelle wechseln erhältst du eine Wertetabelle. Du wählst die Funktion b aus und bestätigst mit [enter].

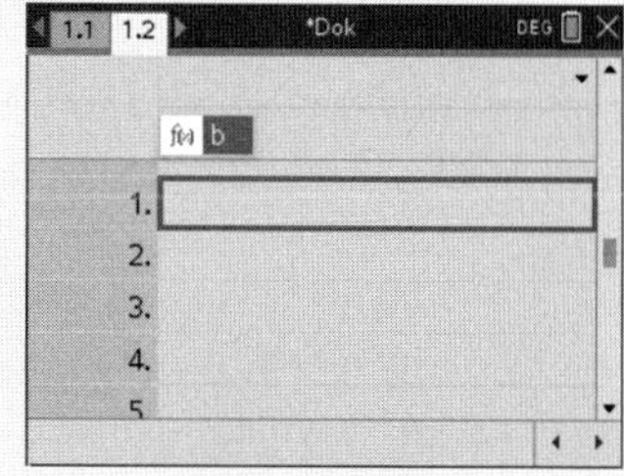

Ab $k = 8$ sind die Funktionswerte größer als $0,01$.

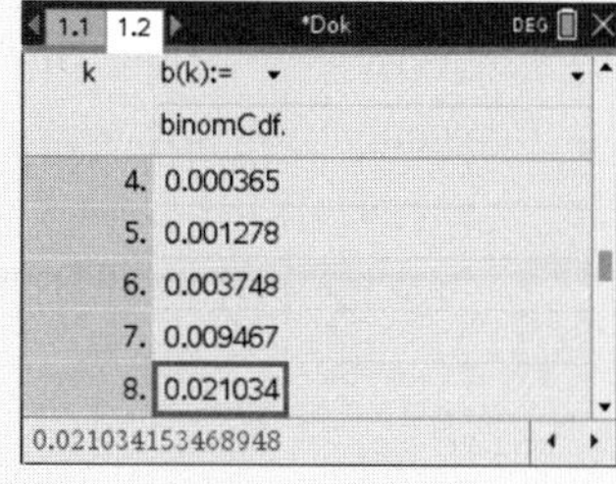

13.9 Stochastik – Busfahrt

Für eine Busfahrt wird ein doppelstöckiger Reisebus mit 90 Sitzplätzen verwendet. Erfahrungsgemäß treten 6% der erwarteten Passagiere, die schon ein Ticket gebucht haben, eine Busfahrt nicht an.

a) Mit welcher Wahrscheinlichkeit sind mehr als 85 Sitzplätze belegt, wenn 90 Tickets verkauft wurden?

b) Ein Reisebüro verkauft mehr Tickets als es Plätze in diesem Bus gibt.
Berechnen Sie, wie viele Tickets das Reisebüro höchstens verkaufen darf, wenn die Wahrscheinlichkeit, dass mehr als 90 Passagiere an der Busfahrt teilnehmen wollen, weniger als 10% betragen soll.

Lösungen – Busfahrt

a) Da 6% der erwarteten Passagiere eine Busfahrt nicht antreten, beträgt die Wahrscheinlichkeit, dass ein erwarteter Passagier die Reise antritt, $p = 94\%$.
Man legt X als Zufallsvariable für die Anzahl der belegten Plätze fest. X ist eine binomialverteilte Zufallsvariable mit $n = 90$ und $p = 0,94$.
→ S.116
Die Wahrscheinlichkeit, dass mehr als 85 Sitzplätze belegt sind, erhält man mit Hilfe des CAS:

$$P(X > 85) = 1 - P(X \leqslant 85) \approx 0,366 = 36,6\%$$

Du rufst die kumulierte Binomialverteilung mit [menu] → Statistik → Verteilungen → Binomial Cdf auf, gibst die Werte ein und schließt die Eingabe durch Klicken auf OK oder [enter] ab.

Nun werden Eingabe und Ergebnis so angezeigt, wie rechts dargestellt. Alternativ kannst du den Befehl auch direkt eingeben.
Zum Schluss benutzt du ctrl [ANS], um die gewünschte Wahrscheinlichkeit zu berechnen.

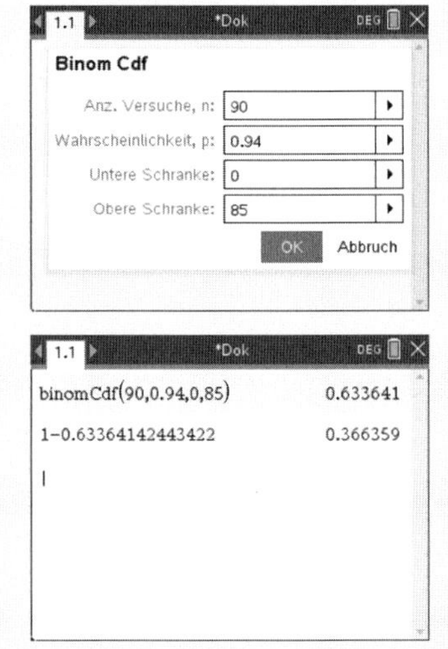

b) Man legt Y als Zufallsvariable für die Anzahl der erscheinenden Passagiere fest. Die Wahrscheinlichkeit, dass ein erwarteter Passagier die Reise antritt, beträgt 94%. Damit ist Y eine binomialverteilte Zufallsvariable mit $p = 0,94$.
Um zu bestimmen, wie viele Tickets das Reisebüro höchstens verkaufen darf, wenn die Wahrscheinlichkeit, dass mehr als 90 Passagiere an der Busfahrt teilnehmen wollen, weniger als 10% betragen soll, löst man folgende Ungleichung:

$$\begin{aligned} P(Y > 90) &< 0,1 \\ 1 - P(Y \leqslant 90) &< 0,1 \\ 0,9 &< P(Y \leqslant 90) \end{aligned}$$

Mit dem CAS erhält man z.B. mit Hilfe einer Wertetabelle:

$$\begin{aligned} n = 93: &\quad P(Y \leqslant 90) \approx 0,9228 \\ n = 94: &\quad P(Y \leqslant 90) \approx 0,8223 \end{aligned}$$

Somit darf das Reisebüro höchstens 93 Tickets verkaufen.

→ S.118

Um das gesuchte n zu bestimmen, gibt es zwei Möglichkeiten. Da die Funktion `binomCdf(n, 0.94, 0, 90)` nur für ganzzahlige Werte definiert ist, scheidet die Lösung über die Bestimmung des Schnittpunkts von zwei Funktionsgraphen aus.

Du definierst eine Funktion $b(n)$. Da der Wert von n gesucht ist, gibst du für diesen n ein.

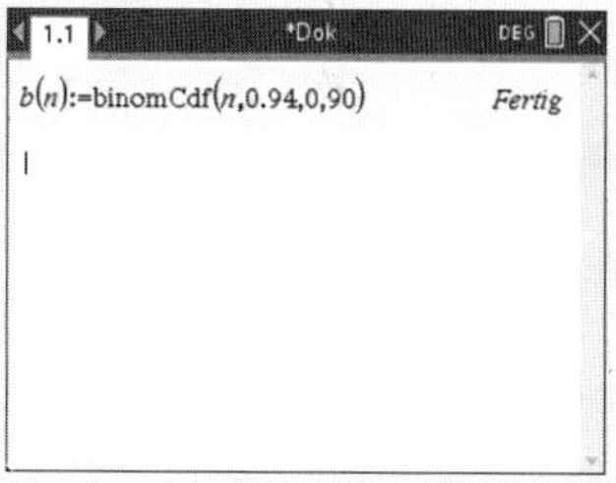

```
1.1   *Dok   DEG
b(n):=binomCdf(n,0.94,0,90)        Fertig
```

Anschließend berechnest du $b(n)$ für verschiedene Werte von n, bis der Funktionswert kleiner als $0,9$ ist.
Da mindestens 90 Tickets verkauft werden sollen, kannst du mit 90 beginnen.

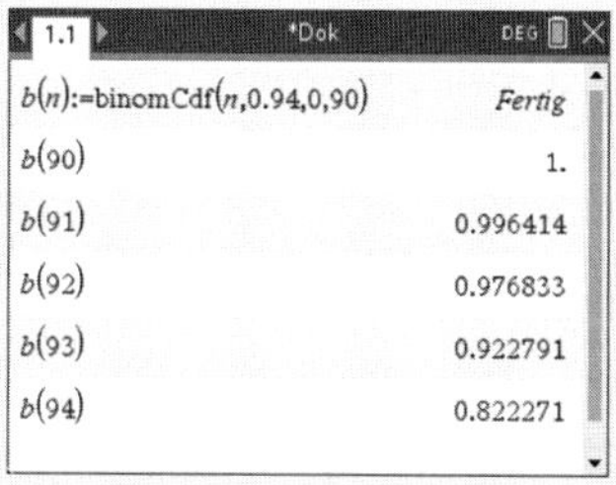

```
1.1   *Dok   DEG
b(n):=binomCdf(n,0.94,0,90)        Fertig
b(90)                              1.
b(91)                              0.996414
b(92)                              0.976833
b(93)                              0.922791
b(94)                              0.822271
```

Alternativ fügst du mit [doc] → Einfügen → Lists & Spreadsheet eine Tabellenseite ein. Mit dem Befehl [menu] → Wertetabelle → Zur Tabelle wechseln erhältst du eine Wertetabelle. Du wählst die Funktion b aus und bestätigst mit [enter].

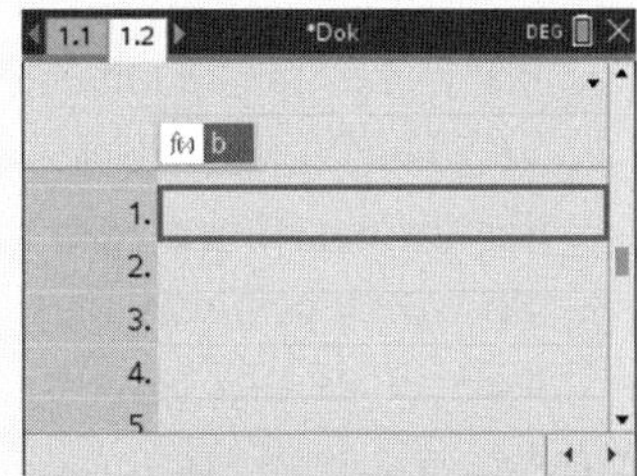

Nun siehst du, dass die Werte anfangs alle bei 1 liegen, du musst also mit [▼] nach unten scrollen.

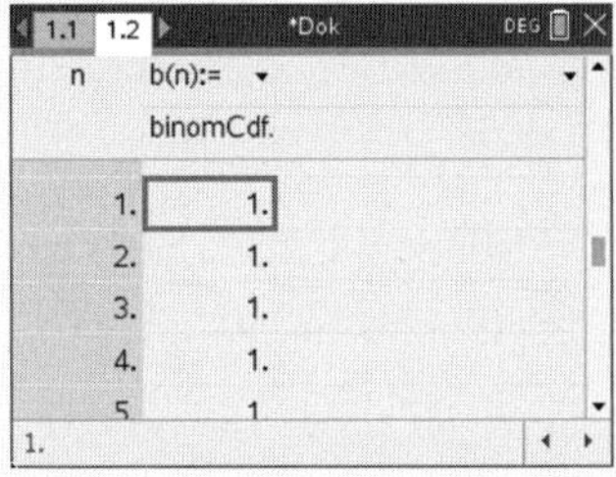

Ab n = 94 sind die Funktionswerte kleiner als der angegebene Wert von 0,9.

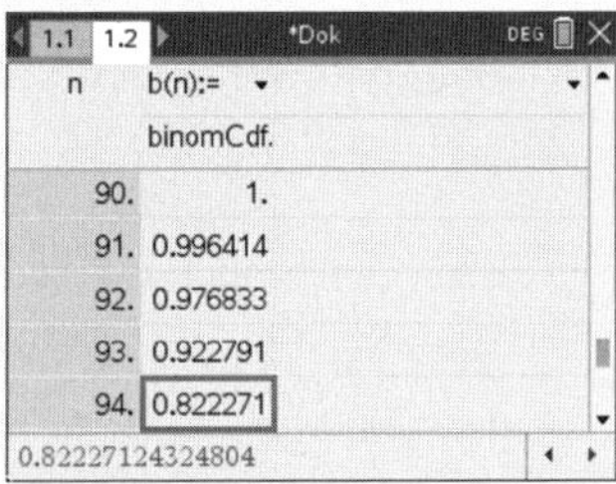

14 Einstellungen

In diesem Kapitel lernst du die wichtigsten Einstellungen des CAS kennen. In die Einstellungen gelangst du entweder über die Startseite oder indem du den Cursor auf das Batteriesymbol in der rechten oberen Ecke des Bildschirms bewegst und einmal klickst.

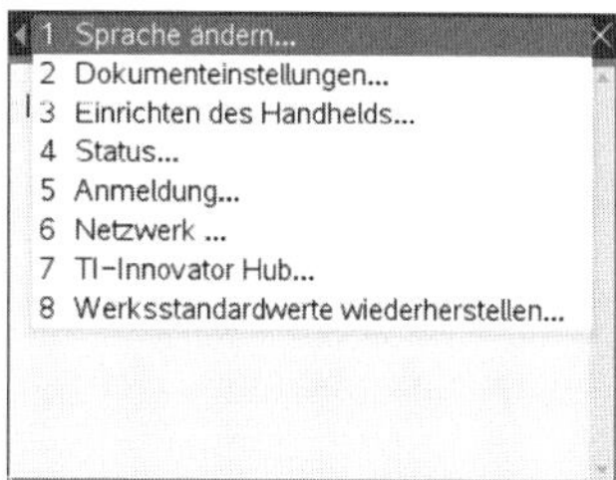

14.1 Berechnungsmodus

Unter Einstellungen → Dokumenteinstellungen kannst du einstellen, wie Ergebnisse angezeigt werden. Auto bedeutet, dass die Ausgabe nach Möglichkeit als Bruch geschieht. Approximiert bedeutet, dass die Ausgabe immer als (gerundete) Dezimalzahl erfolgt.

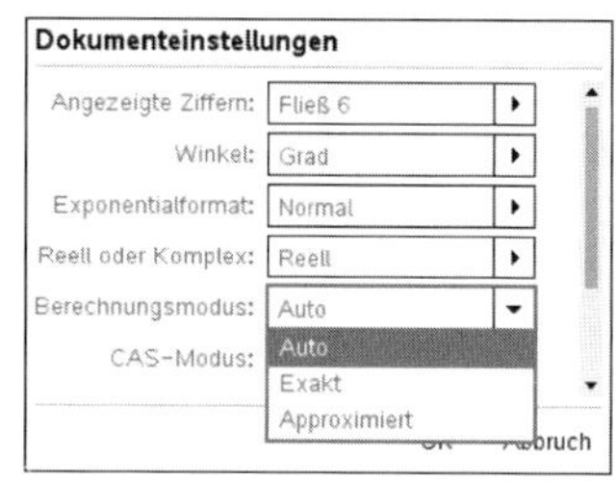

14.2 Winkelmaße

Es gibt zwei wichtige Winkelmaße: Gradmaß (Degree) und Bogenmaß (Radian).

Die Einstellung «Grad» wird für alle Dreiecks- und Winkelberechnungen in der Geometrie verwendet; das Bogenmaß meist für trigonometrische Funktionen (die Einstellung «Neugrad» wird vor allem in der Vermessungskunde benutzt).

Wichtig: Nach einem Reset ist das Gerät auf Bogenmaß eingestellt. Wenn du Berechnungen in der Geometrie durchführen willst, musst du das Gerät vorher umstellen.

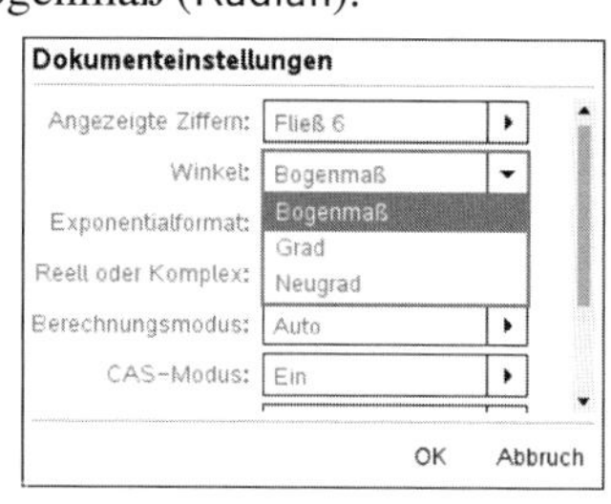

14.3 Zurücksetzen des Geräts

Wenn das Gerät aus irgendwelchen Gründen Probleme bereitet und du nicht weiterkommst, hilft das Zurücksetzen meistens. Dies geschieht mit:

Einstellungen → Werksstandardwerte wiederherstellen

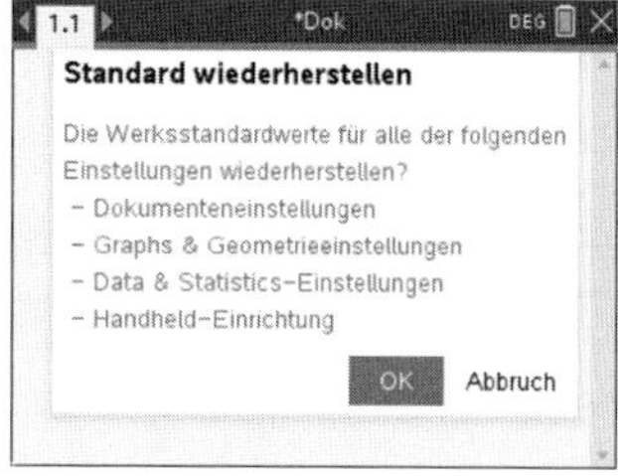

14.4 Der Press-to-Test-Modus

Der Press-to-Test-Modus ist ein Modus, der speziell für den Einsatz in Prüfungen konzipiert wurde. In diesem Modus ist der Zugriff auf alle vorher im Gerät gespeicherten Funktionen und Dateien gesperrt.

Einschalten des Press-to-Test-Modus

Das Gerät wird durch die folgenden Schritte in den Press-to-Test-Modus gebracht:

a) Zuerst schaltest du das Gerät mit ctrl [off] aus. Anschließend hältst du esc und on gedrückt. Nach einigen Sekunden erscheint der Press-to-Test Bildschirm.

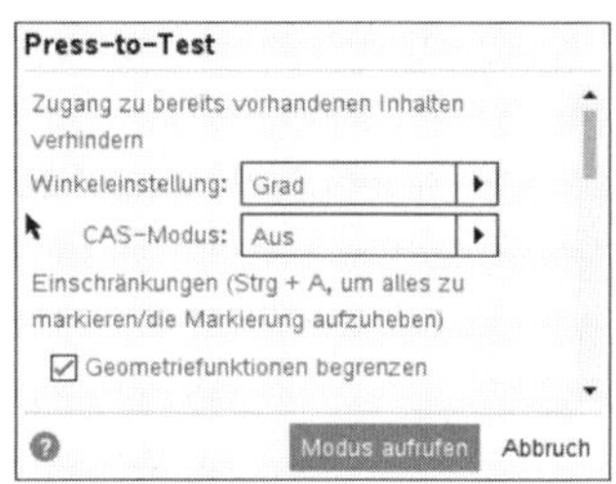

b) Hier kann jetzt die Art der Beschränkung angepasst werden. Standardmäßig sind alle Beschränkungen ausgewählt, du kannst diese anpassen, indem du die Checkboxen in den Zeilen setzt oder löscht.

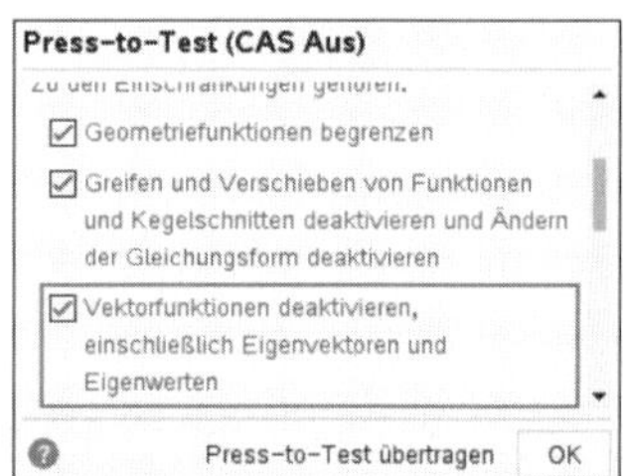

c) Zum Schluss bestätigst du mit [ENTER]. Der Rechner startet jetzt neu. Es wird ein Fenster angezeigt, dass signalisiert, dass der Press-to-Test-Modus aktiviert ist.

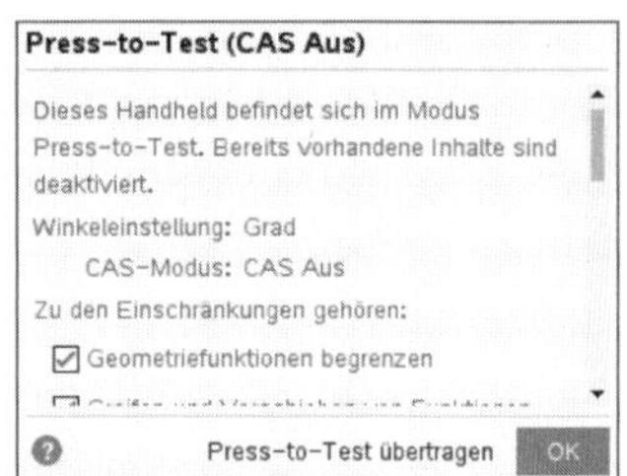

d) Der aktivierte Press-to-Test-Modus wird auf zwei Arten signalisiert:

   I) Neben dem Mini-USB-Anschluss blinkt eine LED. Diese blinkt grün, wenn alle Einschränkungen ausgewählt wurden. (Standard-Press-to-Test-Modus). Die LED blinkt gelb, wenn nur ein Teil der Einschränkungen gewählt wurde.

   II) Im Home-Bildschirm wird rechts oben ein Schloss angezeigt

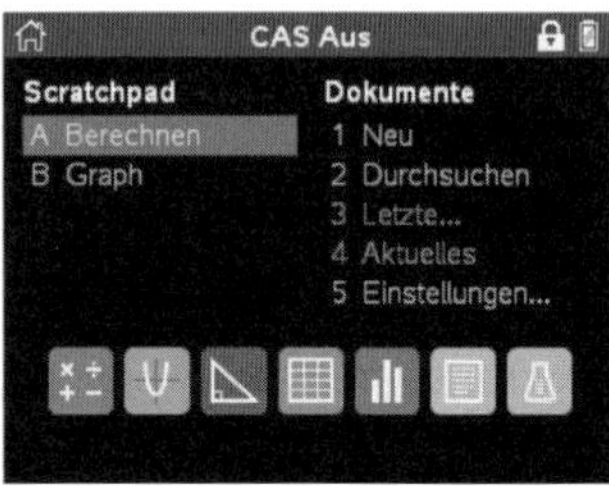

Zurücksetzen des Press-to-Test-Modus

Das Gerät kann auch während des Press-to-Test Modus zurückgesetzt werden.

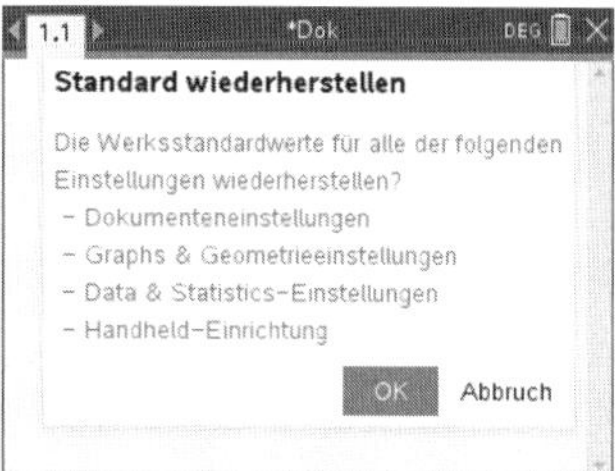

Dazu wird es erst mit ctrl [off] ausgeschaltet, anschließend wird mit [esc] und [on] gestartet.
Nun wird Modus Zurücksetzen gewählt und mit [ENTER] bestätigt

Ausschalten des Press-to-Test Modus

Wenn der Press-to-Test Modus verlassen wird, ist der Zugriff auf alle gespeicherten Funktionen und Daten wieder möglich.

Um den Press-to-Test Modus zu verlassen, gehst du wie folgt vor:

a) Zuerst verbindest du das Gerät mit einem anderen Gerät mit einen Mini-USB-Kabel

b) Dann drückst [on], um zum Homebildschirm zu gelangen. Nun wählst du Durchsuchen (bzw. Eigene Dateien, z.B. indem du [2] tippst.

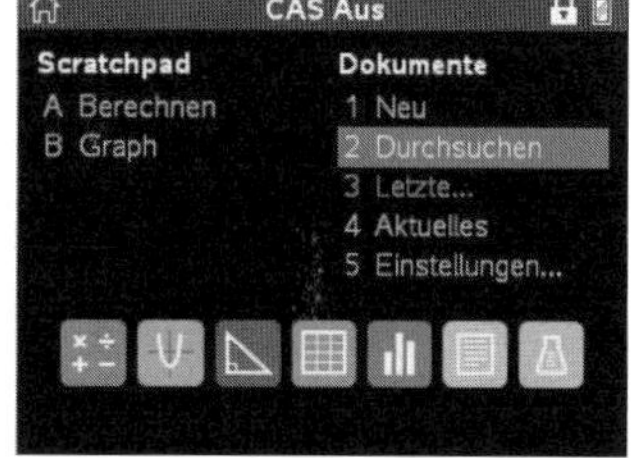

c) Du drückst [doc▾], wählst Press-to-Test und bestätigst mit [enter].

d) Du wählst Press-to-Test verlassen und bestätigst ein weiteres mit [enter]. Nun hast du den Press-to-Test Modus verlassen.

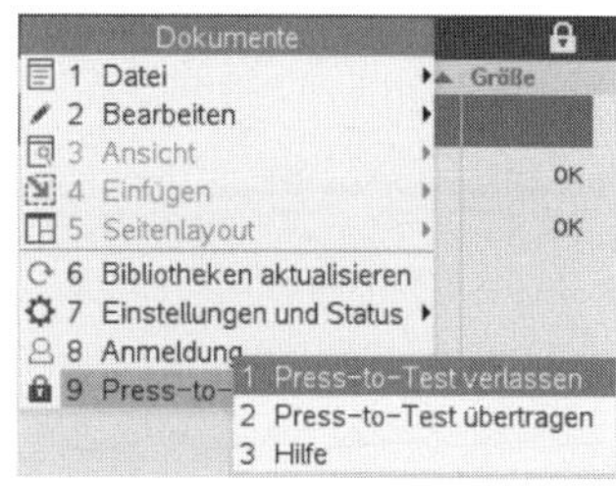

Alternativ kann der Press-to-Test-Modus auch mit Hilfe der TNspire-Software abgeschaltet werden.

Stichwortverzeichnis